湖南省社会科学院（湖南省人民政府发展研究中心）
哲学社会科学创新工程资助重大项目成果

中国式现代化

湖南篇章
怎么干

中共湖南省委宣传部
湖南省社会科学院
（湖南省人民政府发展研究中心） 组织编写

C&S | 湖南人民出版社·长沙

牢记嘱托　感恩奋进
在推动中部地区崛起和长江经济带发展中奋勇争先
奋力谱写中国式现代化湖南篇章

　　置身世界百年未有之大变局，以中国式现代化推进中华民族伟大复兴成为历史的必然。要动员全党全军全国各族人民演奏好中国式现代化这部恢宏壮丽的中华民族交响乐，需要紧跟一个指挥、使用一本乐谱。马克思曾经形象指出，一个单独的提琴手是自己指挥自己，一个乐队就需要一个乐队指挥。如果把中国这样一个有着14亿多人口、9800多万名党员的国家比作一支超大规模乐队的话，大家只有紧跟一个指挥、使用一本乐谱才有可能演奏出一场精彩的音乐会。那么，这个指挥就是习近平总书记，这个乐谱就是习近平新时代中国特色社会主义思想。

　　中国特色社会主义进入新时代，正是因为有习近平总书记领航掌舵，全党才有了顶梁柱，14亿多人民才有了主心骨；正是因为有习近平新时代中国特色社会主义思想的科学指引，全党全军全国各族人民才有了思想上的"定盘星"、行动上的"指南针"。"两个确立"是推动党和国家事业取得历史性成就、发生历史性变革的决定性因素，对新时代党和国家事业发展、对推进中华民族伟大复兴历史进程具有决定性意义。"两个确立"作为党在新时代取得的最重要政治成果，成为全党全军全国各族人民的高度共识和共同意志，写在了新时代的伟大征程上，写在了全党全军全国各族人民心坎上，是党应对一切不确定性的最大确定性、最大底气、最大保证。

党的十八大以来，在以习近平同志为核心的党中央坚强领导下，我们成功推进和不断拓展了中国式现代化。我们在认识上不断深化，创立了习近平新时代中国特色社会主义思想，实现了马克思主义中国化时代化新的飞跃，为中国式现代化提供了根本遵循。我们进一步深化对中国式现代化的内涵和本质的认识，概括形成中国式现代化的中国特色、本质要求和重大原则，初步构建中国式现代化的理论体系，使中国式现代化更加清晰、更加科学、更加可感可行。党的二十大擘画了以中国式现代化全面推进中华民族伟大复兴的宏伟蓝图，提出并深刻阐述中国式现代化理论，是科学社会主义的最新重大成果。党的二十届三中全会对进一步全面深化改革、推进中国式现代化作出全面部署和战略安排，实现了改革理论和政策的一系列新的重大突破，把中国特色社会主义改革理论推进到新的高度。

中国式现代化深深植根于中华优秀传统文化，体现科学社会主义的先进本质，借鉴吸收一切人类优秀文明成果，代表人类文明进步的发展方向，展现了不同于西方现代化模式的新图景，是一种全新的人类文明形态。中国式现代化既有各国现代化的共同特征，又有基于自己国情的中国特色。人口规模巨大的现代化、全体人民共同富裕的现代化、物质文明和精神文明相协调的现代化、人与自然和谐共生的现代化、走和平发展道路的现代化这五个方面的中国特色，深刻揭示了中国式现代化的科学内涵。

中国式现代化是中国共产党领导的社会主义现代化。坚持中国共产党领导，坚持中国特色社会主义，实现高质量发展，发展全过程人民民主，丰富人民精神世界，实现全体人民共同富裕，促进人与自然和谐共生，推动构建人类命运共同体，创造人类文明新形态，是中国式现代化九个方面的本质要求。

中国式现代化是一项伟大而艰巨的事业，前途光明，任重道远。坚持和加强党的全面领导、坚持中国特色社会主义道路、坚持以人民为中心的发展思想、坚持深化改革开放、坚持发扬斗争精神，是中国式现代化前进道路上必须牢牢把握的五个重大原则。

推进中国式现代化是一个系统工程，需要统筹兼顾、系统谋划、整体推进，正确处理好顶层设计与实践探索、战略与策略、守正与创新、效率与公平、活力与秩序、自立自强与对外开放六对重大关系。

实践证明，中国式现代化走得通、行得稳，是中华民族的旧邦新命，是强国建设、民族复兴的唯一正确道路。在习近平总书记的带领下，全党全军全国各族人民正意气风发迈上全面建设社会主义现代化国家新征程，向第二个百年奋斗目标进军，以中国式现代化全面推进中华民族伟大复兴。

山河远阔，芙蓉花开。习近平总书记对湖南发展寄予深情厚望，党的十八大以来四次亲临湖南考察，十二届全国人大四次会议期间参加湖南代表团审议，作出一系列重要讲话和指示，深刻阐明了事关湖南改革发展的方向性、根本性、全局性、关键性问题，特别是在2020年9月考察湖南时，擘画了"着力打造国家重要先进制造业、具有核心竞争力的科技创新、内陆地区改革开放的高地，在推动高质量发展上闯出新路子，在构建新发展格局中展现新作为，在推动中部地区崛起和长江经济带发展中彰显新担当，奋力谱写新时代坚持和发展中国特色社会主义的湖南新篇章"（以下简称"三高四新"）的美好蓝图。2024年3月，全国两会结束不到一周，习近平总书记再赴湖南考察，强调湖南要牢牢把握自身在构建新发展格局中的战略定位，坚持稳中求进工作总基调，坚持高质量发展不动摇，坚持改革创新、求真务实，在打造国家重要先进制造业高地、具有核心竞争力的科技创新高地、内陆地区改革开放高地上持续用力，在推动中部地区崛起和长江经济带发展中奋勇争先，奋力谱写中国式现代化湖南篇章。湖湘儿女深刻领悟"两个确立"的决定性意义，增强"四个意识"、坚定"四个自信"、做到"两个维护"，牢记习近平总书记嘱托，始终在思想上政治上行动上同党中央保持高度一致，在湖南这片沃土奋发图强，日日趋新，锚定"三高四新"美好蓝图，加快推动高质量发展。

新故相推，日生不滞。2023年8月，中共湖南省委十二届四次全会通过《中共湖南省委关于锚定"三高四新"美好蓝图 加快推动高质量发展的若干意见》，吹响了湖南加快推进高质量发展的新号角，描绘了中国式现代化新湖南建设的新图景。2024年4月，中共湖南省委十二届六次全会审议通过《中共湖南省委关于深入学习贯彻习近平总书记考察湖南重要讲话和指示精神 奋力谱写中国式现代化湖南篇章的决定》，这是湖南更加紧密地团结在以习近平同志为核心的党中央周围，切实把思想和行动统一到党的二十大精神和党中央决策部署上来，统一到习近平总书记关于湖南工作的重要讲话和指示批示精神上来的政治宣言；这是全省上下牢记嘱托、感恩奋进，求真务实、真抓实干，奋力谱写中国式现代化湖南篇章的坚定脚步。

2024年7月，党的二十届三中全会站在新的历史起点上，科学谋划进一步全面深化改革，既是党的十八届三中全会以来全面深化改革的实践续篇，也是新征程推进中国式现代化的时代新篇，在党和国家历史上具有极为重要的里程碑意义。全会审议通过的《中共中央关于进一步全面深化改革、推进中国式现代化的决定》，紧紧围绕推进中国式现代化这个主题擘画了进一步全面深化改革的战略举措，是新时代新征程上推动全面深化改革向广度和深度进军的总动员、总部署，是把中国式现代化美好蓝图变为现实的行动纲领。2024年9月，中共湖南省委十二届七次全会审议通过《中共湖南省委关于深入学习贯彻党的二十届三中全会精神 进一步全面深化改革奋力谱写中国式现代化湖南篇章的决定》，全面对标党中央全面深化改革部署，围绕中央所需、湖南所能、发展所要，精心勾勒了湖南进一步全面深化改革的"施工图"，为奋力谱写中国式现代化湖南篇章提供强大动力和制度保障。

牢固树立和践行正确政绩观，把握质量效益的本质特征，以新发展理念引领高质量发展。推动高质量发展，必须树立和践行正确政绩观。习近平总书记指出："树立正确政绩观，处理好稳和进、立和破、虚和实、标和本、近和远的关系，坚持底线思维，强化风险意识，自觉把新发展理念贯穿到经济社会发展全过程。"只有牢固树立和践行正确的政绩观，以"功成必定有我"的担当和"功成不必在我"的境界，才能始终做到坚持人民至上，才能在推动高质量发展上行稳致远。近年来，湖南完整准确全面贯彻新发展理念，坚持高质量发展这一新时代的硬道理，加快培育和壮大新质生产力，持续推动经济实现质的有效提升和量的合理增长，推动高质量发展取得新进展新成效。

中共湖南省委提出，坚持高质量发展不动摇，切实把这个管总的要求领悟透、落实好，以湖南一地一域发展为全国全局发展作出更大贡献。加快推动湖南高质量发展，要完善高质量发展综合绩效评价和年度考核体系，健全有效防范和纠治政绩观偏差工作机制，把握好八条原则：既要促进量的合理增长，也要实现质的有效提升；既要在战略上布好局，也要在关键处落好子；既要勇于"破"，也要善于"立"；既要重点突破，也要整体推进；既要遵循一般规律，也要坚持因地制宜；既要重显绩，也要重潜绩；既要做大蛋糕，也要分好蛋糕；既要重视发展，也要重视安全。

锚定"三高四新"美好蓝图，聚焦"三个高地"关键任务，以务实抓手驱动高质量发展。2024年3月，习近平总书记考察湖南时再次要求在打造国家重要先进制造业高地、具有核心竞争力的科技创新高地、内陆地区改革开放高地上持续用力。近年来，湖南牢记习近平总书记嘱托，明确了实现"三高四新"美好蓝图的"路线图"和"施工图"，梳理提出滚动实施"3+5+3"标志性工程，健全推进机制和考核评价体系，"三个高地"建设抓手更具体、成效更可持续。制造业占地区生产总值的比重持续提升，新增5个国家中小企业特色产业集群，8家企业进入中国制造业企业500强；全社会研发经费投入保持平稳增长，总量和强度均居全国第九、中部第二；积极推进长株潭要素市场化配置综合改革，对非贸易额居中部省份第一。

中共湖南省委提出，着力实现"一年打基础、三年有突破、五年上台阶"，努力到2035年基本实现"三个高地"建设目标。加快推动湖南高质量发展，要健全推动经济高质量发展体制机制，持续用力打造国家重要先进制造业高地，健全因地制宜发展新质生产力体制机制，促进实体经济和数字经济深度融合，完善服务业创新发展的体制机制，构建更加完善的现代化基础设施体系，健全提升产业链供应链韧性和安全水平制度；统筹推进教育科技人才体制机制一体改革，持续用力打造具有核心竞争力的科技创新高地，深化教育综合改革，深化科技体制改革，深化人才发展体制机制改革；完善高水平对外开放体制机制，持续用力打造内陆地区改革开放高地，稳步扩大制度型开放，加快内外贸一体化改革，优化外商投资环境和健全对外投资管理体制机制，实施中国（湖南）自由贸易试验区提升战略，打造对非经贸合作"国家队"，落实推进高质量共建"一带一路"机制。

构建发展新格局，深入推进城乡融合发展，以区域协调发展支撑高质量发展。2013年11月，习近平总书记考察湖南时要求"加快形成结构合理、方式优化、区域协调、城乡一体的发展新格局"；2024年3月考察湖南时，强调"深入推进城乡融合发展"。区域协调发展不是平均发展、同构发展，而是优势互补的差异化协调发展，促进城乡区域协调发展，是湖南实现高质量发展的必然要求和应有之义。近年来，湖南持续发展壮大县域经济，补短板、强带动、促融合，增强城乡经济联系，畅通城乡经济循环，全省"一核两副三带四区"区域经济布局初步形成，城乡区域协调发展的格局不断优化。

中共湖南省委提出，"要着力促进均衡协调发展，走区域共兴、城乡融合的高质量发展之路"，把区域协调发展作为加快推动湖南高质量发展的"两大引擎"之一，以长株潭一体化为发展核心，引领带动全省联动发展，推动洞庭湖地区建设秀美富饶大湖生态经济区、湘南地区建设中西部地区内陆开放合作示范区、大湘西地区建设脱贫地区高质量发展先行区，全面提升区域发展潜力活力。加快推动湖南高质量发展，要完善城乡融合发展体制机制，促进城乡共同繁荣发展。健全推进新型城镇化体制机制，巩固和完善农村基本经营制度，完善强农惠农富农支持制度，深化土地制度改革，着力构建现代乡村产业体系，扎实推进乡村全面振兴。

深化扩大内需战略，发挥消费与投资基础作用，以强劲内生动力激发高质量发展。2023年1月31日，习近平总书记在主持中共中央政治局第二次集体学习时强调，"要搞好统筹扩大内需和深化供给侧结构性改革，形成需求牵引供给、供给创造需求的更高水平动态平衡，实现国民经济良性循环""坚决贯彻落实扩大内需战略规划纲要，尽快形成完整内需体系，着力扩大有收入支撑的消费需求、有合理回报的投资需求、有本金和债务约束的金融需求"。坚定实施扩大内需战略、培育完整内需体系，是加快构建新发展格局的必然选择，是激发高质量发展内生动力的战略决策。近年来，湖南在深度参与国际国内产业分工的同时，不断提升供给质量水平，着力释放内需，促进形成强大市场优势，内需对经济发展的支撑作用明显增强。当前，全球经贸增长乏力，我国外贸形势依然严峻复杂，恢复和扩大内需是湖南经济持续回升向好的关键所在。

　　中共湖南省委提出，"大力推进扩大内需战略，着力增强高质量发展的内生动力"，坚持供需两端发力，发挥消费的基础性作用和投资的关键性作用，持续推动消费提质、投资增效，形成高质量发展的坚实支撑。加快推动湖南高质量发展，要认真落实中央扩大内需战略部署，把实施扩大内需战略同深化供给侧结构性改革有机结合起来，培育完整内需体系，建立政府投资支持基础性、公益性、长远性重大项目建设长效机制。深化投资审批制度改革，健全投资项目融资机制，规范实施政府和社会资本合作机制，形成市场主导的有效投资内生增长机制。完善扩大消费长效机制，积极推进首发经济。推动消费提质，以新业态新模式引领新型消费；推进流通体系升级，把建设现代流通体系作为一项重要战略任务来抓；推动大规模设备更新和消费品以旧换新，全链条创新激发有效需求。

用好改革创新的"万能钥匙"，坚定不移全面深化改革开放，以更优环境确保高质量发展。党的二十大报告提出，"完善产权保护、市场准入、公平竞争、社会信用等市场经济基础制度，优化营商环境"。2024年3月，习近平总书记考察湖南时强调，要加强改革系统集成，稳步扩大制度型开放。当前，优良的发展环境已成为企业最核心的诉求，良好的营商环境是一个地区吸引力、竞争力和软实力的集中体现。近年来，湖南省委、省政府将优化营商环境连续纳入"三大支撑八项重点""发展六仗"和"八大行动"等全省重点工作，制定三年行动计划及年度重点任务，部署打好"优化发展环境持久仗"。在全国工商联组织的"万家民营企业评营商环境"评价中，2023年湖南获评"前10省份"和"前10最佳口碑省份"。

中共湖南省委提出，"着力优化营商环境，走'有为政府'和'有效市场'更好结合的高质量发展之路"，加大对民营经济政策支持力度，打造市场化法治化国际化一流营商环境，全力营造重商亲商安商的浓厚氛围。要坚决兑现向企业作出的承诺，把"新官理旧账"作为考核评价干部的重要内容，全心全意帮助企业解决实际困难，当好"保姆""红娘""店小二"。加快推动湖南高质量发展，要切实用好改革创新这把"万能钥匙"，统筹好"降成本和提效率"的关系，深化营商环境重点领域改革，大力提升政务服务、投资服务、要素服务水平。优化外商投资环境，优化过境免签政策，健全外商投资权益保护机制，营造市场化、法治化、国际化一流营商环境。深化外商投资促进体制机制改革，落实全面取消制造业领域外资准入限制措施，推动产业链供应链国际合作。

注重守正创新，加快建设文化强省，以增强文化软实力助力高质量发展。习近平总书记考察湖南时强调，文化和科技融合，既催生了新的文化业态、延伸了文化产业链，又集聚了大量创新人才，是朝阳产业，大有前途。要更好担负起新的文化使命，在建设中华民族现代文明中展现新作为。保护好、运用好红色资源，加强革命传统和爱国主义教育，引导广大干部群众发扬优良传统、赓续红色血脉，践行社会主义核心价值观，培育时代新风新貌。探索文化和科技融合的有效机制，加快发展新型文化业态，形成更多新的文化产业增长点。推进文化和旅游深度融合，守护好三湘大地的青山绿水、蓝天净土，把自然风光和人文风情转化为旅游业的持久魅力。近年来，湖南坚持高位推动文化领域改革，坚守"双效统一"原则，省管国有文化企业经营整体平稳，传统文化产业不断调整分化，数字文化产业等新业态加快发展，持续擦亮"湘"字号文化品牌。

　　中共湖南省委提出，"大力推进文化产业创新发展，打造优势文化产业集群，加快建设文化强省"，提升红色文化的传播影响力，坚持守正创新，把握文化建设规律和产业发展规律，大力弘扬湖湘文化，推动文化产业高质量发展。加快推动湖南高质量发展，要传承历史文化、赓续革命文化、发展社会主义先进文化，健全历史文化传承体系，实施革命文化赓续工程，探索文化和科技融合的有效机制，健全文化和旅游深度融合发展体制机制，在建设中华民族现代文明中展现新作为。发展社会主义先进文化，加快发展音视频、动漫游戏、内容电商、数智出版、数字演艺等文化业态。建立健全音视频领域"自主标准＋国产设备＋优质内容"产业模式。深化文化领域行政审批备案制度改革。优化重大文化科技创新机制。健全文化产业体系和市场体系，完善文化经济政策，设立马栏山文化产业投资基金，健全支持文化企业上市融资、并购重组机制。

始终践行以人民为中心的发展思想，织密民生保障网，以人民满意的发展成效检验高质量发展。习近平总书记在湖南考察时指出，要坚持以人民为中心的发展思想，着力办好群众各项"急难愁盼"问题，着力解决民生领域的痛点难点问题。人民幸福安康是推动高质量发展的最终目的。只有坚持以人民为中心的发展思想，坚持发展为了人民、发展依靠人民、发展成果由人民共享，才会树牢正确的发展观、现代化观。近年来，湖南坚持以满足人民日益增长的美好生活需要为出发点和落脚点，把发展成果不断转化为生活品质，人民群众的获得感、幸福感、安全感不断增强。

中共湖南省委提出，"要始终把人民放在心中最高位置，把为民造福作为最大政绩，把群众拥护不拥护、支持不支持、满意不满意作为考虑和衡量一切工作的标准，走好新时代群众路线，学习推广'四下基层'优良传统，常态化开展'走找想促'，谋划实施好重点民生实事，用心用情用力解决群众急难愁盼问题，努力让老百姓的日子过得一年更比一年好"。加快推动湖南高质量发展，要健全保障和改善民生制度体系，提高人民生活品质。坚持在发展中保障和改善民生，完善收入分配制度和就业优先政策，提升就业创业公共服务水平，健全社会保障体系，深化医药卫生体制改革，健全人口发展支持和服务体系，完善发展养老事业和养老产业政策机制，打造高水平医院和临床医学高峰，以人民满意的发展成效检验高质量发展。

守护好一江碧水，加强生态文明建设，以绿色发展推进高质量发展。2018年4月，习近平总书记在湖南岳阳考察时作出了"守护好一江碧水"

的重要指示；2024 年 3 月考察湖南时，进一步强调"要协同推进生态环境保护和绿色低碳发展"。习近平总书记的重要指示，既强调了湖南做好长江保护和修复工作的使命任务，又为湖南以绿色发展引领高质量发展指明了方向、提供了根本遵循。近年来，湖南从"守护好一江碧水"出发，以高水平保护支撑高质量发展，推动生态环境、产业转型产生蝶变。"守护好一江碧水"的成功实践，让湖南深切体会到"绿水青山就是金山银山"重要论断的科学价值与真理伟力。

中共湖南省委提出，"协同推进生态环境保护和绿色低碳发展，加快建设美丽湖南"。坚持山水林田湖草沙一体化保护和系统治理，坚持产业转型、污染防治、生态保护一体推进，深入推进美丽湖南建设。加快推动湖南高质量发展，要深化生态文明体制改革，加快建设美丽湖南。落实生态文明基础体制，健全生态环境治理体系，深入打好污染防治攻坚战，健全绿色低碳发展机制，积极探索绿水青山向金山银山转化的实践路径，拓宽生态产品价值实现路径，推进产业生态化和生态产业化。健全完善"守护好一江碧水"体制机制，促进美丽生态、美丽经济、美好生活有机融合，不断提升生态生产力，把生态优势转化为发展胜势。

着力统筹发展和安全，打好防范化解重点领域风险攻坚战，以高水平安全保障高质量发展。习近平总书记反复告诫我们，"安全和发展是一体之两翼、驱动之双轮""安全是发展的保障，发展是安全的目的"。2024 年 3 月，习近平总书记考察湖南时，特别强调"要坚持高质量发展与高水平安全相互促进"。湖南是人口大省，一个时期有一个时期的问题，一个群体有一个群体的困难，要加强社会治理制度建设，正确处理新形势下人民内部矛盾，牢固树立安全生产红线意识，建设平安湖南。近年来，湖南牢记习近平总书记告诫和嘱托，统筹发展和安全，着力防范化解重大风险，保持了全省社会大局基本稳定。

中共湖南省委提出，"要深入践行总体国家安全观，增强忧患意识，强化底线思维，坚持居安思危，做到未雨绸缪，坚决防范化解各类重大风险，建设更高水平的平安湖南、法治湖南，确保全省政治安全、社会安定、人民安宁"。加快推动湖南高质量发展，要推进国家安全体系和能力现代化，以高水平安全保障高质量发展。健全维护国家安全体系，完善公共安全治理机制，健全社会治理体系，善于用发展的办法化解矛盾、消除风险，打好防范化解意识形态、地方债务、安全生产、食品安全、信访维稳等重点领域风险攻坚战。用自身工作的确定性应对风险挑战的不确定性，守住不发生系统性区域性风险的底线，努力实现高质量发展与高水平安全互促共进。

加强和改进党的建设，推动全面从严治党向纵深发展，以强大合力夯实高质量发展。习近平总书记指出，推动高质量发展、推进中国式现代化，必须加强和改进党的建设。坚持中国共产党这一坚强领导核心，是中华民族的命运所系。坚持党的全面领导，是创造中国奇迹的核心密码，是实现中国式现代化的重大原则和本质要求，是实现中华民族伟大复兴的根本保证。新时代以来，湖南党的建设取得新成就，但全面从严治党永远在路上。

中共湖南省委提出，要加强组织领导，把党的领导贯穿推动高质量发展全过程各方面，凝聚推动高质量发展的强大合力。加快推动湖南高质量发展，要加强党对进一步全面深化改革的领导，完善党的自我革命制度规范体系。提高政治站位，巩固和拓展党纪学习成果，建设高素质专业化干部队伍，扎实推进党建引领基层治理，持续深化整治形式主义为基层减负赋能，加强对领导干部用权行为的规范和监督，营造风清气正的政治生态。要进一步强化实干实绩实效导向，激励干部担当作为，关心关爱基层干部，认真落实"三个区分开来"，为广大干部敢闯敢干、真抓实干、狠抓落实营造良好氛围。

万里征程风正劲，千钧重任再扬帆。走好高质量发展之路，事关湖南广大人民群众民生福祉、事关湖南现代化建设全局、事关湖南未来发展核心竞争力。全省上下要以习近平新时代中国特色社会主义思想为指导，深入贯彻落实习近平总书记考察湖南重要讲话和指示精神及党的二十届三中全会精神，以"功成不必在我"的精神境界和"功成必定有我"的历史担当，以"马上就办"的作风、求真务实的方法、敢作善为的精神，一项一项地将习近平总书记殷殷嘱托、殷切期望落实到位，在推动中部地区崛起和长江经济带发展中奋勇争先，以实际行动谱写中国式现代化湖南篇章。

目录

第一章

在打造国家重要先进制造业高地上持续用力

——如何以先进制造业挺起经济高质量发展的脊梁，加快构建富有湖南特色和优势的现代化产业体系

❶ 现代化产业体系是现代化国家的物质技术基础，必须把发展经济的着力点放在实体经济上，为实现第二个百年奋斗目标提供坚强物质支撑。

❷ 湖南要坚定不移把制造业和实体经济做强做优做大，加快构建富有湖南特色和优势的现代化产业体系，以实干实绩实效为标尺，在"三高四新"的宏伟目标要求中，把"战略图"变"施工图""实景图"。

❸ 党的十八大以来，湖南紧扣高质量发展这个主题，以"吃得苦、耐得烦、霸得蛮"的狠劲，以"等不起、慢不得、坐不住"的责任感和紧迫感，以先进制造业挺起湖南经济高质量发展的脊梁，呈现出"万山磅礴有主峰，一山更比一山高"的新图景。

❹ 中共湖南省委提出，以推动高质量发展为主题，以实体经济为支撑，以智能化、绿色化、融合化为方向，进一步聚焦发展重点，激活创新动能，培育新质生产力，优化产业生态，强化基础保障，更好统筹发展和安全，加快构建以先进制造业为支撑的现代化产业体系。

建设现代化产业体系，是党中央从全面建设社会主义现代化国家的高度作出的重大战略部署，也是推动高质量发展的必然要求。习近平总书记在二十届中央财经委员会第一次会议上指出，现代化产业体系是现代化国家的物质技术基础，必须把发展经济的着力点放在实体经济上，为实现第二个百年奋斗目标提供坚强物质支撑。湖南要坚定不移把制造业和实体经济做强做优做大，加快构建富有湖南特色和优势的现代化产业体系，以实干实绩实效为标尺，在"三高四新"的宏伟目标要求中，把"战略图"变"施工图""实景图"。

必须把发展经济的着力点放在实体经济上

实体经济是我国经济发展、在国际经济竞争中赢得主动的根基。要坚持把发展经济的着力点放在实体经济上，推动资源要素向实体经济集聚、政策措施向实体经济倾斜、工作力量向实体经济加强，形成具有持续竞争力和支撑力的工业体系，推动形成战略性新兴产业和传统制造业并驾齐驱、现代服务业和传统服务业相互促进、信息化和工业化深度融合、军民融合发展的结构新格局。

制造业是立国之本、强国之基，抓实体经济一定要抓好制造业。

要保持制造业比重基本稳定，巩固壮大实体经济根基，推动制造业高质量发展，加快建设制造强国。传统制造业是现代化产业体系的基底，要加快数字化转型，推广先进适用技术，着力提升高端化、智能化、绿色化水平。战略性新兴产业是引领未来的新支柱、新赛道，要推动战略性新兴产业融合集群发展，构建新一代信息技术、人工智能、生物技术、新能源、新材料、高端装备、绿色环保等一批新的增长引擎。

把产业链发展作为推动先进制造业发展的关键举措。推动短板产业补链、优势产业延链、传统产业升链、新兴产业建链，增强产业发展的接续性和竞争力。优化生产力布局，推动重点产业在国内外有序转移，支持企业深度参与全球产业分工和合作，促进内外产

山河智能始终牢记习近平总书记嘱托，坚持自主创新发展路径。图为自动化、智能化水平不断提升的山河智能微挖总装线车间

业深度融合。

发展数字经济是把握新一轮科技革命和产业变革新机遇的战略选择。要促进数字经济和实体经济深度融合，推进数字产业化和产业数字化，赋能传统产业转型升级，催生新产业新业态新模式，打造具有国际竞争力的数字产业集群，加快建设网络强国、数字中国。

构建现代化基础设施体系，为全面建设社会主义现代化国家打下坚实基础。建设现代化产业体系，必须优化基础设施布局、结构、功能和系统集成，构建系统完备、高效实用、智能绿色、安全可靠的现代化基础设施体系。要加快新型基础设施建设，加强交通基础设施建设，构建现代能源体系，加强水利基础设施建设，加强农业农村基础设施建设，为全面建设社会主义现代化国家打下坚实基础。

中车株洲电力机车有限公司勇担使命谱华章，推动我国轨道交通装备实现了从跟跑到并跑、再到领跑的历史性跨越。图为机车事业部生产车间

坚持高质量发展不动摇

2013 年 11 月，习近平总书记在湖南考察时指出，加快转变经济发展方式，关键是要把经济结构战略性调整作为主攻方向，以优化产业结构、消化过剩产能、增强产业竞争力为重点，解决好制约经济持续健康发展的重大结构性问题，加快构建多点支撑的产业格局。2020 年 9 月，习近平总书记在湖南考察时强调，要准确识变、科学应变、主动求变，更加重视激活高质量发展的动力活力，更加重视催生高质量发展的新动能新优势。2024 年 3 月，习近平总书记第四次考察湖南，明确要求湖南要牢牢把握自身在构建新发展格局中的战略定位，在打造"三个高地"上持续用力。

要坚定不移把制造业和实体经济做强做优做大。实现高质量发展，根基在实体经济。抓实体经济一定要抓好制造业，装备制造业是制造业的脊梁，要加大投入、加强研发、加快发展，努力占领世界制高点、掌控技术话语权，使我国成为现代装备制造业大国。实现中国制造向中国创造转变、中国速度向中国质量转变、中国产品向中国品牌转变。

任何时候中国都不能缺少制造业，没有强大的制造业，就没有强盛的国家和民族。中国高度重视制造业发展，坚持创新驱动发展战略，把推动制造业高质量发展作为构建现代化经济体系的重要一环。我国的制造业门类非常齐全，现在要努力的，就是全面提升，过去的中低端要向上走，布局高端。高质量发展就要体现在这里。

以智能制造为主攻方向，推动产业技术变革和优化升级。推动制造业产业模式和企业形态根本性转变，以"鼎新"带动"革故"，近年来，三一重工投入百亿元资金，完成 20 多个工厂的智能化升级，工厂的全部九大工艺、32 个典型场景都已实现"聪明作业"。图为三一重工 18 号工厂内工人在组装泵车

以增量带动存量，促进我国产业迈向全球价值链中高端。把新一代人工智能作为推动科技跨越发展、产业优化升级、生产力整体跃升的驱动力量，努力实现高质量发展。要突出先导性和支柱性，优先培育和大力发展一批战略性新兴产业集群，构建产业体系新支柱。

把握数字化、网络化、智能化融合发展的契机，以信息化、智能化为杠杆培育新动能。要推进互联网、大数据、人工智能同实体经济深度融合，做大做强数字经济。要推动资源要素向实体经济集聚、政策措施向实体经济倾斜、工作力量向实体经济加强，激发和保护企业家精神，弘扬劳模精神和工匠精神，营造脚踏实地、勤劳创业、实业致富的发展环境和社会氛围。

风劲
好扬
帆

　　党的十八大以来，湖南紧扣高质量发展这个主题，以"吃得苦、耐得烦、霸得蛮"的狠劲，以"等不起、慢不得、坐不住"的责任感和紧迫感，以先进制造业挺起湖南经济高质量发展的脊梁，为全面建设中国式现代化湖南篇章迈出坚实步伐。2024年，湖南地区生产总值突破5.3万亿元，达到53230.99亿元，呈现出"万山磅礴有主峰，一山更比一山高"的新图景。

优势特色产业集群实力更雄厚

　　工业于湖南经济是稳大盘的"压舱石"，制造业于工业是基础、是躯干、是强大支撑。目前，湖南培育了工程机械、轨道交通装备、中小航空发动机、新一代自主安全计算系统等十大优势产业集群，这成为湖南先进制造业高质量发展的闪亮名片。

　　优势产业集群更强劲。 2024年，湖南规模工业增加值同比增长7.3%，比上年快2.2个百分点，高于全国1.5个百分点。其中，制造业增加值占地区生产总值比重26.7%，先进制造业增加值占规模以上制造业增加值比重达50.9%。衡长株潭特高压输变电装备产业集群入选2024年国家先进制造业集群名单，全省累计培育

长沙高新区中联智慧产业城是中联重科落实"三高四新"精神打造的国家重要先进制造业高地，也是中联重科勠力打造的世界级灯塔工厂。图为 2020 年 12 月 31 日，中联智慧产业城挖掘机械园区完成中大挖装配线安装调试，顺利下线首台挖掘机械

出 5 个国家先进制造业集群，数量居全国第 10 位、中部第 1 位；国家中小企业特色产业集群 15 个，数量居全国第 9 位、中部第 2 位；全省万亿元级产业达到 6 个。绿色智能计算产业产值同比增长 19%，成为湖南向下一个万亿目标冲刺的产业。

新兴产业集群更迅猛。近年来，湖南新兴产业表现亮眼，经济高质量发展成色越来越足。2023 年，全省数字经济总量突破 1.7 万亿元，同比增长 15%。工业企业数字化研发设计工具普及率提升至 81.1%，高于全国 2.1 个百分点。2024 年，全省新能源汽车产量预计突破 95 万辆，居全国第 5 位。全省乘用车新车上险总数 76.5 万台，同比增长 9.68%。其中，新能源汽车累计新车上险数为 29.93 万台，同比增长 61.9%；新能源汽车年度渗透率达 39.14%，相当于全省每卖出 10 台汽车就有 4 台新能源车。2023 年，全省大健康

数字产业。 2023 年，全省数字经济总量突破 **1.7 万亿元**，同比增长 **15%**。

新能源产业。 2024 年，全省新能源汽车产量预计突破 **95 万辆**，居**全国第 5 位**。

四大新兴产业表现亮眼

大健康产业。 2023 年，全省大健康产业实现增加值 **2959.43 亿元**，同比增长 **4%**，占全省地区生产总值的 **5.92%**。

空天海洋产业。 2023 年，全省通用航空产业实现年营收 **510 亿元**，在册通用机场 **17 个**，已有 **61 个**通用机场场址获得核准。

产业实现增加值 2959.43 亿元，同比增长 4%，占全省地区生产总值的 5.92%。2023 年，全省通用航空产业实现年营收 510 亿元，在册通用机场 17 个，已有 61 个通用机场场址获得核准。2023 年，全省北斗产业总产值达 450 亿元，同比增长 18.4%，北斗园区企业数量 515 家，规上企业超 50 家，国家级、省级创新平台 60 个，形成覆盖卫星平台和卫星载荷、北斗芯片等上中下游全产业链条。

未来产业集群蓄势待发。 湖南不断开辟新赛道，注入新动能，加快布局人工智能、生命工程、量子科技、前沿材料等未来产业。2023 年，全省人工智能核心产业产值达到 189 亿元，同比增长 24%；大数据产业产值达到 1250 亿元，同比增长 13%。2022 年，全省生命工程等生物医药产业实现总产值约 3520 亿元，规模工业

2023 年

人工智能核心产业产值达到 189 亿元，同比增长 24%；大数据产业产值达到 1250 亿元，同比增长 13%。

未来产业发展成效显著

2022 年

生命工程等生物医药产业实现总产值约 **3520 亿元**，规模工业增加值同比增长 **15%**，高于全省工业 **7.8 个百分点**，增速居全省 **14 个工业行业之首**。

2022 年

前沿材料等新材料产业全口径实现营业收入约 **7000 亿元**，总量规模居**中部地区首位**、全国前列，先进储能材料产业市场占有率、硬质合金产量居**全国首位**。

增加值同比增长 15%，高于全省工业 7.8 个百分点，增速居全省 14 个工业行业之首，涌现出尔康制药、九芝堂、湖南医药等一批知名企业。2022 年，全省前沿材料等新材料产业全口径实现营业收入约 7000 亿元，总量规模居中部地区首位、全国前列，先进储能材料产业市场占有率、硬质合金产量居全国首位。

"五好"园区整体质效更强劲

产业园区是创新的主力军，是生产力的主战场。近年来，湖南上下着力强化园区生产、生活、生态"三生融合"，形态、业态、生态"三态协同"理念，着力完善"五好"园区创建工作体系，着力拓展基于"九大趋势"的园区发展路子，"五好"园区在三湘大地拔节生长。

园区规模更稳步。2023年，湖南136个省级及以上产业园区，以占全省约0.5%的国土面积，贡献了全省约36.3%的地区生产总值、74.2%的规工增加值、36.2%的税收。园区已成为高质量发展的主引擎、融入新发展格局的主阵地、实现"三高四新"美好蓝图的主力军。

园区特色更显著。园区注重差异化发展，可谓是"八仙过海，

2022年，全省园区新开工重大项目**3400**个，新引进"三类500强"项目超过**200**个；园区工业固投同比增长**20.8%**。

2022年，全省园区上缴税金突破**2200亿**元，同比增长**13.6%**；规模以上工业利润总额同比增长**10.4%**；亩均税收**17.25万**元，年度增长**5万**元。千亿园区达**19**个，宁乡高新区成功获批国家级高新区。

项目投资向好

发展质量向好

全省园区高新技术产业企业突破**1.2万**家，同比增长**23.3%**；高新技术产业主营业务收入同比增长**20.9%**。

2022年，全省园区实现生产总值**1.77万亿**元，同比增长**11.6%**；规模工业增加值同比增速达**8%**，有力支撑了全省"稳增长"。

产业生态向好

"五好"园区拔节生长

支撑作用向好

常德市
常德经济技术开发区
常德高新技术产业开发区

岳阳市
岳阳经济技术开发区
岳阳城陵矶综合保税区

长沙市
望城经济技术开发区
长沙经济技术开发区
宁乡经济技术开发区
浏阳经济技术开发区
长沙高新技术产业开发区
长沙黄花综合保税区
宁乡高新技术产业开发区

益阳市
益阳高新技术产业开发区

娄底市
娄底经济技术开发区

湘潭市
湘潭经济技术开发区
湘潭高新技术产业开发区
湘潭综合保税区

株洲市
株洲高新技术产业开发区

怀化市
怀化高新技术产业开发区

衡阳市
衡阳高新技术产业开发区
衡阳综合保税区

邵阳市
邵阳经济技术开发区

郴州市
郴州高新技术产业开发区
郴州综合保税区

永州市
永州经济技术开发区

张家界
常德
岳阳
湘西
益阳
长沙
娄底
湘潭
株洲
怀化
邵阳
衡阳
永州
郴州

湖南省国家级产业园区分布图

各显神通"。如长沙高新区持续做强做优工程机械、新一代自主可控安全信息产业；雨花经开区重点打造新能源汽车产业；邵东经开区致力全球的打火机产业，小五金和箱包产业占据全国"半壁江山"；岳阳绿色化工高新区打造全球最大的锂系聚合物研发生产基地；湘潭经开区以吉利新能源为核心，引进项目53个，合同引资257亿元；宁乡经开区和高新区推动产业生态化、融合化，聚力打造储能材料、装备制造两个千亿级产业等。

园区服务更高效。湖南重点推进"五好"园区创建工作，强调"以归零心态率先打造'三化'一流营商环境"，当好"服务员""店小二"，持续优化营商环境。株洲高新区深入实施创新驱动发展战略，构建"苗圃—孵化—加速—产业化"的全链条创新服务体系；怀化市溆浦县和长沙市雨花区两地共建一个园区，以"雨溆工业园"建设为抓手，推动两地"五方挂钩"和"五项转移"，实现"优势互补、合作共赢、1+1＞2"的效果；江华高新区开展"三送三解三优"行动，以"五五"工作法为抓手，擦亮"五心四到两保障"的"母亲式"服务品牌等。

市场经营主体活力更充沛

市场主体是社会生产力的基本载体，是经济发展的"顶梁柱"和"发动机"。近年来，湖南牢记习近平总书记嘱托，在"国之大者"中强担当，在"省之大计"中强作为，一手着力壮大优势特色产业，一手着力塑造发展新优势，市场主体培育成效显著。

龙头企业地位更领先。2023年，三一重工、中联重科、山河智能、

优质企业
群体壮大
（2023 年）

在《财富》世界 500 强排行榜上，湖南钢铁集团有限公司以 327.227 亿美元营业收入位列第 466 位，连续第二年上榜。

全省工业千亿、百亿级企业分别达到 4 家、50 家，8 家企业进入中国制造业 500 强。新增规模工业企业 2066 家，总量保持在 2 万家以上。

全省新增国家级专精特新"小巨人"企业 116 家、省级专精特新中小企业 1787 家、省级制造业单项冠军企业 198 家。

铁建重工、星邦智能 5 家入选全球工程机械制造商 50 强企业，分列榜单第 5 位、第 9 位、第 32 位、第 38 位和第 48 位。中国中车规模效益指标持续位居全球轨道交通装备制造业前列，轨道交通装备业务收入稳居全球第 1 位，中车株机、中车株所成为国内前五强的轨道交通装备制造企业。近年来，湖南又涌现了威胜电子、湘电集团、金杯电工、华曙高科、株洲钻石、宇环数控等一批知名龙头企业。截至 2024 年底，全省上市企业共有 146 家，上市企业数量排名全国第 11 位、中部地区第 2 位，总市值约 15592.08 亿元，爱尔眼科和蓝思科技市值均超千亿元。

科技创新型企业队伍更庞大。2023 年，国家新型工业化产业示范基地达 19 个，居中部地区首位。国家级专精特新"小巨人"企业新增 116 家，高新技术企业净增 2000 家以上，科技型中小企业突破 3 万家。"智赋万企"全面起势，国家级跨行业跨领域"双跨"平台数量居全国第 7 位，省级工业互联网平台达 92 个，上云上平台企业新增 14.6 万家，工业企业数字化研发设计普及率达 81.1%。

党的十八大以来，湖南加快建设现代化产业体系取得显著成效，但还存在经济发展"稳"的基础还不牢固，发展质效还不高，产业体系结构不完善，烟草、石化、钢铁等传统产业发展面临"天花板"，新兴动能不够多不够强等问题。为此，中共湖南省委提出，以推动高质量发展为主题，以实体经济为支撑，以智能化、绿色化、融合化为方向，进一步聚焦发展重点，激活创新动能，培育新质生产力，优化产业生态，强化基础保障，更好统筹发展和安全，加快构建以先进制造业为支撑的现代化产业体系。

巴陵石化通过产业链升级、产品链延伸、价值链提升，推动传统石化产业向高端化、智能化、绿色化、一体化转型升级。图为巴陵石化年产 60 万吨己内酰胺产业链搬迁与升级转型发展项目新区

加快构建湖南"4×4"现代化产业体系

加快构建以先进制造业为支撑的湖南现代化产业体系。 一是改造提升传统产业重在提质增效。围绕现代石化、绿色矿业、食品加工、轻工纺织等传统产业，加快推进企业设备更新和技术改造，加快推进智能化、数字化转型升级，推动重点行业加快兼并重组，提高产业集中度。二是巩固延伸特色优势产业重在扩链集群。延伸工程机械、轨道交通装备、现代农业、文化旅游等特色优势产业链条，如工程机械产业，重点加快提升产品可靠性、耐久性和推出新产品，建成世界一流的工程机械研发中心和"智造"中心；轨道交通装备产业，重点加强核心关键技术研发攻关与产业化，发展高端整车，建成世界一流的轨道交通装备制造基地和研发中心。三是培育壮大新兴产业重在培强育大。瞄准万亿级产业规模目标，培育壮大数字产业、新能源、大健康、空天海洋产业等新兴产业，如数字产业，坚持"链主、链长、链生态"系统化发展，推动"两芯一生态"向"鹏腾"生态战略升级，加快培育壮大信创、音视频和北斗规模应用产业。四是前瞻布局未来产业重在抢步占先。重点围绕人工智能、生命工程、量子科技、前沿材料等产业，强化产业研究，把握发展规律，下好"先手棋"，做好重点项目储备和创新企业引进工作等。

优势产业延链补链强链。充分发挥标志性项目的示范牵引作用，支持存量企业扩能升级，推进优势产业延链补链强链，强化产业链上下游配套，培育壮大产业集群。要把握科技创新机遇，强化企业创新主体地位，加大关键核心技术攻关力度，打造自主可控、安全高效的产业链供应链，持续巩固并不断增强制造业竞争优势。

着力实施"智赋万企"行动。加快推动新一代信息技术与实体产业深入融合，强化关键数字基础设施建设、关键服务平台赋能

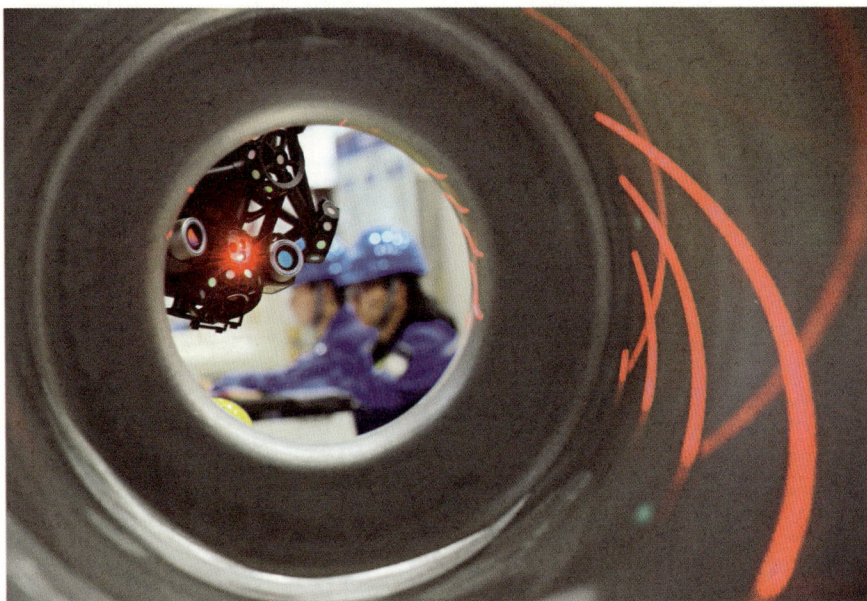

湖南率先建立起省领导联系产业链（群）机制，建设"国家先进制造业集群培育地"，推动资金、政策、人才等资源向先进制造业集群集聚。图为衡南县特变电工云集5G科技产业园GIS智能工厂全自动龙门影像检测系统正在对产品部件进行检测

以及关键行业和企业的试点示范，加快数字产业集群集聚，打造具有核心竞争力的国家级数字产业集群，实施工业互联网创新发展战略，持续壮大国家级和省级工业互联网平台体系，加强数字化转型专业服务能力供给，着力解决企业"不会转""不能转""不敢转"的难题，加强网络安全和数据安全保护，筑牢企业数字化转型安全屏障；围绕推动新一代信息技术融合应用，打造一批国家级和省级试点示范项目企业；开展中小企业数字化转型试点工作，大力推动企业上云、上平台，协同推进数字产业化和产业数字化。

着力打好科技创新攻坚仗。以推进"4+4科创工程"为重点，建设高水平国家级科技创新平台体系；着力推进现代化基础设施体系建

"智赋万企"行动的主要目标是什么?

答：到2025年，数字经济与实体经济融合取得显著成效，企业智能化水平极大提升，产业核心竞争力明显增强。推动全省70万家企业上云，4万家企业上平台。全省75%的规模以上制造业企业基本实现数字化网络化，工业互联网平台在规模工业企业中的普及率达50%。打造1000家智能制造企业、3000条（个）智能制造生产线（车间）、15000个智能工位。以数字化变革为支撑，推动省级专精特新中小企业达到3500家左右，国家级专精特新"小巨人"企业达到1000家左右。

"智赋万企"行动重点深入实施哪十大工程?

答：基础设施提升工程、基础技术攻关工程、数字产业集聚工程、平台体系壮大工程、服务体系支撑工程、数字安全屏障工程、试点示范培育工程、中小企业数改工程、重点产业带动工程、产业园区赋能工程。

什么是"4+4科创工程"？

答："4+4科创工程"是湖南正在推动建设的"四大实验室""四个重大科学装置"。"四大实验室"，即岳麓山实验室、岳麓山工业创新中心（实验室）、湘江实验室、芙蓉实验室；"四个重大科学装置"，即国家超级计算长沙中心、大飞机地面动力学试验平台、力能实验装置、航空发动机冰风洞装置。

2024年湖南"十大技术攻关项目"有哪些？

答：楚天科技医用高端机器人、中车株机混合动力机车、湖南石化特种环氧树脂、湖南农科院耐盐碱水稻、湖南高创翔宇新型飞行器核心部件、株洲太空星际北斗多源融合时空增强、株洲中车时代半导体IGCT功率器件、宇环数控高精度平面磨床、湖南林科院高品质油茶新品种、航空航天3D打印装备。

设，强化"电力、算力、动力"关键支撑，着力推动能源基础设施高质量发展；以"十大技术攻关项目"为牵引，不断加强基础研究与应用基础研究，力争取得一批"从0到1"的原创性成果。

滚动实施先进制造业高地标志性工程

培育10个千亿级别企业。支持行业领军企业开展重大前沿技术创新、重大项目布局、重大战略性并购重组，打造10个产品卓越、品牌卓著、创新领先、治理现代，具备国际竞争优势的千亿企业。重点围绕产业发展"万千百"工程，实施"四个一批"，分级打造培育千亿级、百亿级、十亿级企业，即巩固提升做强一批企业，重点推动现有重点企业稳步发展壮大；招大引强落地一批企业，重点招引一批"三类500强"企业、产业领航企业、专精特新"小巨人"企业，"一

以新能源汽车规模化的生产带动全产业链的布局和发展，湖南形成了具有较强竞争力的新能源汽车产业"链核"。图为比亚迪长沙基地总装车间，工人正在新能源汽车生产线上忙碌

企一策"精心培育；扶持壮大培育一批企业，盯住一批潜力企业进行集中培育，建立优质企业梯度培育体系，实施企业培育专项行动；兼并重组打造一批企业，鼓励企业采取合作收购、参股控股、联合经营等方式整合资源，提高产业集中度和企业核心竞争力，形成一批具有国际影响力的大型企业集团。

打造"4+6"国家先进制造业产业集群。将工程机械、轨道交通装备、中小航空发动机、新一代自主安全计算系统 4 个国家先进制造业集群打造成为具有国际竞争力的世界级先进制造业集群；推动先进能源材料、先进硬质材料、输变电装备、新能源汽车、现代石化、生物医药6个产业集群争创国家先进制造业集群；充分调动和发挥产业集群引领作用，以体系化壮大和培育国家先进制造业集群为主抓手，把握企业、产业、产业链、产业生态"四个着力点"，实施产业集群发展专项行动，加快推进产业集群提质增效和高质量发展。

建设北斗规模应用引领区。重点打造北斗开放实验室等国家级卫星导航技术创新平台，以国防科技大学北斗团队为核心，吸引一批北斗领域核心人才在湖南建立院士工作站；建立邮政物流、工程机械、环洞庭湖、北斗低空综合应用等有明确应用需求和典型特色的国家北斗应用示范工程；培育国家（长沙）北斗特色产业园、株洲北斗产业园、岳阳北斗卫星导航应用产业园等北斗领域特色园区，

湖南深入贯彻落实习近平总书记致首届北斗规模应用国际峰会贺信精神，全力推进技术攻关、成果转化、项目合作、规模应用和产业集聚。图为建设中的株洲云龙示范区创业创新园与北斗产业园

集聚以星河电子、湖南航天等为龙头的一大批北斗骨干企业，形成以长沙市为主体，以株洲市、岳阳市为两翼，辐射带动湖南北斗产业发展壮大的"一体两翼多点"空间布局；形成基本覆盖空间段、地面段和用户段，覆盖星载设备、北斗芯片、天线、板卡等上中下游的全产业链条；全面拓展北斗应用领域和规模，将湖南打造成为全国北斗技术创新引领区、北斗规模应用示范区、北斗产业高质量发展集聚区。

提升园区承载能力

提升产业集聚度和经济贡献度，更好发挥园区主阵地作用。 聚焦"五好"目标，突出"三生融合、三态协同"，强化亩均效益导向，加快推动园区转换升级。坚持多规合一，围绕"三生融合"目标，推进规划形态、园区业态、产业生态"三态协同"发展，重点突出前端、尖端、高端产业，推进产城、产教、产金融合和跨界融合创新，打造研发、生产、服务一体化的产业综合体，增强园区产业创新力、竞争力、发展力。

创新园区管理和运行机制，园区效益"论功行赏"。 推进管运分开，探索推进园区管理和运营分离改革，剥离管委会开发建设及运营职能，由专门公司承担园区的开发建设、产业培育、招商引资等专业化服务事项。加快平台转型，强化平台公司市场主体地位，建立现代企业制度，剥离政府融资职能，推动从地产开发向资产运营、产业投资业务转型，增强自我"造血"能力，实现实体化经营、产业化发展、市场化运作。探索专业运营，支持园区结合实际探索作为湖南奋力推进打造国家重要先进制造业高地的主力军、主阵地、主引擎，长沙经开区全面落实党的二十大战略部署，牢牢把握高质量发展这个首要任务，大力发展先进制造业，加快建设现代化产业体系。图为长沙经开区

"管委会+"模式创新，因地制宜选择专业化机构参与招商、开发、建设和运营，通过设立产业引导基金、创业投资等方式吸引社会资本参与园区建设，推动园区积极探索综合开发、物业租赁、创投孵化等运营模式。深化合作共建，推动省内园区之间沿产业链开展跨区域合作，建立 GDP 核算、成本分担和利益共享机制，实现共建共管共赢。选择具备条件的园区与粤港澳大湾区、长三角、海南等地，通过股份合作、委托招商等多种方式，发展"飞地园区"。

推动园区产城融合发展，"聚人气、增流量"。 积极推进园区和城镇基础设施、产业发展、市场体系、基本公共服务和生态环保一体化建设，实现以产兴城、以城促产、产城相融；完善园区周边医疗、教育、养老等公共服务设施，鼓励有条件的园区集中建设教育、医疗、文化、娱乐、商业、生态等生活配套设施，支持在符合条件的国家级园区优先布局儿童、康复、养老等资源稀缺型医疗机构；

以产业发展需求为导向，完善企业服务中心、产品质量检验检测中心等配套，切实提升园区公共服务能力；鼓励各类社会资本以独资、合资、参股、特许经营等方式投资园区公共基础设施、市政公用事业、交通运输、资源环境、能源等项目建设和运营；着力构建适应产业发展和生活居住要求的公共服务体系，推动园城公共服务设施共建共享、统筹利用，推动园区向城市综合功能区转型，着力建成一批功能完善、生态良好、产城融合的现代化城市综合功能区。

推动存量企业扩能升级和精准招商

"一手优存量，一手扩增量"，大力实施主体强身行动。抓发展必须抓产业、抓产业必须抓经营主体。一是抢占更大的市场，在做大做强上下功夫。继续加大企业梯度培育力度，支持领军企业开展重大项目布局、战略性并购重组，为专精特新"小巨人"企业、单项冠军企业提供上市辅导、投融资等专业服务，着力促进"个转企、小升规"，不断扩大市场份额。二要抢占更多制高点，在创新创造上下功夫。支持科技型领军企业更多承担国家重大科技项目，开展企业标准"领跑者"活动，不断抢占技术、平台、人才、标准等制高点。三要抢占更优竞争地位，在链式发展上下功夫。围绕高端制造业等重点产业链，明确需招引的重点企业、打造的主要产品、推进的重点项目，形成上下配套、主配协同、集聚发展的良好生态。

全力支持湘商"站前台、唱主角、挑大梁"。 提高招商引资的质量和能级，大力推进湘商回归。坚持把湘商回归作为"一把手"工程来抓，建立湘商数据库，利用媒体、网络、展会等各种渠道加强对湖南的投资环境和回归政策的宣传和推介；积极落实税收减免、财政补贴、项目支持等各项惠企政策；切实提高行政效率，提

一"麓"同行

增强家乡"磁力"，让湘商和故乡"双向奔赴"

近年来，湖南将招商引资作为经济工作的"第一抓手"，聚力打造"投资湖南"品牌，激活招商引资"强引擎"，奏响高质量发展"奋进曲"。2023年，省委、省政府先后召开7场座谈会，发出"让广大湘商在湘更吃香"的深情邀约，传递出湖南满腔热忱欢迎"燕归巢"的强烈信号。在省商务厅设立湘商回归工作办公室，市、县、乡三级成立湘商回归和返乡创业工作专班，指导服务站和联络站相继挂牌。印发《开展促进企业扩能升级和产业链精准招商工作方案》，根据"4×4"现代化产业体系，首次发布工程机械、新能源等9条特色优势产业链招商信息，并以产业链为单位归集100个产业类项目，投资总额3002.95亿元。抢抓春节、中秋和国庆等节点，开展湘商回归专项行动，全年举办对接走访活动2000余场，签约项目1500余个。2023年，湘商回湘投资新注册企业1360家，同比增长42.7%，其中制造业项目占比55%；项目累计到位资金5915.2亿元，同比增长32.2%。

供全程代办、简化手续、快速审批等优质服务，吸引更多的湘商回归；积极营造法治化、国际化、市场化的投资环境，加强知识产权保护、优化营商环境；发挥政府引导基金杠杆撬动作用，以基金招商做产业导入，以投资银行方式做产业培育，推动形成"以大带小、上下融通"的产业集群共赢局面；办好全球湘商大会，持续推进产业回归、资本回流、项目回投、人才回聚、总部回建。

全面掀起新一轮"大招商、招大商、招好商"热潮。 大力推进产业集群招商、产业链招商、产业生态招商、基金招商、走出去"敲门"招商，加强与跨国企业对接，加大全球招商引资力度。转变招商工作思路和方式方法。要从过去的大而化之、侧重大型活动，转变为点对点、面对面、自上而下的招商方式。集中的招商大会也要提前做好基础性功课，探索"一对一"式双边商务洽谈新模式。优化工作流程、建立省市（县）衔接机制，招商前期阶段要强化省级统筹，由省直部门和地市为主负责对接，待项目落地条件较为成熟后再移交给相关市县跟进。要加强与国际专业招商机构合作，通过灵活的激励机制，共同引进知名外企。已经做了大量前期工作、"正在路上"的项目，如旅游公路、主题公园等，要做好"临门一脚"环节的工作，尽早实现落地。

"找共通点、寻最大公约数"，更大力度加强招商对接。 抢抓新一轮央企重组整合机遇，加强与央企对接合作，积极争取央企总部落户湖南，推动更多项目、资金布局落地湖南。各部门、各市县要强化"全省一盘棋"观念，不能各自为战。要优先引进已经形成或有潜力形成产业链的项目或企业集群。引进符合中长期发展战略需要的项目，同时又要争取见效快的"短平快"项目。要瞄准世界

500 强、行业领军企业和知名品牌企业开展点对点招商。除了积极争取中央支持外，还要主动对接国家战略。大力推动和海南自由贸易港的合作，这既是帮助海南扩大自由贸易港建设的辐射效应，也符合湖南的发展利益。要多去其他国家战略中找"共通点、寻最大公约数"，在对接国家战略中发展自己。

深度阅读

1.《沈晓明在株洲调研时强调 加强科技创新 坚持绿色发展 为打造国家重要先进制造业高地作出更大贡献》，《湖南日报》2023 年 4 月 13 日。

2.《沈晓明在专题调研打造国家重要先进制造业高地时强调 推动强链补链 壮大产业集群 加快湖南先进制造业高质量发展》，《湖南日报》2023 年 7 月 15 日。

3. 沈晓明：《坚定不移在推动中部地区崛起中奋勇争先》，《学习时报》2024 年 5 月 15 日。

4.《湖南省人民政府办公厅关于转发省工业和信息化厅〈湖南省"智赋万企"行动方案（2023—2025 年）〉的通知》，2023 年 3 月。

5.《中共湖南省委 湖南省人民政府关于加快建设现代化产业体系的指导意见》，2023 年 10 月。

第二章

打造具有核心竞争力的科技创新高地

如何深入实施创新驱动发展战略，不断增强高质量发展的动力支撑

❶ 科技是第一生产力、第一竞争力，是全面建设社会主义现代化国家的基础性、战略性支撑。必须坚持创新在我国现代化建设全局中的核心地位，加快实现高水平科技自立自强。

❷ 湖南要加快实施创新驱动发展战略，滚动实施科技创新高地标志性工程，推动关键核心技术攻关和成果转化，实施新时代人才强省战略，大力推进具有核心竞争力的科技创新高地建设，加快建设汇聚全球创新资源的创新型省份。

❸ 科技创新"关键变量"成为湖南高质量发展"最大增量"，"三高四新"美好蓝图正在科技领域细化为"施工图"、转变为"实景图"。

❹ 中共湖南省委提出，着力做好科技创新这篇大文章，坚持"四个面向"，深入实施创新驱动发展战略，大力营造良好创新生态，推动创新要素向湖南汇聚、创新成果在湖南转化、创新活力在湖南迸发，不断增强高质量发展的动力支撑，加快形成新质生产力，以"含新量"提升发展"含金量"，着力打造具有核心竞争力的科技创新高地。

当今世界正经历百年未有之大变局，科技创新是其中一个关键变量。谁牵住了科技创新这个牛鼻子，谁走好了科技创新这步先手棋，谁就能占领先机、赢得优势。党的二十大报告指出，科技是第一生产力、人才是第一资源、创新是第一动力。必须坚持创新在我国现代化建设全局中的核心地位，加快实现高水平科技自立自强。湖南要加快实施创新驱动发展战略，滚动实施科技创新高地标志性工程，推动关键核心技术攻关和成果转化，实施新时代人才强省战略，大力推进具有核心竞争力的科技创新高地建设，加快建设汇聚全球创新资源的创新型省份。

实现高水平科技自立自强，是中国式现代化建设的关键

科技是第一生产力。"科技自立自强是国家强盛之基、安全之要。"中国要强盛、要复兴，就一定要大力发展科学技术，增强自主创新能力，建设世界科技强国。当前，全球科技创新进入空前密集活跃的时期，围绕科技制高点的竞争空前激烈。"科学技术从来没有像今天这样深刻影响着国家前途命运，从来没有像今天这样深刻影响着人民生活福祉。"要坚持面向世界科技前沿、面向经济主

战场、面向国家重大需求、面向人民生命健康，加快实施创新驱动发展战略，加快实现高水平科技自立自强。

人才是第一资源。 "功以才成，业由才广。"实现高水平科技自立自强，必须有一支能打硬仗、打大仗、打胜仗的战略科技力量，形成代表国家水平、国际同行认可、在国际上拥有话语权的科技创新实力。人类历史上，科技和人才总是向发展势头好、文明程度高、创新最活跃的地方集聚。迈上新征程，我们比历史上任何时期都更加接近实现中华民族伟大复兴的宏伟目标，也比历史上任何时期都更加渴求人才。必须着眼国家和民族长远发展大计，坚持人才引领驱动，必须深入实施科教兴国战略、人才强国战略、创新驱动发展战略，统筹推进教育科技人才体制机制一体改革，健全新型举国体制，提升国家创新体系整体效能。要把握战略主动，做好顶层设计

作为湖南 2021 年引进的最大外资投资项目，巴斯夫杉杉电池材料有限公司是中国正极材料行业龙头企业行列中的一支劲旅。图为巴斯夫杉杉电池材料有限公司长沙基地

和战略谋划，着力建设高水平人才高地和吸引集聚人才的平台，加快形成战略支点和雁阵格局，加快形成我国在诸多领域的人才竞争比较优势，推动国家战略科技力量和高水平人才队伍位居世界前列。

创新是第一动力。当前，世界百年未有之大变局加速演进，新科技革命和产业变革的时代浪潮奔腾而至，国际环境日趋复杂，不稳定性不确定性明显增加，科技创新成为国际战略博弈的主要战场，成为大变局中的一个关键变量。"如果我们不应变、不求变，将错失发展机遇，甚至错过整个时代。"我国经济发展环境出现了变化，特别是生产要素相对优势出现了变化。劳动力成本在逐步上升，资源环境承载能力达到了瓶颈，旧的生产函数组合方式已经难以持续，必须加快从要素驱动为主向创新驱动发展转变。

打好关键核心技术攻坚战。"科技创新能够催生新产业、新模式、

超级计算机是体现创新能力的"超级大脑""国之利器"。图为位于长沙岳麓山脚下的国家超级计算长沙中心

新动能，是发展新质生产力的核心要素。"必须加强科技创新特别是原创性、颠覆性科技创新，加快实现高水平科技自立自强，打好关键核心技术攻坚战，使原创性、颠覆性科技创新成果竞相涌现，培育发展新质生产力的新动能。要积极培育新能源、新材料、先进制造、电子信息等战略性新兴产业，积极培育未来产业，加快形成新质生产力，增强发展新动能。"要以科技创新推动产业创新"，"要及时将科技创新成果应用到具体产业和产业链上，改造提升传统产业，培育壮大新兴产业，布局建设未来产业，完善现代化产业体系"。

关键核心技术必须牢牢掌握在自己手里

把创新驱动发展作为面向未来的一项重大战略实施好。2013年11月，习近平总书记在湖南考察时指出，"我国经济发展要突破瓶颈、解决深层次矛盾和问题，根本出路在于创新，关键是要靠

湖南充分发挥高校人才荟萃、学科齐全、思想活跃、基础雄厚的优势，创建了岳麓山国家大学科技城。图为岳麓山国家大学科技城航拍

科技力量",要求湖南"把创新驱动发展作为面向未来的一项重大战略实施好,推动经济社会发展及早转入创新驱动轨道上来","要充分发挥高校人才荟萃、学科齐全、思想活跃、基础雄厚的优势,面向经济建设主战场,面向民生建设大领域,加强科学研究工作,加大科技创新力度,努力形成更多更先进的创新成果"。要推动科技创新和经济社会发展紧密结合,进一步打通科技和经济社会发展之间的通道,让企业真正成为技术创新的主体,联合高校和科研院所开展产学研协同创新,努力实现优势领域和关键技术的重大突破。

着力打造具有核心竞争力的科技创新高地。2020 年 9 月,习近平总书记考察湖南时指出,"要准确识变、科学应变、主动求变,更加重视激活高质量发展的动力活力,更加重视催生高质量发展的新动能新优势""要围绕产业链部署创新链、围绕创新链布局产业链,强化企业技术创新主体地位,完善成果转化和激励机制,提升自主创新能力";强调"自主创新是企业的生命""关键核心技术

必须牢牢掌握在自己手里"，勉励湖南着力打造具有核心竞争力的科技创新高地。

以科技创新引领产业创新，积极培育和发展新质生产力。2024年3月，习近平总书记在湖南考察时强调，科技创新是发展新质生产力的核心要素。要在以科技创新引领产业创新方面下更大功夫，主动对接国家战略科技力量，积极引进国内外一流研发机构，提高关键领域自主创新能力。强化企业科技创新主体地位，促进创新链产业链资金链人才链深度融合，推动科技成果加快转化为现实生产力。要在打造具有核心竞争力的科技创新高地上持续用力。2024年3月，习近平总书记在湖南主持召开新时代推动中部地区崛起座谈会时指出，"要以科技创新引领产业创新，积极培育和发展新质生产力""更加重视科技创新和产业创新的深度融合，加强重大科技攻关，增强产业创新发展的技术支撑能力。强化企业创新主体地位，构建上下游紧密合作的创新联合体，促进产学研融通创新，加快科技成果向现实生产力转化"。

关键核心技术是国之重器，是要不来、买不来、讨不来的。只有把关键核心技术掌握在自己手里，才能从根本上保障国家经济安全、国防安全和其他安全。"以关键共性技术、前沿引领技术、现代工程技术、颠覆性技术创新为突破口，敢于走前人没走过的路，努力实现关键核心技术自主可控。"核心技术的根源问题是基础研究问题，要加强基础研究，从源头和底层解决关键技术问题。要强化基础研究前瞻性、战略性、系统性布局，有组织推进战略导向的体系化基础研究、前沿导向的探索性基础研究、市场导向的应用性基础研究，把握科技发展大趋势，下好自主创新"先手棋"。

风劲
好扬帆

党的十八大以来，湖南坚持把科技创新摆在现代化建设全局中的核心地位，瞄准产业、技术、人才、平台"四个制高点"，大力实施"七大计划"，着力打好科技创新攻坚仗，奋力打造具有核心竞争力的科技创新高地，全省科技创新综合实力迈上新台阶，实现"两千三万"跨越，涌现"三超"（超级杂交稻、超级计算机、超高速列车）、"三深"（深海、深空、深地）标志性成果，区域创新能力排名快速进位至全国第 8 位，科技进步贡献率提高到 60% 以上，国家创新型县（市）数量达 8 个，居全国第 3 位、中部第 1 位，科技创新"关键变量"成为湖南高质量发展"最大增量"，"三高四新"美好蓝图正在科技领域细化为"施工图"、转变为"实景图"。

在线问答

什么是"七大计划""两千三万"？

答："七大计划"指关键核心技术攻关、基础研究发展、创新主体增量提质、芙蓉人才行动、创新平台建设、创新生态优化、科技成果转化。"两千三万"的"两千"指的是全社会研发投入、技术合同交易成交额均突破 1000 亿元；"三万"指的是高新技术企业、评价入库科技型中小企业数量均超过 10000 家，高新技术产业增加值超过 10000 亿元。

明确了以"五大标志性工程"为引领的科技创新高地"总抓手"

　　湖南遵循习近平总书记指引的方向，始终坚持创新驱动发展，精准把握全球科技产业趋势规律和全省科技创新资源比较优势，强化顶层设计和系统谋划，以创新型省份建设为统揽扎实推进全面创新。

　　明确了"五大标志性工程"。湖南立足全球视野，着眼前瞻布局，开创性提出把长沙打造成为全球研发中心城市，明确提出滚动实施推进长株潭国家自主创新示范区提质升级、建设湘江科学城、实施"4+4科创工程"、建设长沙全球研发中心城市、推进科技赋能文化产业创新工程五大科技创新高地标志性工程，为具有核心竞争力的科技创新高地建设提供重要指向和遵循。截至2024年底，

以"五大标志性工程"建设立标打样

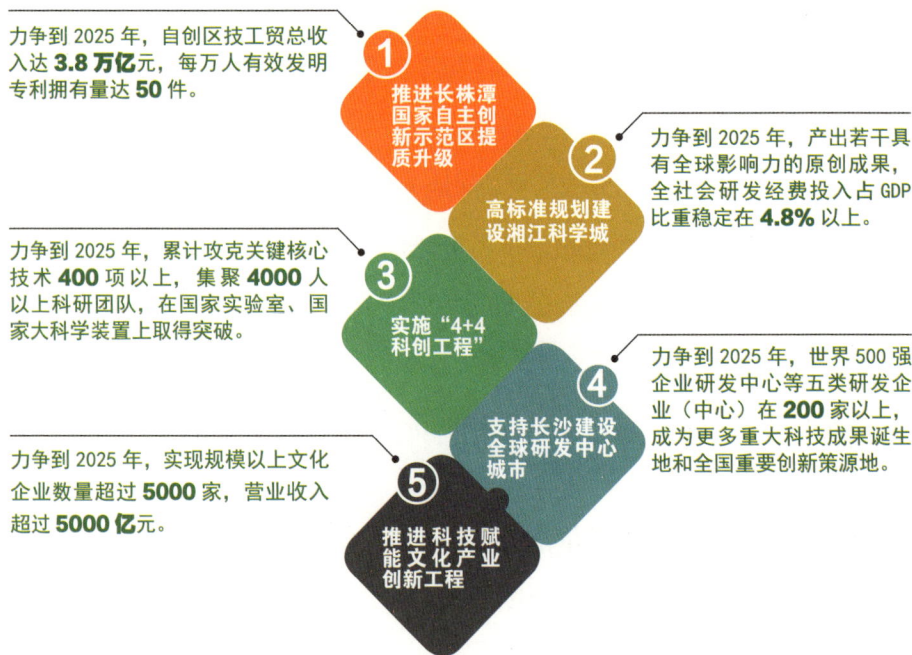

力争到 2025 年，自创区技工贸总收入达 **3.8 万亿**元，每万人有效发明专利拥有量达 **50** 件。

① 推进长株潭国家自主创新示范区提质升级

② 高标准规划建设湘江科学城

力争到 2025 年，产出若干具有全球影响力的原创成果，全社会研发经费投入占 GDP 比重稳定在 **4.8%** 以上。

力争到 2025 年，累计攻克关键核心技术 **400** 项以上，集聚 **4000** 人以上科研团队，在国家实验室、国家大科学装置上取得突破。

③ 实施"4+4科创工程"

④ 支持长沙建设全球研发中心城市

力争到 2025 年，世界 500 强企业研发中心等五类研发企业（中心）在 **200** 家以上，成为更多重大科技成果诞生地和全国重要创新策源地。

力争到 2025 年，实现规模以上文化企业数量超过 **5000** 家，营业收入超过 **5000 亿**元。

⑤ 推进科技赋能文化产业创新工程

"五大标志性工程"取得了初步成效。2024 年，长沙全球研发中心城市建设新增研发机构 1178 家，长沙全社会研发投入强度提升至 3.3%，跃居全球科技集群百强榜第 32 位、全球科研城市第 23 位，"一城一区三基地"（湘江科学城、湖南自贸试验区长沙片区、马栏山基地、科大金霞基地、大泽湖基地）研发集聚区初具规模；"4+4 科创工程"全部实体化运行，并取得了一批创新成果；长株潭国家自主创新示范区加快建设，多个实验室完成了实体化运作，全年实施新一轮提质升级行动，长沙高新区、株洲高新区、湘潭高新区人均技术合同成交额居全国前 20 强；湘江科学城建设加速推进，全年新引进落地研发平台 30 个；科技赋能文化产业创新工程建成马栏山音视频实验室、"山海"数字文博大平台，国家文化和科技融

规划建设湘江科学城，依托自然山水格局，规划布局形成"一轴两带六组团八片区"的空间格局，是湖南锚定"三高四新"美好蓝图的实际行动。图为湘江新区梅溪湖国际新城

合试验区创建工作稳步推进。

形成了系统布局。湖南省委十二届四次全会审议通过的《中共湖南省委关于锚定"三高四新"美好蓝图 加快推动高质量发展的若干意见》专章部署大力推进具有核心竞争力的科技创新高地建设，要求加快建设汇聚全球创新资源的创新型省份。湖南省政府印发实施《湖南省打造具有核心竞争力的科技创新高地规划——湖南省"十四五"科技创新规划》，作出打好科技创新攻坚仗、强化以科技创新为重点的动力支撑等具体部署，形成从战略到规划到执行的系统布局。

构建了以"4+4科创工程"为特色的湖南战略科技力量

湖南坚持"四个面向"，扎实推进长株潭国家自主创新示范区、郴州市国家可持续发展议程创新示范区等国家级科技创新平台建设，大力建设"四大实验室"，积极布局"四个重大科学装置"，形成了具有湖南特色的战略科技力量。

构建起强有力的科技创新平台矩阵。2012—2022年，湖南各类国家级、省级科技创新平台数量翻了一番，达到1676家。其中，科技系统建有19家国家重点实验室、14家国家工程技术研究中心，数量均居全国第8位、中部地区第2位。杂交水稻全国重点实验室进入首批20家全国重点实验室，339家省级重点实验室、531家省级工程技术研究中心覆盖全省重点学科、优势产业、重大民生领域，共同构筑起科技支撑高质量发展、增进民生福祉的强大矩阵。2023年，牵头组建全国重点实验室11家，待重组国家重点实验室8家，

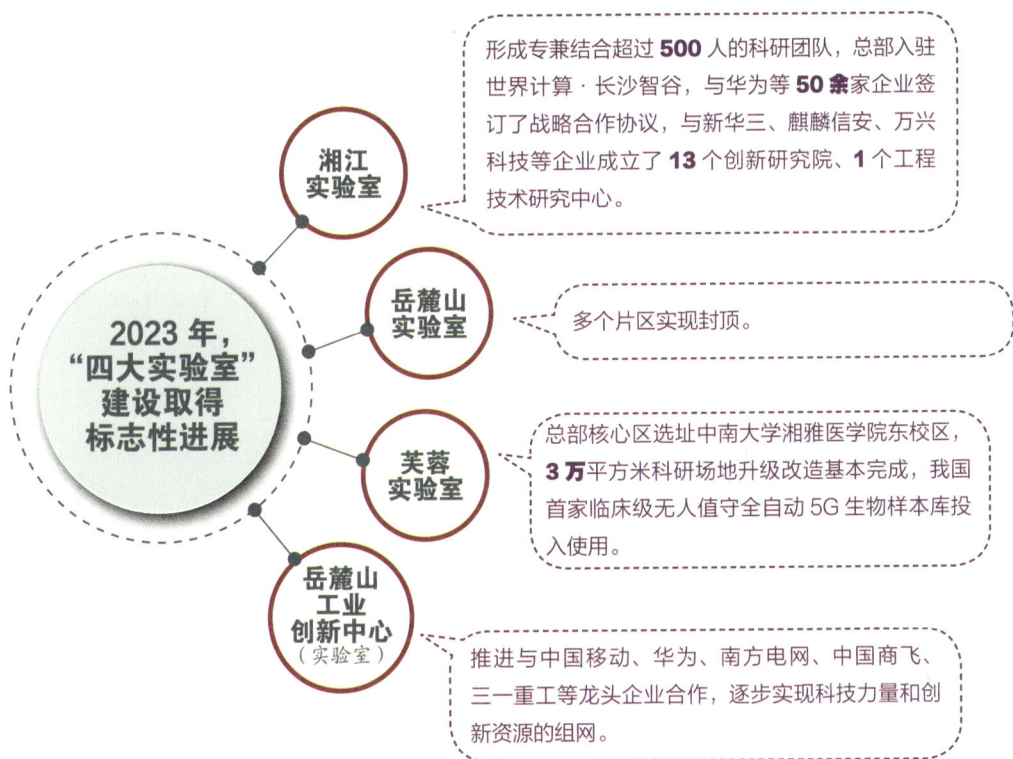

2023 年，"四大实验室"建设取得标志性进展

湘江实验室：形成专兼结合超过 **500** 人的科研团队，总部入驻世界计算·长沙智谷，与华为等 **50 余**家企业签订了战略合作协议，与新华三、麒麟信安、万兴科技等企业成立了 **13** 个创新研究院、**1** 个工程技术研究中心。

岳麓山实验室：多个片区实现封顶。

芙蓉实验室：总部核心区选址中南大学湘雅医学院东校区，**3 万**平方米科研场地升级改造基本完成，我国首家临床级无人值守全自动 5G 生物样本库投入使用。

岳麓山工业创新中心（实验室）：推进与中国移动、华为、南方电网、中国商飞、三一重工等龙头企业合作，逐步实现科技力量和创新资源的组网。

中国运载火箭技术研究院湖南分院等研究机构落户湖南。2024 年，完成全国重点实验室重组 35 家，国家技术创新中心达 3 家、居全国第 2 位；国家实验室建设取得历史性进展，全球领先、国内唯一的大飞机地面动力学试验平台试运行。

"4+4 科创工程"成为集聚创新资源的重要抓手。"4+4 科创工程"整合种业、先进制造业、先进计算与人工智能、精准医学等领域创新资源，集聚了尖端、高端、顶端创新人才团队，取得了一批首创性重大成果。截至 2024 年底，"4+4 科创工程"取得重大科研成果 40 余项，一支建制化、体系化的科技力量在三湘大地迅速生长。

2024 世界计算大会

2019 年，世界计算大会永久落户湖南。世界计算大会是计算领域首个经国务院批准的世界性产业大会，大会聚焦计算和智能，深入研讨计算产业核心技术与应用的创新发展，在算力快速提升、算法不断演进，以及大数据爆炸式增长的支撑下，助力社会的智能化发展进入新阶段。2024 年 9 月 24 日至 25 日，2024 世界计算大会在长沙举办。本届大会以"智算万物 湘约未来——算出新质生产力"为主题，设置 1 场开幕式暨主题报告会、12 场专题活动、1 场赛事和 1 个专题展，全方位、多角度展示国内外计算产业最新动态、最新成果和发展趋势。

彰显了以"十大技术攻关项目"为示范的科技自立自强"湖南担当"

近年来，湖南紧抓"卡链处""断链点"，部署实施"十大技术攻关项目"，攻克了一批受制于人的"卡脖子"难题，涌现出一系列彰显中国速度、中国深度、中国强度、中国精度等标志性科技成果，为实现高水平科技自立自强提供了重要指引。

项目示范带动结出硕果。2021—2024 年，湖南连续 4 年实施"十大技术攻关项目"，累计投入财政经费 4.12 亿元，累计突破前沿技术、颠覆性技术 172 项，申请专利 702 件；2024 年，"十大技术攻关项目"突破核心技术 20 项，创新"首台首套首创"产品 18 个，大型民机起落架交付量产、国内首台智能重载电力机车上轨运行。此外，湖南在全国率先实施重大应用基础研究项目"揭榜挂帅"8 项，精准靶向布局高新技术产业科技创新引领计划项目 128 项、重点研发计湖南部署实施"十大技术攻关项目",攻克了一批受制于人的"卡脖子"难题,取得众多国际领先技术成果。图为 2024 年 1 月 10 日,由铁建重工、中铁十一局联合打造的超大直径盾构机"定海号"在长沙顺利下线

划项目 620 个,累计突破重大关键核心技术 500 余项。

标志性科技成果彰显担当。湖南始终心系"国之大者"、服务"省之大计",承担"两机专项"(航空发动机、燃气轮机)等国家重大科技攻关任务,加快"卡脖子"技术攻关,诞生了一批尖端前端、领跑并跑、首台首套科技成果,服务高水平科技自立自强彰显新担当。超级杂交稻不断刷新"中国产量","天河"系列超级计算机频频展现"中国算力",超高速轨道交通牵引技术支撑高铁跑出"中国速度",北斗卫星、"海牛Ⅱ号"深海钻机、"京华号"超大直径盾构机、"深江1号"海底隧道盾构机等挺进"三深"……

① "海牛Ⅱ号"深海钻机、"京华号"超大直径盾构机、最大吨位旋挖钻机等"大国重器"助力国家超级工程。

② 特高压输变电装备技术独步全球，有力保障国家能源安全战略。

③ 优质低镉水稻、耐盐碱水稻品种选育实现重大突破并实现百万亩面积推广，有力保障国家粮食安全。

科技自立自强的"湖南担当"

④ 8英寸集成电路成套装备实现国产替代，离子注入机实现自研量产，有力保障产业链供应链韧性和安全。

⑤ 以飞腾CPU、景嘉微GPU、高精度北斗芯片等为代表的先进计算技术筑牢国家网络安全屏障。

⑥ 自主研发第三代血糖监测系统、"分钟级"快速核酸检测系统、有色冶炼砷碱渣无害化处理成套技术装备、应急安全装备等成果，护航健康湖南、美丽湖南、平安湖南建设……

打造了以"三尖"创新人才工程为典范的人才队伍

湖南聚焦人才"第一资源"，大力实施"三尖"创新人才工程，栽好引才"梧桐树"，筑好人才"蓄水池"，涵养人才"生态圈"，在人才引育"赛道"上跑出了"加速度"，国家重要人才中心建设迈出新步伐。

人才支持力度持续加大。 2012—2022年，湖南省级科技人才项目经费增长9倍，精准靶向支持战略科学家（顶尖）、科技领军人才（拔尖）、青年科技人才（荷尖）三类高层次人才。湖南省自然科学基金规模扩大6倍，累计支持1.6万余名优秀科研人员开展基础研究。全省38人获国家杰出青年科学基金项目支持，97人获

「三尖」创新人才工程精准支持青年科技人才

重引育	2020—2023 年，共发掘和培育 **755** 名"小荷才露尖尖角"的湖湘青年英才，其中 **74** 人入选国家级人才队伍。
明导向	向用人主体充分授权，"三尖"创新人才工程面向全国重点实验室、"4+4 科创工程"等重大平台、重点企业开放，免于评审、直接遴选科技人才 **276** 项，占全部立项数的 **32%**。
转机制	激励院士专家甘当人梯，2023 年 **38** 名湖湘青年英才由院士专家直接推荐、免于评审产生，聘请相应学科领域的"两院"院士、国家级人才作为导师，为 **203** 名青年科技人才进行传帮带。
解决"后顾忧"	针对职业早期青年人才薪酬偏低、生活压力大等问题，明确湖湘青年英才（荷尖人才）经费 **20%** 对个人生活进行补助，扎实开展减负 3.0 专项行动，减少青年科技人才项目实施周期内的各类评估、检查、抽查、审计等活动，让科研人员加速"轻装上阵"。

得优秀青年科学基金项目支持，一大批青年才俊挑大梁、当主角，成长为中坚力量。2020—2023 年，争取国家自然科学基金超过 28 亿元，湖南省自然科学基金规模达 1.88 亿元，为科研人员潜心科研、"墩苗"成长提供强大助力。

人才数量持续攀升。2012—2022 年，全省累计增选"两院"院士 26 人，国家级、省级高层次科技人才突破 3100 人，翻了两番。2023 年，新引进高层次科技人才和团队 208 人（个），湘籍"两院"院士总数达 129 名，居全国第 4 位，国家级人才计划入选者增长 33%。2020—2024 年，全省 28 人获国家杰青、70 人获国家优青；2024 年，新增国家级人才超 170 人，国家级科技人才突破 1000 人。

推动了以"财政 + 金融"为驱动的科技投入稳定增长

湖南加速财政金融资源和科技创新全方位对接，积极推动政银合作，大力扶持企业上市，持续加大全社会研发投入，财政金融服务科技的能力水平不断提升，有力推动现代化产业体系建设。

全社会研发投入实现飞跃式增长。 2023 年，湖南省研究与试验发展（R&D）经费投入突破 1200 亿元，达到 1283.9 亿元，持续保持全国第 9 位、中部第 2 位，比 2022 年增加 108.6 亿元，增长 9.24%，高于全国平均增速 0.88 个百分点；近五年，全省 R&D 经费投入年均增速达 14.29%，高于全国年均增速 3.16 个百分点，居全国第 2 位。2023 年，全省 R&D 经费投入强度达到 2.57%，保持全国第 9 位、中部第 2 位，较上年提升 0.1 个百分点；近五年，共提升 0.76 个百分点，高于同期全国总体增幅 0.26 个百分点，居全国第 4 位。

科技金融加快融合发展。 2024 年，首笔科技型企业知识价值信用贷款风险补偿资金落地，累计为 1.7 万家企业发放知识价值信用贷款超 450 亿元。统筹安排科技创新高地标志性工程建设资金超 23 亿元，省财政安排资金 1 亿元支持在重点领域实施"十大技术攻关项目"，安排重点研发计划项目资金 2.11 亿元，安排自然科学基金项目资金 2.58 亿元，促进科技创新和产业创新"双向奔赴"。2024 年，在湘高校科技成果本地转化率突破 50%，实现技术合同交易成交额近 5000 亿元，技术合同成交额同比增长 20.2%。

优化了以"改革开放"为重点的科技创新环境

湖南持续深化科技体制改革，出台系列配套政策措施，最大限度解放和激发全社会创新活力，不断加强国际科技合作，汇聚国际科技合作资源，有效提升全省开放创新水平，科技创新环境持续优化，创新创造的活力竞相迸发。

科技体制改革点燃创新引擎。湖南坚持"抓战略、抓改革、抓规划、抓服务"定位，在科技计划管理、科研经费包干、科技成果赋权、科技创新评价等重点领域、关键环节部署推进一批改革事项，2024年科技体制改革三年行动计划圆满收官，21项改革事项全面落实，推动配套出台完善科技激励、强化企业科技创新主体地位等政策文件10余项，有效激发创新动力活力。推动科研院所落实法人自主权，建立现代化运行管理机制，转制科研院所建成一批高质量科技创新平台。率先推出"两个70%"成果转

在线问答

什么是"两个70%"成果转化激励政策？

答："两个70%"由中南大学于2000年首创，2019年被写入《湖南省实施〈中华人民共和国促进科技成果转化法〉办法》。具体内容为：将职务科技成果转让、许可给他人实施的，可以从该项科技成果转让净收入或者许可净收入中提取不低于70%的比例；利用职务科技成果作价投资的，可以从该项科技成果形成的股份或者出资比例中提取不低于70%的比例。近3年来，湖南高校技术合同成交额年均增长42%、达29.2亿元，在湘转化占比46.5%——"两个70%"对湖南高校科技成果转化的促进作用正在显现。

化激励政策，支持在高等院校推进科技成果使用权、处置权和收益权改革等。出台完善省级科研经费管理意见、支持高校科研院所研发财政奖补实施办法、人才评价管理办法，科技人才计划项目、省自然科学基金项目实行"包干制＋负面清单制"，进一步扩大科研人员自主权，数学等纯理论基础研究项目间接费用提高至60%，科技人才项目经费20%可以用于个人奖励补助，以更鲜明的导向激励科研人员。

科技对外合作展现湖南风采。湖南与中国工程院、中国科学院、中国电科、中国五矿等大院大所大企签订合作协议，通过联合研发、技术引进、人才培养、学术交流等方式，与全球70多个国家和地区、10多个国际组织建立科技合作交流"朋友圈"。2018年启动了省级国际科技创新合作基地培育工作，截至2022年，17个国际科技合作培育基地共申请专利446项，形成了"高性能碳化硅高温烧结工艺与装备"等代表性国际科技合作成果367个。依托国际科技合作基地建设，促进优势科研技术和资源"引进来"和"走出去"，扩大了全省科技创新对外影响力，如湖南省中医药民族医药国际科技创新合作基地与巴基斯坦院士专家开展联合研究，已在巴基斯坦完成了银黄清肺胶囊、猴头健胃灵等中成药的临床试验；湖南省智能电力装备产业国际科技创新合作基地将多项重大科研成果推广至赞比亚、塞拉利昂等国基础设施援建工程中，形成20多个产品及服务示范。

党的十八大以来，湖南科技创新取得了长足进步，但总体来看，创新驱动发展动能不够，研发投入强度还低于全国平均水平，高校科技成果本地转化率偏低，重大创新平台支撑能力不强，高端芯片等领域面临"卡脖子"问题。为此，中共湖南省委提出，着力做好科技创新这篇大文章，坚持"四个面向"，深入实施创新驱动发展战略，大力营造良好创新生态，推动创新要素向湖南汇聚、创新成果在湖南转化、创新活力在湖南迸发，不断增强高质量发展的动力支撑，加快形成新质生产力，以"含新量"提升发展"含金量"，着力打造具有核心竞争力的科技创新高地。

滚动实施科技创新高地标志性工程

推进长株潭国家自主创新示范区提质升级。长株潭国家自主创新示范区是国务院批复的第 6 个示范区，创造了"自主创新长株潭新现象"，成为湖南高质量发展的核心引擎。为此，湖南省委提出，构建协同高效的区域创新体系，提升原始创新能力。一方面，要围绕"三区一极"战略定位，实施新一轮长株潭国家自主创新示范区建设三年行动计划，力争到 2025 年，示范区技工贸总收入达 3.8

什么是"三区一极"？

答："三区一极"是国务院《关于同意支持长株潭国家高新区建设国家自主创新示范区的批复》（国函〔2014〕164号）和科技部《长株潭国家自主创新示范区发展规划纲要（2015—2025年）》（国科发高〔2016〕50号）对长株潭国家自主创新示范区发展的战略定位，即努力把长株潭国家自主创新示范区建设成为创新驱动发展引领区、科技体制改革先行区、军民融合创新示范区、中西部地区发展新的增长极。

万亿元，每万人有效发明专利拥有量达50件。另一方面，要积极探索构建长株潭协同创新体系，建设运营好长株潭主特产业科技创新联盟，制定长株潭国家自主创新示范区主导产业、先导产业技术创新路线图，集成资源积极承接国家重大科技任务，开展关键核心技术联合攻关，加快产业链创新链深度融合，促进三市高新技术产业链上下游、大中小企业融通创新。此外，要积极探索以湘江新区为主体打造湘江西岸科创走廊，培育高水平创新平台集群，争创国家区域科技创新中心，争取一批基础学科研究中心、大科学装置和前沿科学中心布局长株潭，强化国家超级计算长沙中心、湖南国家应用数学中心、人类干细胞国家工程研究中心、亚欧水资源研究和利用中心、国家技术标准创新基地（长株潭）等重大创新平台功能，加快岳麓山工业创新中心（实验室）、种业创新基地、国家新一代人工智能创新发展试验区等重大

长株潭国家自主创新示范区是湖南高质量发展的核心引擎。图为湘潭九华经济技术开发区

科技创新平台建设，提升创新策源力。

高标准规划建设湘江科学城。建设湘江科学城是打造具有核心竞争力的科技创新高地、加快推进湖南湘江新区高质量发展的重大谋划，是将长沙打造成为全球研发中心城市的重要引擎。为此，湖南省委提出，着力打造创新成果策源地、创新人才集聚区、创新产业增长极和创新生态共同体。一方面，要完善规划布局，着力提升科创平台能级，集聚高端创新要素资源，引领发展战略性新兴产业和未来产业，在更广范围、为更多用户提供科学服务，着力打造创新成果策源地、创新人才集聚区、创新产业增长极和创新生态共同体，力争到 2025 年，产出若干具有全球影响力的原创成果，全社会研发经费投入占 GDP 比重稳定在 4.8% 以上。另一方面，要持续放大岳麓山大学科技城、长沙高新区"智谷"等在大院、大所、大企高度集聚和"链主、链长、链生态"协同发力方面的智力优势和产业优势，布局创新平台、成果孵化、产业培育三大功能区。此外，要发挥宁乡经开区、宁乡高新区两大国家级园区优势，建设储能材料、工程机械和医疗装备成果转移转化承载区；发挥南部融城片区在长株潭一体化发展中的区位和科创资源优势，将其打造成为长株潭科技创新、人才引育、成果转化先行区；先行推动解放垸 - 大托

新城等起步区建设，加快创建国家医学中心；加快"天心数谷"建设，打造长株潭数字产业创新高地；支持雨花经开区重点打造人工智能、智能光学、智慧医疗产业创新研发基地。

实施"4+4 科创工程"。"4+4 科创工程"是湖南战略科技力量的"四梁八柱"，也是湖南科技创新攻坚仗的核心任务。为此，湖南省委提出，加快推进"四大实验室""四个重大科学装置"建设，提升创新平台能级和承载能力。要围绕国家所需、湖南所能、未来所向，加强人才团队引聚和科研任务布局，大力推进实体化运行，确保岳麓山实验室全面建成投用，健全岳麓山工业创新中心（实验室）运行机制，推动湘江实验室在"四算一体"攻关上取得突破，加快芙蓉实验室创新医疗技术研发，将"四大实验室"打造成为湖南基础研究、原始创新和集成创新的主力军。力争到2025年，将"四大实验室""四个重大科学装置"纳入国家实验室管理体系或国家重大科技基础设施规划布局，形成体系化战略科技力量。

支持建设长沙全球研发中心城市。把长沙打造成为全球研发中心城市是湖南深入学习贯彻落实习近平总书记关于湖南工作的重要讲话和指示批示精神的实际行动，是打造战略科技力量、服务高水平科技自立自强的关键之举，是提升长株潭都市圈尤其是长沙创新发展能级、打造全国重要增长极的重大举措。为此，湖南省委提出，完善长沙全球研发中心城市建设机制，实施"七大工程"，引育一批全球和全国高水平研发机构。要按照"四个全球"的战略定位和"五项具体要求"，进一步完善支持长沙全球研发中心城市建设的政策措施，加快构建"政产学研金"协同体系，健全创新政策扶持机制、考核激励机制，推动高校、科研院所和企业紧密合作，共同参与长沙全球研发中心城市建设。力争到 2025 年，世界 500 强企业研发中心等五类研发企业（中心）在 200 家以上，将长沙打造成为更多重大科技成果诞生地和全国重要创新策源地，推动长沙整体创新能力迈入国家创新型城市前列，全球研发中心城市框架基本形成；到 2030 年，将长沙打造成为具有全国影响力的科技创新中心，全球研发中心城市初步建成。

推进科技赋能文化产业创新工程。推进科技赋能文化产业创新工程是科技支撑引领现代化产业体系建设的重要实践。为此，湖南省委提出，推进文化和科技深度融合。积极探索文化和科技有效融合、双向赋能的有效机制，大力发展音视频内容、音视频装备、音视频平台、数字文博、动漫游戏、数字出版、数字文化贸易等重点产业，培育壮大骨干文化企业。做大做强马栏山视频文创产业园，推进文化装备创新中心建设，打造永不落幕的音视频装备展。以数

一"麓"同行

2023 互联网岳麓峰会

2023 年 6 月，"智联湘江 乘数而上" 2023 互联网岳麓峰会在长沙开幕。活动现场，院士专家、"三类 500 强"企业负责人、湘籍企业家等数百名嘉宾云集长沙，共谋数字经济美好蓝图。

从 2014 年到 2023 年，互联网岳麓峰会经"九"不息、"拾"级而上，塑造了湖南乃至全国移动互联网行业的"金字招牌"，搭建起合作共赢的"缘分之桥"。10 年间，湖南湘江新区作为岳麓峰会的主要推动者、深度参与者、直接受益者，让岳麓峰会的"种子"在园区、片区乃至全域生根发芽、节节登高。

数据显示，2022 年，全省数字经济同比增长 15%、总量突破 1.7 万亿元，占地区生产总值的 34%，连续 6 年保持两位数高速增长态势；建成 5G 基站超 10 万个，中部地区唯一、全国第 5 位的大数据交易所正式投入营运，全省总算力超过 5000PFlops。

"中国V谷"中国（长沙）马栏山视频文创产业园走"科技＋文化"融合之路，聚焦数字视频内容生产，用先进科技手段"讲好中国故事"。图为蓝天白云下的马栏山视频文创产业园

字技术创新文化表现形式和传播方式，鼓励发展文化科技融合领域的新业态新模式。力争到 2025 年，实现规模以上文化企业数量超过 5000 家，营业收入超过 5000 亿元。

推动关键核心技术攻关和成果转化

强化关键核心技术攻关体制这个保障。健全重大科技攻关"经费跟着人才走、人才跟着项目走、项目跟着计划走、计划跟着规划走"机制，实行重大科技项目"揭榜挂帅"等制度，持续实施"十大技术攻关项目"，加强关键共性技术、前沿引领技术、现代工程技术、颠覆性技术创新，突破一批原创性引领性技术，解决一批"卡脖子"难题。一方面，要积极探索关键核心技术攻关新型举国体制的湖南模式，探索试点"赛马制"、项目专员制、首功奖励制，面向国家重大需求和湖南重点产业发展关键环节，滚动梳理"卡脖子"技术、反遏制技术、杀手锏技术、颠覆性技术"四张清单"。另一方面，要实施重大科技专项，围绕省内主导优势产业领域，紧盯优势特色产业关键点、未来科技和产业制高点，大力承接国家重大科技项目，持续实施"十大技术攻关项目"，在种业、材料、信息、生物、光学、航空航天等方向超前部署一批长期性基础研究和应用基础研究项目。

抓好企业科技创新这个主体。注重发挥企业在科技创新中的重要作用，建立企业主导的产业技术创新机制，加强企业主导的产学研深度融合，支持企业牵头组建创新联合体、研发机构与专利平台，支持以规模以上高新技术企业、创新型领军企业为主体争取国家重大创新平台，支持企业和高校共建校企联合实验室，引导企业承担国家重大科技项目，鼓励企业承担省级以上重大技术与关键产品攻关，促进各类创新要素向企业端汇聚，激发企业创新内生动力，充分发挥企业"出题人""答题人"以及"阅卷人"的作用。建立企业家常态化参与科技咨询的工作机制，支持企业更大范围更深程度参与科技创新决策。鼓励企业加大研发投入，落实企业研发准备金制度，完善高校、科研院所按照先使用后付费方式把科技成果许可给中小微企业使用的机制，加快推进规模以上工业企业研发机构、研发活动全覆盖。构建全周期科技企业成长体系，构建培育十百千亿企业和引导专精特新中小企业发展的体制机制，支持培育一批科技型"瞪羚企业""独角兽"企业和科创板上市企业。

做实科技成果转化这个关键。建立健全有利于科技成果转化的支撑体系和激励机制，加快改进科技成果转化的知识产权归属和利益分配机制，探索科技成果许可"先用后付"、成果转化"权益让渡"、成果转化"先投后股"等改革举措，彻底打通成果转化的"最后一公里"，推动更多的原创成果走出实验室，转化为现实生产力。强化校地企产学研合作，推动大院、大所、大学、大厂协同创新，

全省"一盘棋",打好科技创新攻坚仗

在湖南省政府办公厅印发的《湖南省打好发展"六仗"总体方案》中,科技创新攻坚仗的"作战目标"是突破一批原创性引领性技术,攻克一批关键核心技术,解决一批"卡脖子"难题,转化一批高价值成果,塑造高质量发展新动能新优势,打造具有核心竞争力的科技创新高地迈出坚实步伐。

为打好科技创新攻坚仗,设在省科技厅的工作专班办公室迅速成立,工作专班中的11个成员单位主动认领"作战任务",全省14个市州快传达快研究快部署,全省"一盘棋"迅速盘活,各单位迅速行动,纷纷组建专班,并结合实际出台打好科技创新攻坚仗工作方案,制定项目、任务、政策三张清单,"战时"攻坚争先、省市县同题共答氛围越发浓厚。长沙、衡阳、湘潭、常德在本地布局省十大技术攻关项目具体任务;地方积极融入省"四大实验室"建设,常德争取建设布局岳麓山实验室、芙蓉实验室分中心,湘潭与芙蓉实验室对接共建医疗器械产业园,岳阳推进洞庭实验室在本市尽快落地;省委网信办、省发展改革委、省科技厅、长沙等单位和地区发力北斗规模应用领域,提出相关项目、任务及政策措施,省工业和信息化厅出台政策文件,在创新型省级建设资金中支持娄底市陶瓷产业发展……一项项同题共答举措的推出和落地,体现出全省科技战线上下贯通、凝心合力的攻坚定力和实干锐气。

帮助和推动科技成果就地转移转化,解决好本地转化率不高的问题。加强科技成果转化载体建设,建设省科技成果交易平台,争取加快布局一批概念验证、中试验证平台,加大对专业化孵化载体的培育力度。畅通科技成果转移转化链条,推动创新链、产业链、资金链、人才链深度融合,加大装备首台套、新材料及关键核心零部件首批次、首轮流片、软件首版次应用推广和支持力度,制定完善有利于科技成果本省转化的奖补激励政策,全面落实以增加知识价值为导向的收入分配政策,允许科技人员在科技成果转化收益分配上有更

大自主权，建立职务科技成果资产单列管理制度，深化职务科技成果赋权改革；允许更多符合条件的国有企业以创新创造为导向，在科研人员中开展多种形式中长期激励；落实尽职免责制度，探索建立与国际接轨的知识产权监管服务体系，推广科技型企业知识价值信用贷款风险补偿机制，支持地方与高校联合设立基金，推动科研成果转化和产业化。

夯实创新投入这个基础。加大财政科技投入，加强财政保障力度，进一步健全竞争性经费和稳定支持经费相协调的科技投入机制，建立省、市、县三级联动财政科技投入稳定增长机制；实施《湖南省"十四五"加大全社会研发经费投入行动计划》，完善研发财政奖补政策，确保研发经费投入年均增长 12% 以上；创新政府引导基金管理机制，完善长期资本投早、投小、投长期、投硬科技的支持政策；完善无偿资助、贷款贴息、股权投资、风险补偿、后补助等支持方式，加强种子基金、天使基金、创业投资基金、上市、信贷融资等全链条金融服务，完善多元化、社会化的创新投入体系；深化科技型企业知识价值信用贷款风险补偿改革，支持长株潭地区开展科技保险试点。

实施新时代人才强省战略

抓好"三支人才队伍"建设。实现高水平科技自立自强，归根结底要靠高水平创新人才。为此，湖南省委提出，加强高层次科创人才、青年科技人才、高技能人才队伍建设。抓好高层次科创人才队伍，优化实施"芙蓉计划"、"三尖"创新人才工程，建立健全支持顶尖人才创新创业"一事一议"机制，舍得花重金、搭平台、"给帽子"、给资源，深化"湘智兴湘""校友回湘"行动，推动跨地区、跨行业、跨体制集聚一批科技领军人才和创新团队。抓好青年科技人才队伍，实施青年人才"小荷"计划、杰出创新青年人才及卓越工程师培育计划等引才育才计划，加快完善"及早选苗、大胆使用、跟踪培养"的全链条机制，更好保障青年科技人员待遇，支持青年人才挑大梁、当主角；建立有利于人才辈出的体制机制，建立院士、科技领军人才结对培养青年科技人才制度，激励功成名就的老专家、老学者甘当人梯，把青年科技人才尽早推到前台去。抓好高技能人才队伍建设，实施高技能人才振兴计划，构建产教训融合、政企社协同、育选用贯通的高技能人才培育体系，充分调动学校和企业两个积极性，积极开展"订单式"培训，努力培养更多的卓越工程师和能工巧匠。

推动人才引进和培养"双轮驱动"。在人才引进方面，坚持全球视野、国际标准，发挥房价较低、教育医疗条件较好、服务人才热情周到等比较优势，进一步加强待遇留人，更加重视事业留人、感情留人，支持长沙创建国家吸引集聚人才平台，建设海外人才离岸创新创业基地，加快打造聚集全球海归英才的长沙智慧西岸，依托"4+4科创工程"等重点平台，引进和集聚国家级高层次人才。在人才培养方面，充分发挥科教资源丰富等优势，走好人才自主培养之路，优化整合省级人才计划，完善高层次科创人才梯队培养机制，完善青年创新人才发现、选拔、培养、保障机制，完善学生实习实践制度，以高水平教育产出高质量人才。

激活人才"一池春水"。用好改革创新这把"万能钥匙"，持续深化改革攻坚，深化人才发展体制机制改革，坚持向用人主体授权、为人才松绑。积极向用人主体授权，大力破除"官本位"、行政化的管理模式，进一步扩大用人单位自主权，充分发挥用人单位在人才培养、引进、使用中的主体作用，并建立有效的考核监督机制，确保下放的权限接得住、用得好。推进职务科技成果赋权改革、科研人员考核评价机制改革，持续为人才松绑，赋予科学家更大技术路线决定权、更大经费支配权、更大资源调度权。优化人才评价体系，建立以创新能力、质量、实效、贡献为导向的人才评价体系，深入推进"破四唯（唯论文、唯职称、唯学历、唯奖项）""立新标"，不断构建科学合理的人才评价体系，让人才心无旁骛、潜心钻研，各尽其用、各展其才。

统筹教育、科技、人才一体化发展。进一步提升基础教育质量和水平，建立同人口变化相协调的基本公共教育服务供给机制，完善义务教育优质均衡推进机制，在推进义务教育优质均衡发展的基础上，探索逐步扩大免费教育范围，持续提高人均受教育年限；推进省域现代职业教育体系建设改革试点，加快构建职普融通、产教融合的职业教育体系，统筹建立教育、人社等职业教育资源共建共享机制，推动校企合作、产教融合；深化高校创新创业教学改革，设立大学生创业投资基金，完善支持大学生创新创业政策体系，大力推进支持大学生创业"七个一"行动，建设对年轻人友好省份；支持"双一流"高校建设，分类推进高校改革，实施产业急需紧缺学科专业发展计划，超常布局急需学科专业，构建高等院校及其学科设置调整优化机制，加强产学研用深度融合，增强学科布局的适应性和前瞻性，使学科设置精准匹配对接产业和技术发展对人才的需求，推动学科体系与技术体系、产业体系相匹配，推动科学研究与成果转化相衔接，促进人才优势转化为发展优势，把"惟楚有材"

的广泛影响力变成"人才兴湘"的现实生产力。

营造拴心留人的良好环境。搭好干事舞台，积极为各类人才搭建具有标志性、影响力、吸引力的发展平台，让各类人才都有用武之地。完善人才评价、稳定支持、科技奖励、收入分配、成果赋权等激励制度，提高人才待遇，积极对接中央相关部门，积极争取高校教师、科研人员薪酬制度改革在湖南试点。完善人才有序流动机制，促进人才合理布局。健全市场化人才服务保障机制，提升服务水平，探索开发"湖湘人才码"，推出"湖湘院士卡"，推行外籍高端人才和专业人才"一卡通"，为符合条件的创新平台人才颁发人才绿卡，引进国内外知名人才中介组织、律师事务所、会计师事务所等服务机构，帮助解决住房落户、医疗保健、子女教育、配偶安置等急难愁盼问题，让各类人才在湖南舒心生活、安心工作、专心发展。

**深度
阅读** 📖

1.《沈晓明在专题调研打造具有核心竞争力的科技创新高地时强调 坚持创新驱动 促进成果转化 以高水平科技自立自强助推高质量发展》,《湖南日报》2023 年 7 月 21 日。

2.《湖南省科技体制改革三年行动计划》，2022 年 8 月。

3.《中共长沙市委办公厅 长沙市人民政府办公厅关于印发〈长沙市全力建设全球研发中心城市的若干政策〉的通知》，2023 年 7 月。

4.《中共长沙市委 长沙市人民政府关于全力建设全球研发中心城市 奋力打造具有核心竞争力的科技创新高地的实施意见》，2023 年 7 月。

5.《中共中央关于进一步全面深化改革 推进中国式现代化的决定》，2024 年 7 月。

6.《科技要情快报》，2024 年第 49 期（总第 172 期）。

第三章

打造内陆地区改革开放高地

——如何推进全面深化改革，扩大对外开放

❶ 改革开放是我们党的一次伟大觉醒，是决定当代中国命运的关键一招，是坚持和发展中国特色社会主义的必由之路，是党和人民大踏步赶上时代的重要法宝。

❷ 湖南要主动服务国家开放战略，滚动实施改革开放高地标志性工程，持续深化重点领域改革，推动高水平对外开放，大力推进内陆地区改革开放高地建设，加快构建高标准市场体系和高水平对外开放格局。

❸ 自 2020 年 9 月以来，湖南高水平开放有了新突破，重点领域和关键环节改革有了新进展，改革开放发展环境有了新提升。

❹ 中共湖南省委提出，坚定不移深化改革开放，着力推动制度创新和高水平对外开放，以改革开放为高质量发展赋能，不断拓展高质量发展新空间。

改革开放是我们党的一次伟大觉醒，是决定当代中国命运的关键一招，是坚持和发展中国特色社会主义的必由之路，是党和人民大踏步赶上时代的重要法宝。党的二十大报告指出，坚持深化改革开放，深入推进改革创新，坚定不移扩大开放，着力破解深层次体制机制障碍，不断彰显中国特色社会主义制度优势，不断增强社会主义现代化建设的动力和活力，把我国制度优势更好转化为国家治理效能。党的二十届三中全会明确把推进中国式现代化作为进一步全面深化改革的主题。湖南要主动服务国家开放战略，滚动实施改革开放高地标志性工程，持续深化重点领域改革，推动高水平对外开放，大力推进内陆地区改革开放高地建设，加快构建高标准市场体系和高水平对外开放格局。

改革开放是"重要法宝""必由之路""关键一招"

改革开放是当代中国最显著的特征、最壮丽的气象。习近平总书记深刻指出："改革开放是我们党的一次伟大觉醒，正是这个伟大觉醒孕育了我们党从理论到实践的伟大创造。改革开放是中国人民和中华民族发展史上一次伟大革命，正是这个伟大革命推动了中国特色社会主义事业的伟大飞跃！" "改革开放是决定当代中国命运的关键一招，也是决定实现'两个一百年'奋斗目标、实现中华民族伟大复兴的关键一招。"改革开放已成为当代中国最鲜明的特色、当代中国共产党人最鲜明的品格。

改革开放是决定中国式现代化成败的关键一招。习近平总书记指出："推进中国式现代化是一个探索性事业，还有许多未知领域，需要我们在实践中去大胆探索，通过改革创新来推动事业发展，决不能刻舟求剑、守株待兔。" 中国式现代化是在改革开放中不断推进的，也必将在改革开放中开辟广阔前景。

把全面深化改革作为推进中国式现代化的根本动力

习近平总书记指出："实现新时代新征程的目标任务，要把全面深化改革作为推进中国式现代化的根本动力，作为稳大局、应变局、开新局的重要抓手，把准方向、守正创新、真抓实干，在新征程上谱写改革开放新篇章。"要聚焦推进中国式现代化，在解决制约高质量发展的突出矛盾上下功夫，在完善制度、健全机制、激发活力、增添动力上用实劲。

改革开放中的矛盾只能用改革开放的办法来解决。中国要前进，就要全面深化改革。除了全面深化改革，别无他途。改革不是改向，变革不是变色。不实行改革开放死路一条，搞否定社会主义方向的"改革开放"也是死路一条。我们要有主张、有定力。改什么、怎么改必须以是否符合完善和发展中国特色社会主义制度、推进国家治理体系和治理能力现代化的总目标为根本尺度，该改的、能改的我们坚决改，不该改的、不能改的坚决不改，决不能在根本性问题上出现颠覆性错误。必须充分发挥党总揽全局、协调各方的领导核心作用，坚持走中国特色社会主义道路不动摇，坚持社会主义制度不动摇，坚持党的领导不动摇，确保改革开放始终沿着正确方向前进。

全面深化改革要坚持正确的方法论。习近平总书记指出："改革开放是前无古人的崭新事业，必须坚持正确的方法论，在不断实践探索中推进。"注重系统性、整体性、协同性是全面深化改革的内在要求，也是推进改革的重要方法。加强顶层设计和摸着石头过河相结合，是富有中国特色、符合中国国情的改革方法。全面深化改革胆子要大，但步子一定要稳。只要经过充分论证和评估，是符合实际、必须做的，就要大胆地干。对一些重大改革，不可能毕其功于一役，要稳扎稳打，做到蹄疾而步稳。

推动全面深化改革落地生根。改革推进到今天，比认识更重要的是决心，比方法更关键的是担当。要聚焦、聚神、聚力抓落实，做到紧之又紧、细之又细、实之又实。要着力强化敢于担当、攻坚克难的用人导向，把那些想改革、谋改革、善改革的干部用起来。要遵循改革规律和特点，建立全过程、高效率、可核实的改革落实机制，实现精准改革。要尊重和发挥地方、基层、群众的首创精神，既鼓励创新、表扬先进，也允许试错、宽容失败。

开放也是改革。以开放促改革、促发展，是我国发展不断取得新成就的重要法宝。过去中国经济发展是在开放条件下取得的，未来中国经济发展也必须在更加开放的条件下进行。当今世界，开放融通是大势所趋。习近平总书记指出："面对经济全球化大势，像鸵鸟一样把头埋在沙里假装视而不见，或像堂吉诃德一样挥舞长矛加以抵制，都违背了历史规律。"要敢于到世界市场的汪洋大海中去游泳，经风雨、见世面。中国扩大高水平开放的决心不会变，同世界分享发展机遇的决心不会变，推动经济全球化朝着更加开放、包容、普惠、平衡、共赢方向发展的决心也不会变。

改革开放只有进行时、没有完成时。新时代坚持和发展中国特色社会主义，根本动力仍然是全面深化改革。全党必须自觉把改革摆在更加突出位置，紧紧围绕推进中国式现代化进一步全面深化改革。前进道路上，要坚定不移推进改革，坚定不移扩大开放，进一步解放思想、进一步解放和发展社会生产力、进一步解放和增强社会活力，继续用足用好改革开放这个关键一招，将改革开放进行到底。

打造内陆地区改革开放高地

主动服务国家开放战略。2013 年 11 月，习近平总书记到湖南考察时指出，要发挥湖南作为东部沿海地区和中西部地区过渡带、长江开放经济带和沿海开放经济带结合部的区位优势，加快形成结构合理、方式优化、区域协调、城乡一体的发展新格局。2016 年 3 月，习近平总书记对湖南作出了"三个着力"的重要指示，其中之一就是着力推进供给侧结构性改革。2020 年 9 月，习近平总书记勉励湖南"打造内陆地区改革开放高地"，要求湖南主动服务国家开放战略，深度融入共建"一带一路"。2024 年 3 月，习近平总书记考察湖南时指出，湖南要全面深化改革开放，统筹推进深层次

敞开大门拥抱世界，长沙当好打造内陆地区改革开放高地急先锋。图为一片繁忙景象的长沙新港

改革和高水平开放，持续打造更具竞争力的内陆开放高地。再次强调，高标准建设好自由贸易试验区，着力打造中非经贸深度合作先行区。主动服务国家开放战略是习近平总书记赋予湖南的重要使命，为湖南顺应开放潮流，以更宽广的视野把握开放大势、融入开放大势，发展经贸合作，构建以融入共建"一带一路"为重点的全方位对外开放新格局提供了行动指南。打造内陆地区改革开放高地，就是要坚持实施更大范围、更宽领域、更深层次对外开放，把湖南地处"一带一部"和"左右逢源"的枢纽优势发挥出来。

习近平总书记的殷殷嘱托，是湖南推进内陆地区改革开放高地建设的根本遵循与持久动力，指引我们以更高站位、更宽视野、更大力度谋划和推进高水平对外开放。自 2020 年 9 月以来，湖南高水平开放有了新突破，重点领域和关键环节改革有了新进展，改革开放发展环境有了新提升。

高水平开放有了新突破

湖南充分发挥"一带一部"区位优势，主动融入粤港澳大湾区建设、长江经济带发展、海南自由贸易港建设等重大国家战略，积极推进长江中游三省协同和湘赣边区域合作，突出以中非经贸博览会创新发展标志性工程为引领，不断增强国内国际两个市场两种资源联动效应，不断增强推进新时代湖南改革开放的思想和行动自觉，高水平开放有了新突破。

提升了外资外贸能级。自 2020 年 9 月以来，湖南进出口总额连续跨越 5000 亿元、6000 亿元、7000 亿元三个大关。2022 年全省进出口总额达 7058.2 亿元，2020—2022 年年均增长约 17%；实际利用外资、对外投资规模均居中部六省第 1 位。2024 年，湖南省持续用力打造内陆地区改革开放高地，推动外贸高质量发展迈出坚实步伐。全省进出口总额 5636.6 亿元，外贸不断企稳向好、转型提质。截至 2024 年，湖南对外直接投资额实现"五连增"，合计使用外资 46 亿美元。其中，外商直接投资 10.7 亿美元，增速高于全国 3 个百分点；制造业引资占比提升至 45.4%。开放的湖南吸引越来越多的外资企业前来扎根发展。

用活了开放发展平台。全力打造中非经贸博览会、中非经贸深度合作先行区、中非跨境人民币中心三个国家级平台，加快建设中非经贸合作促进创新示范园、来华留学生创业港、中非标准合作创新中心、中非技术性贸易措施研究评议基地等公共服务平台。中非经贸深度合作先行区获国务院批复，在非洲布局产工贸项目 40 多个、海外仓 17 个，对非新型易货贸易约 1 亿元，湘非贸易几乎覆盖非洲所有国家和地区。2021 年至 2024 年，湖南对非贸易额年均增长 14.3%，对非洲国家贸易额连续 3 年突破 500 亿元，贸易规模稳居中国中西部第一。第三届中非经贸博览会签约项目 120 个、金额 103 亿美元，展馆现场累计意向成交额 4 亿美元。

拓宽了国际物流通道。支持怀化国际陆港等五大国际物流通道建设，衡阳、永州获批新一批国家骨干冷链物流基地。2024 年，湖南五大国际贸易通道迈上新台阶，中欧班列、湘粤非铁海联运班列、怀化东盟班列开行量均超千列。其中，中欧班列（长沙）连续 4 年保持千列规模，湘粤非铁海联运班列、怀化东盟班列分别首次突破千列，尽显开放活力。岳阳城陵矶港外贸集装箱吞吐量增长 26.6%；长沙、张家界口岸被纳入 240 小时过境免签政策，湖南口岸累计出入境人员 162.9 万人次，居中部首位，国际贸易"单一窗口"

五大国际
物流通道
通达全球

以**长沙**为集结中心，向北做强中欧班列对欧洲、中亚的国际物流通道，**12** 天可抵达明斯克

以**岳阳**为集结中心，以江海联运的方式，将货物从湖南及中西部地区运往长三角港口群出海

以**株洲**为主集结中心，**衡阳**为副集结中心，打造湘粤非铁海联运通道

以**怀化**为集结中心，对接国家西部陆海新通道战略

以**长沙黄花国际机场**为集结中心，联动张家界机场和常德机场共同发展。从黄花机场出发，**4** 小时可抵达国内外 **160** 个城市

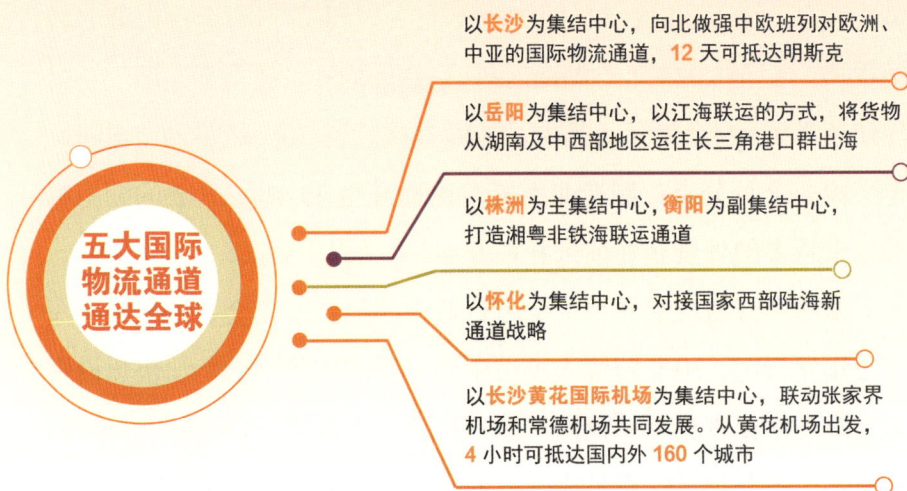

国家标准版 800 余项功能全面落地，人员、货物、服务跨境往来更加便利。

外贸"朋友圈"持续推进。2024 年，成功举办北斗规模应用国际峰会、中国中部投资贸易博览会、世界计算大会、全省旅发大会、全球湘商大会、校友回湘大会等经贸活动，签约项目近 500 个、总投资超 2600 亿元，湘商回归新注册企业达到 1670 家、到位资金突破 6000 亿元。湖南省对全球几乎所有国家和地区都有进出口记录，进口伙伴比 2023 年多 16 个，累计 2154 家湘企走进 111 个国家和地区。对其他金砖国家出口额增长 1.2%，对共建"一带一路"国家进口额增长 4.4%。

重点领域和关键环节改革有了新进展

湖南统筹谋划各个方面、各个层次、各个要素，积极争取长株潭要素市场化配置国家综合改革试点，深化市场准入负面清单、水电气价、园区、国企国资等重点领域改革，深入推进国有"三资"清查处置与管理改革，积极探索科技金融、普惠金融等改革试点，重点领域和关键环节改革有了新进展。

完成了国企改革三年行动。 与国企改革三年行动实施前的 2019 年相比，省属监管企业由 28 家减少至 21 家，国资国企资产总额、净资产分别增长了 27.2% 和 30.2%，平均资产、营业收入和利润分别由 543 亿元、220 亿元、12.6 亿元提高到 760 亿元、300 亿元、15 亿元，初步实现了"主业归位、产业归核、资产归集"。2024 年省属国企整体效益向好，有力推动企业战略性重组，保持稳中向好发展态势。湘能集团、矿产集团、蓉园集团、湘勤集团、人才集团、国贸集团、低空经济集团、湘铁公司等8家企业成功组建，旅游、数据等领域资源持续优化整合，完成旅游集团、盐业集团更名，国有资本和国有企业做强做优做大。截至2024年底，全省国有企业资产总额7.3万亿元，利润总额556.7亿元、排名中部六省第二，上缴税收473.8亿元、增长6.9%。其中，20家省属监管企业实现利润总额281.5亿元，主营业务利润占比达89.5%；净资产收益率3.6%、全员劳动生产率39.9万元/人，均排名中部六省第二。机场集团、旅游集团、高速集团、矿产集团等利润增幅超过30%。

文化体制改革走在全国前列。湖南文化领域改革发展充分体现了湖南人"敢为人先"的精神，全国第一家上市的广电企业、出版企业都在湖南，在全国率先成立省文资委，建立"一企一策"社会效益考核量化评价机制。2024年上半年，全省规模以上文化及相关企业实现营收1525.88亿元，同比增长9.6%；规模以上音视频企业实现营收1271.8亿元，同比增长14.5%。湖南文化事业和文化产业发展稳居全国第一方阵，文化已经成为湖南经济社会发展的一张重要名片和现代化建设的一支重要力量。

系统集成创新有了新突破。自2020年9月获批以来，中国（湖南）自由贸易试验区（以下简称"湖南自贸试验区"）始终坚持以制度创新为核心，紧紧围绕"一产业""一园区""一走廊"三大战略定位，持续推进首创性、集成式、差异化的改革探索，累计形成三批109项制度创新成果，其中，已有3项在全国复制推广，39项在全省复制推广。2024年发布第三批25项制度创新成果，其中2项入选全国最佳实践案例。前11个月新设企业7630家，2个国家级园区进入全国 50 强。湖南自贸试验区制度创新质量步入全国自贸试验区第一方阵。

改革开放发展环境有了新提升

湖南坚持用好改革创新这把"万能钥匙"，用好"看不见的手"和"看得见的手"，推动有效市场和有为政府更好结合。2023 年度全国工商联"万家民营企业评营商环境"结果显示，湖南及长沙市继续位列全国前列、中西部第 1 位，改革开放发展环境有了新提升。

政务服务再提升。2024 年，湖南深化"高效办成一件事"改革，首批 17 个"一件事"（含 4 件湖南省特色事项）已全部落地，第二批 8 个"一件事"已有 7 个上线试运行。"湘易办"总用户数近 3500 万，月访问量保持在 1000 万人次以上，高频服务事项实现一网办、掌上办。全省依申请类事项网上可办率达到 99.58%，已上线的国家第一批重点事项实现办理自由组合、一表申请、一套材料和智能预填等便利化功能。企业上市合法合规信息核查、新生儿出生、教育入学和退休 4 件"一件事"跑动次数压减到"零跑动"。水电气网联合报装、信用修复、企业破产信息核查、残疾人服务、开办餐饮店等"一件事"跑动次数、流程、时限、材料等方面都大幅压减。企业信息变更、开办餐饮店、水电气网联合报装、企业上市合法合规信息核查、企业注销登记、残疾人服务、退休等 7 个"一件事"进行情形和事项范围扩充，有力推进政务服务提质增效。

贸易便利化再提速。推行"一站式查验＋铁路前置＋区港联动"的监管新模式，将中欧班列集拼出口货物海关查验、铁路安检、放行等手续前置至湖南中南集拼中心一站式办结，全流程可节约企业通关时间 2~4 天。继续深化与广州等口岸海关合作，共同搭建湘粤非通关互认模式，推动将广州南沙港等沿海口岸前移至省内国际陆港。积极参与建设海关总署智慧物流监管场景项目，深化"联动接卸""离港确认""机坪直提"等改革，强化物流信息化系统建设，实现多方物流数据实时交互。2024 年在城陵矶口岸试点后，共减少人工单据流转超 15 万份，提升港口货物运转效率 30% 以上。

怀化国际陆港利用得天独厚的禀赋优势，先后开拓了北部湾铁海联运以及中老、中越、中缅 4 条国际物流大通道，抵达东盟及欧美国家。图为怀化国际陆港鸟瞰

湖南内陆地区改革开放高地建设取得了显著成效，但总体来看，全省改革开放的意识还不够强、氛围还不够浓，经济外向度和开放能级不高，改革创新突破力度有限，改革开放向优化营商环境聚焦发力不够。

2024年3月习近平总书记考察湖南时强调，进一步全面深化改革要突出问题导向，着力解决制约构建新发展格局和推动高质量发展的卡点堵点问题、发展环境和民生领域的痛点难点问题、有悖社会公平正义的焦点热点问题，有效防范化解重大风险，不断为经济社会发展增动力、添活力。湖南要加强改革系统集成，更好参与全国统一大市场建设，全面融入中部地区崛起和长江经济带发展战略，深度融入共建"一带一路"，稳步扩大制度型开放，高标准建设好自由贸易试验区，着力打造中非经贸深度合作先行区。为此，湖南省委提出，坚定不移深化改革开放，着力推动制度创新和高水平对外开放，以改革开放为高质量发展赋能，不断拓展高质量发展新空间。湖南人历来有不怕苦、不服输的闯劲拼劲，富有改革精神和开放意识。推进湖南改革开放，很重要的就是传承发扬湖湘文化改革图强、开放求变的文化基因，奋力营造干部敢为、地方敢闯、企业敢干、群众敢首创的良好生态，推动全省各级各部门用好制度集成创新这把"万能钥匙"，在推动长株潭要素市场化配置综合改革试点、中非经贸博览会创新发展、对接融入国家重大战略工程等过程中解放思想、敢闯敢试，进一步提升湖南改革开放能级和质效。

牢牢把握"六个坚持"的重大原则

坚持党的全面领导，坚定维护党中央权威和集中统一领导，发挥党总揽全局、协调各方的领导核心作用，把党的领导贯穿改革各方面全过程，确保改革始终沿着正确政治方向前进。

坚持以人民为中心，尊重人民主体地位和首创精神，人民有所呼、改革有所应，做到改革为了人民、改革依靠人民、改革成果由人民共享。

坚持守正创新，坚持中国特色社会主义不动摇，紧跟时代步伐，顺应实践发展，突出问题导向，在新的起点上推进理论创新、实践创新、制度创新、文化创新以及其他各方面创新。

坚持以制度建设为主线，加强顶层设计、总体谋划，破立并举、先立后破，筑牢根本制度，完善基本制度，创新重要制度。

坚持全面依法治国，在法治轨道上深化改革、推进中国式现代化，做到改革和法治相统一，重大改革于法有据、及时把改革成果上升为法律制度。

坚持系统观念，处理好经济和社会、政府和市场、效率和公平、活力和秩序、发展和安全等重大关系，增强改革系统性、整体性、协同性。

掌握并用好"十二个要"的科学方法

要把握好方向和节奏，处理好蹄疾与步稳的关系。就好比一架飞机，起始速度不够就飞不起来，但是起始速度太快了操作难度大，容易跑出跑道、偏离航向，既飞不稳也飞不远。

要注重顶层设计。就好比盖房子，先要有设计图，再要有施工图，摆布好四梁八柱，明确好门窗位置，然后才好进行施工。

要善于"摸着石头过河"。既要有"摸着石头过河"的勇气，也要善于通过调查研究观测水的深度、摸准石头的位置，还要增强过河的能力，这样才能达到预期目标。

要坚持问题导向。打造内陆地区改革开放高地是一个不断发现问题、解决问题的过程，要把问题导向贯穿始终，有什么问题就解决什么问题，什么问题突出就重点解决什么问题。

要坚持一切从实际出发。要解放思想，只要不违法违规、不谋私利，为了把工作做成，思想上应该更解放一点；要遵循规律，坚持一切从省情出发，摒弃闭门造车的主观臆想，不提异想天开的空口号，不搞毫无章法的蛮干硬干。

要用好制度集成创新这把"万能钥匙"。把多个制度创新结合在一起，形成 1+1>2 的效果；必须把制度集成创新摆在突出位置，把准主攻方向，强化多方联动，突出实用、注重实效。

要发挥基层首创精神。习近平总书记指出，要激发全社会干事创业活力，让干部敢为、地方敢闯、企业敢干、群众敢首创。"四敢"既是准则也是理念，其本质是向基层授权、给基层赋能，鼓励和支持基层探索创新。

要用好"拿来主义"。"拿来主义"不是简单的复制移植、照搬照抄，而是在借鉴他人经验做法的基础上消化、吸收、再创新，善于"抄作业"，避免关起门来搞自我创新、自我循环。

要处理好政府和市场的关系。一方面，要发挥好有效市场的作用，凡属市场和社会能解决的，政府要放权到位、支持到位、服务到位，不能乱插手、乱干预。另一方面，要发挥好有为政府的作用，该政府做的事政府要做到位。

要统筹好发展和安全。既要善于"踩油门"确保不失速，也要善于"踩刹车"确保不脱轨，当好本职工作中的"风险官"。

要坚持鼓励创新与宽容失败相结合。坚持"三个区分开来"，让有为者有位、为担当者担当。对那些敢于拎着"乌纱帽"锐意创新和冲在前面、勇于担当的干部，因无意过失绊倒了的，不能"一棍子打死"。

为支持中欧班列发展，长沙海关不断优化监管方式，促进班列监管智能化、通关高效化、贸易便利化，运输时间和成本优势进一步放大。图为一列满载百货、零配件、日用品、电子产品的中欧班列，从长沙国际铁路港出发，前往波兰马拉舍维奇

一"帶"同行

中欧班列（长沙）春节假期"跑得欢"

中欧班列（长沙）充分发挥国际班列运能优势及通道优势，实现"先入仓申报再装箱"，提供多样化运输服务，为中小微企业降低装卸成本，提高效率。目前，开行线路达12条，辐射亚欧大陆30多个国家100多个城市，国内货物集疏范围覆盖全国三分之二的区域，形成了连接欧洲、中亚、东盟，辐射全国中、东、南部地区的互联互通新格局。据统计，2024年以来，中欧班列（长沙）保持稳定开行态势，1月1日至2月17日，累计发运234列，发运货值4.47亿美元。

为保障春节期间中欧班列（长沙）平稳运行，长沙市物流口岸办联合星沙海关科学排班，加强安全关键卡控，灵活安排线路运用，提高运行效率。此外，星沙海关指导企业采用"铁路快通"模式快速通关，实行"7×24小时"通关机制，大幅提升了通关速度，全天候保障班列顺利发运。

要领导干部既"挂帅"又"出征"。领导干部特别是主要领导干部，既要带领大家一起定好盘子、理清路子、开对方子，又要做到重要任务亲自部署、关键环节亲自把关、落实情况亲自督查，不能高高在上、凌空蹈虚，不能"只挂帅不出征"。

抓住"十个紧盯"深化改革创新

要牢牢把握打造内陆地区改革开放高地的实践要求，抓住"十个紧盯"深化改革创新，也就是紧盯地方保护主义、市场分割等影响生产要素自由流动和高效配置的瓶颈制约，紧盯产业项目建设中存在的"项目等要素""企业等要素"等瓶颈制约，紧盯产业园区运行机制不畅、机构叠床架屋等瓶颈制约，紧盯部分国企主业聚焦不够、行政化色彩浓厚、现代企业制度不完善等瓶颈制约，紧盯科技成果本地转化率不高和"不能转""不会转""不敢转""不愿转"问题突出等瓶颈制约，紧盯对外开放能级不强、经济外向度不高、制度型开放成果不多等瓶颈制约，紧盯企业融资难、融资贵、物流贵及结构性用工矛盾等瓶颈制约，紧盯一些地方违规收费、政府承诺不兑现、拖欠民营企业账款等营商环境的瓶颈制约，紧盯一些机关事业单位编外人员规模过大、人浮于事、财政供养负担重等瓶颈制约，紧盯人才培养、使用、激励、评价等方面体制机制不活的瓶颈制约。

滚动实施改革开放高地标志性工程

积极推进长株潭要素市场化配置综合改革。完善现代化人力资源市场化服务体系。探索低效用地再开发机制，加大闲置土地处置力度。推进新型产业用地试点。完善技术要素向现实生产力转化机制，健全潇湘科技要素大市场交易机制。加快培育数据要素市场，深化"数据要素×"行动，完善数据基础制度体系，探索公共数据、企业数据、个人数据开发利用和数据确权、交易、加工、使用与收益分配机制。健全生产要素由市场评价贡献、按贡献决定报酬的机制。

打造对非经贸合作"国家队"。深度参与中非"十大伙伴行动"。推动中非经贸博览会创新发展，积极争取中非新型易货贸易试点，推动国内从事对非贸易和非洲从事对华贸易的经营主体集中到湖南来，进一步提高对非贸易能级和质效，力争以连续几年保持三位数增速的实效实绩，坐稳国内对非贸易的"第一把交椅"。高质量建好中非经贸深度合作先行区，探索设立中非新型易货贸易集散中心。

经贸合作是中非合作的"压舱石"和"推进器"，中非经贸合作促进创新示范园是湖南打造中非经贸深度合作先行区的示范区，是中非经贸博览会线下常态化平台。图为非洲可可中国营销中心

支持建设中非经贸合作促进创新示范园，打造辐射全国的中非商贸集散平台。统筹规划布局和政策资源，支持长沙、株洲、岳阳、邵阳等有条件的地区发展对非合作特色产业园区。加大对非洲非资源性产品的进口、研发和加工，打造集散交易加工中心。建立对非经贸合作企业库（含商协会），完善合作机制，引进培育市场主体。积极推动中非海关 AEO（经认证的经营者）互认合作。开展中非新型易货贸易等改革试点，完善非洲非资源性产品集散交易中心等"六大中心"建设机制。出台对非易货贸易监管细则，搭建集信息发布、交易撮合、贸易服务、数据分析、金融支持等功能于一体的"多对多"对非易货贸易数字化平台，聚焦重点国家、重点产品，推动中国工业制成品、日用消费品与非洲国家非资源性产品之间的易货，探索产品换工程、产品换投资等模式。建设非洲在华非资源

《中非经贸深度合作先行区建设总体方案》印发

2024 年 1 月，国务院印发的《中非经贸深度合作先行区建设总体方案》明确提出，先行区要围绕"三区一厅"建设"六个中心"，即围绕建设对非经贸合作模式创新区、对非经贸深度合作引领区、对非产业链合作承载区、对非经贸交流合作"会客厅"，建设非洲非资源性产品集散交易中心、中非跨境电商合作中心、中非产业链培育中心、中非金融合作中心、服务中西部地区的对非物流中心、中非经贸交流促进中心。到 2027 年，先行区要初步成为具有一定国际影响力的对非开放合作平台；到 2035 年，基本建成辐射带动作用明显，各方资源广泛汇聚、具有国际竞争力的对非经贸合作平台。

性产品集散、交易、加工中心，设立非洲特色产品品类展销馆，建设非洲特色非资源性产品"非洲投资生产—融资进口—保税加工—全球销售—易货贸易"产业链。

构筑承接产业转移"拦水坝"。实施对接融入国家重大战略工程。积极抢抓沿海地区产业外溢机遇，着力构筑产业、研发等方面的转移承接"拦水坝"，把更多产业链的关键环节留在湖南。主动服务国家战略性产业基地、战略性物资储备基地和战略性基础设施建设，加快打造国家重要战略腹地。对接长三角一体化，吸引跨国公司、知名企业、行业龙头企业等落户湖南。加强与粤港澳大湾区的深度来往与合作，聚焦先进装备制造、科技创新、生物医药等重点领域，大力承接产业转移。以自贸区为核心，以京广大动脉为主轴，创新联动投资贸易走廊沿线重点城市，在国际投资贸易走廊沿线规划建设一批国际产业合作园区。支持长江经济带、粤港澳大湾区相关主体通过托管、股份合作、产业招商等方式在湘合作共建产业园区，探索完善"飞地经济"产业合作园区税收征管、统计分解和利益分配机制，打造"飞地经济"示范区。发挥郴州市作为湘南湘西承接产业转移示范区"桥头堡"优势，积极承接沿海地区新材料产业、电子信息产业转移。依托湖南—粤港澳产业转移综合服务中心，积极承接粤港澳大湾区知识产权成果后端中试和产业化，建设批量转化平台和载体，开展成果应用、创业孵化、产业对接。发挥岳阳片区地理和资源优势，提升城陵矶港发展能级，打造湖南紧密对接长江经济带和长三角的"桥头堡"。办好湖南—长三角经贸合作洽谈周、湖南—粤港澳大湾区投资贸易洽谈周等品牌招商活动，深化总部经济招商，规划建设一批引领辐射能力强的总部经济区。加强与海南自由贸易港战略合作，加快建设湘琼先进制造业共建产业园，推进工程机械再制造出口，鼓励湖南企业借道参与国际市场竞争。

在线问答 ?

什么是"飞地经济"?

答："飞地经济"是指两个相互独立、经济发展存在落差的行政地区打破原有行政区划限制，通过跨区域的行政管理和经济开发，实现两地资源互补、经济协调发展的一种区域经济合作模式。

岳阳城陵矶新港区主动融入长江经济带发展，独揽"三区一港四口岸"八大国家级开放平台，带动全市乃至全省走向开放最前沿。图为城陵矶国际集装箱码头

持续深化重点领域改革

完善推动民营经济发展"六个一"机制。健全基础设施竞争性领域向经营主体公平开放机制，完善民营企业参与国家和省级重大项目建设长效机制。支持民间投资项目发行基础设施领域不动产投资信托基金。完善民营企业融资支持政策制度，建立产业链"一链一行"主办行制度。健全民营中小企业增信制度，完善民营企业信用评价体系。探索构建"连环债"清偿机制。建立清理解决拖欠民营企业账款任务清单。建立跨部门综合监管重点事项清单、"一业一册"告知等制度。

实施国企改革深化提升行动。推进国有经济布局优化和结构调

2023 年 8 月 18 日，湖南涟钢冷轧硅钢项目（一期）投产，涟钢向国内高牌号硅钢制造企业前三强发起冲刺。图为湖南涟钢电磁材料有限公司硅钢生产现场

整，推动国有资本"三个集中"。健全省属国企推进原始创新制度安排。完善省属国有企业主责主业动态管理机制，深化分类考核、分类核算，"一企一策"差异化设置国有企业考核评价指标。构建国有企业新型经营责任制，健全市场化经营机制。健全经营性国有资产出资人制度，构建协同高效的国有资产监督体系。

深化财税体制改革。健全预算制度。完善国有资本经营预算和绩效评价制度，健全预算绩效管理激励约束机制。健全招商引资财税贡献事前评估机制和财源建设激励机制。深化零基预算改革，强化重大战略任务和基本民生财力保障。优化预算管理一体化系统，完善财政资金管理链条。建立健全预算执行约束、专项资金管理、预算评审、绩效评价、政府采购等配套制度。深化税收征管改革，承接落实国家消费税征收环节后移并下划地方、劳动性所得统一征税等改革。深化省以下财政体制改革。

深化投融资体制改革。加强财政金融政策协同联动。推进普惠金融、供应链金融、农村金融、绿色金融等改革。深化政府投资体制改革，规范政府和社会资本合作（PPP）项目投资和建设管理，将产业发展基金作为转变政府投资方式、扶持实体经济发展的重要工具，开展天使投资股权引导基金改革试点，推进发行基础设施领域不动产投资信托基金（REITs）。推进政府投融资体制改革，推动政府投资基金更多投早投小投科技创新。

全面推进国有"三资"清查处置与管理改革。尽力实现国有资源资产化、国有资产证券化、国有资金杠杆化。聚焦六类存量国有资源（矿产、林业、水利、能源、土地、数据），加强自然资源调查，推进土地清查处置，深化园区"三类低效土地"清理处置，加强水利资源利用，提升矿产资源供给储备保障能力，统筹林业资源管理，提升数据资源价值，推动能源资源绿色低碳转型，统筹开发资源市场，推进国有资源资产化。聚焦五类存量国有资产（实物、债券、股权、特许经营权、未来收益权），采用"用、售、租、融"手段，有效盘活行政事业单位实物等资产，有力盘活国有企业实物、股权等资产，创新债权融资模式，加强特许经营权、未来收益权管理，最大限度发挥资产使用价值，推进国有资产证券化。聚焦两类存量国有资金（闲置资金、低效资金），加大清理盘活力度，加强资金统筹管理，完善政府性引导基金体系，如对存量专项资金进行清理，进一步创新产业类专项资金的使用方式，推进国有资金杠杆化。

深化科技创新体制改革。以增加知识价值为导向，推进科研项目生成与财政科技经费配置改革、科技成果评价和权益分配改革、科技创新金融改革。完善党对科技工作领导的体制，探索完善关键核心技术攻关新型举国体制的湖南模式。突出企业创新主体地位，构建"科技—产业—金融"良性循环体系。加快推进中小企业商业价值信用贷款改革试点和环境权益抵质押融资试点。

加强改革系统集成。 聚焦构建新发展格局和推动高质量发展、发展环境和民生事业、社会公平正义等领域，加强改革系统集成，不断为经济社会发展增动力添活力。

推动高水平对外开放

稳步扩大制度型开放。 主动对接国际高标准经贸规则，稳步扩大规则、规制、管理、标准等制度型开放，构建透明稳定可预期的制度环境。建立与主要经贸伙伴的标准、计量和合格评定程序及结

长沙临空经济示范区不仅是湖南对外开放的主阵地、临空经济的主力军，也是强省会战略的主战场。图为与长沙黄花综合保税区无缝对接的长沙黄花国际机场

果互认机制，推动工程机械、轨道交通、航空航天装备等优势领域标准"走出去"。

加快内外贸一体化改革。建立内外贸标准论证、规则规制、信用体系等相衔接的机制。健全产贸深度融合发展机制。深化通关一体化改革，探索创新监管方式和货物通关模式。创新发展数字贸易，拓展"跨境电商＋海外仓＋产业带"等新模式。完善跨境金融服务体系，落实跨境贸易投资人民币结算便利化措施。全面落实跨境服务贸易负面清单，积极复制推广服务业扩大开放综合试点成果。健全贸易风险防控机制。

打造对外开放的"强磁场"。实施中国（湖南）自由贸易试验区提升战略。围绕装备制造、生物医药、新能源、航运物流、临空临港经济等重点领域开展制度集成创新。加快建设湘琼先进制造业共建产业园和自贸试验区协同联动区。积极发展保税研发、保税维

一"麓"同行

湘琼先进制造业共建产业园

湘琼先进制造业共建产业园位于海南省东方市临港产业园高排港区，与越南隔海相望。紧邻该园区的八所港，可通航29个国家和地区，是我国与东南亚、非洲等地区通航的重要枢纽港口。2023年8月20日，园区首批3个项目集中开工，总投资约17亿元。其中，三一集团、中联重科将建设面向全球的工程机械再制造维修中心和轻组装工厂，湘科集团将建设特种装备科创基地。3个项目从选址、签约、拿地到开工仅用了3个月，刷新跨省"飞地产业园"建设速度。园区将按照"一园三区"布局，建设先进制造业融合区、黄金珠宝玉石加工集聚区和非洲非资源性产品精深加工区。园区采用两省"共建共管"运行模式，由海南省东方市和湖南自贸试验区长沙片区共同建设管理。

修等业态。加快建设口岸功能平台，构建多类型多层次多功能的口岸开放体系。

推动外贸主体创新发展。深入实施外贸主体创新发展行动，积极推动跨境电商、市场采购等新业态发展。加快推进长沙、岳阳、湘潭、郴州跨境电商综合试验区建设，进一步完善跨境电商线上综合服务和线下产业园区"两平台"及信息共享、金融服务、智能物流、电商诚信、统计监测、风险防控等监管和服务"六体系"。推进跨境电商产业对接和特色产业培育，打造内陆地区跨境电商物流集散中心和运营中心。实施"市场采购千企万店"计划，加大国际采购商和市场采购贸易企业引进力度，扩大优势特色产品出口。发挥湖南高桥大市场辐射集聚效应，带动符合条件的市州企业开展市场采购贸易业务。

支持传统外贸产业转型升级。扩大优势产品和高附加值产品出口。实施出口提质行动。建好用好

在线问答

什么是"一库四清单"？

答："一库四清单"是指全省进出口企业基础数据库和主要出口产品提升任务清单、主要出口目的国提升任务清单、以贸促产招商任务清单、国际贸易通道便利化提升任务清单。

"一库四清单"。打造一批外贸转型升级基地、外贸特色产业集群，扩大价值链中高端产品出口。推动跨境电商、海外仓等新业态发展，加快发展知识密集型服务贸易、数字贸易。实施进口扩规行动。鼓励扩大优质消费品、大宗商品、重要设备、关键零部件进口，建强国家进口贸易促进创新示范区。持续开展"稳外贸百日攻坚"和"助力百企稳外贸"双百行动、"千企百展抢订单"行动。加大以贸促产招商力度，深入实施外贸主体招大引强、产贸融合、创新飞地三大行动。

积极对接融入"一带一路"。深度参与高质量共建"一带一路"八项行动。主动对接新亚欧大陆桥，依托怀化国际陆港等平台，完善融入西部陆海新通道机制。拓展国际航空客货运、中欧班列、江海联运、湘粤非铁海联运、怀化东盟货运等五大国际贸易通道，支持长沙和武汉联合建设中欧班列国家集结中心等平台，发展国际货物"一站式"运输新模式。

深度阅读

1.《内陆湖南跑出开放"加速度"》，《湖南日报》2023 年 9 月 20 日。
2.《湖南自贸试验区获批三周年成果发布》，《湖南日报》2023 年 9 月 14 日。
3.《推动开放型经济高质量发展打造内陆地区改革开放高地行动方案（2021—2023 年）》，2021 年 11 月。
4.《中非经贸深度合作先行区建设总体方案》，2024 年 1 月。

第四章

下好区域协调发展『一盘棋』

——如何找准坐标、因地制宜，加快推进优势互补、协调发展的区域发展格局

❶ 统筹区域发展从来都是一个重大问题，要深入实施区域协调发展战略、区域重大战略、主体功能区战略、新型城镇化战略，优化重大生产力布局，构建优势互补、高质量发展的区域经济布局和国土空间体系。

❷ 湖南要发挥"一带一部"区位优势，把长株潭一体化继续抓下去，抓出更大成效，在构建新发展格局中展现新作为，在推动中部地区崛起和长江经济带发展中奋勇当先。

❸ 长株潭一体化深入推进，区域协同并进格局加快形成，县域经济实力明显壮大，彰显了习近平总书记关于区域协调发展重要论述的实践伟力。

❹ 中共湖南省委提出，充分发挥"一带一部"区位优势，对接融入重大国家战略，推动区域协同联动，推进新型城镇化建设，促进县域经济高质量发展，让各地在点面互动、区际互融中各展所长、齐头并进，构建支撑高质量发展的区域协调发展格局。

　　我国幅员辽阔、人口众多，各地区自然资源禀赋差别之大在世界上是少有的，统筹区域发展从来都是一个重大问题。习近平总书记在党的二十大报告中指出，深入实施区域协调发展战略、区域重大战略、主体功能区战略、新型城镇化战略，优化重大生产力布局，构建优势互补、高质量发展的区域经济布局和国土空间体系。湖南要发挥"一带一部"区位优势，把长株潭一体化继续抓下去，抓出更大成效，在构建新发展格局中展现新作为，在推动中部地区崛起和长江经济带发展中奋勇当先，奋力谱写中国式现代化湖南篇章。

做好区域协调发展"一盘棋"这篇大文章

　　促进区域协调发展。区域协调发展的本质是追求各地区之间的协调与动态平衡。"不平衡是普遍的，要在发展中促进相对平衡。这是区域协调发展的辩证法。""不能简单要求各地区在经济发展上达到同一水平，而是要根据各地区的条件，走合理分工、优化发展的路子。"新形势下促进区域协调发展，总的思路是：按照客观经济规律调整完善区域政策体系，发挥各地区比较优势，促进各类要素合理流动和高效集聚，增强创新发展动力，加快构建高质量发展的动力系统，增强中心城市和城市群等经济发展优势区域的经济和人口承载能力，增强其他地区在保障粮食安全、生态安全、边疆安全等方面的功能，形成主体功能明显、优势互补、高质量发展的区域经济布局。

深入实施区域协调发展战略、区域重大战略、主体功能区战略。统筹区域发展从来都是一个重大问题，要"推动区域协调发展战略、区域重大战略、主体功能区战略等深度融合，优化重大生产力布局，促进各类要素合理流动和高效集聚，畅通国内大循环"。构建优势互补的区域经济布局和国土空间体系。健全推动西部大开发形成新格局、东北全面振兴取得新突破、中部地区加快崛起、东部地区加快推进现代化的制度和政策体系。中部地区"要以科技创新引领产业创新，积极培育和发展新质生产力。要加强与其他重大发展战略的衔接，更好融入和支撑新发展格局"。西部大开发要"形成大保护、大开放、高质量发展的新格局"。东北地区"要维护好国家国防、粮食等'五大安全'，走出一条高质量发展、可持续振兴的新路子，实现东北全面振兴"。欠发达地区"可以通过东西部联动和对口支援等机制来增加科技创新力量"。京津冀、粤港澳大湾区、长三角等动力源地区"要成为中国式现代化的示范区、引领地，更好发挥'先行探路'作用"。要进一步推动长江经济带高质量发展，更好支撑和服务中国式现代化；推动黄河流域生态保护和高质量发展。支持革命老区、民族地区加快发展，加强边疆地区建设，推进兴边富民、稳边固边。健全主体功能区制度体系，强化国土空间优化发展保障机制，逐步形成城市化地区、农产品主产区、生态功能区三大空间格局。

推进以人为核心、以县城为载体的新型城镇化建设。 城镇化是现代化的必由之路，既是经济发展的结果，又是经济发展的动力，必须坚持以人为本、四化同步、优化布局、生态文明、文化传承，推进以人为核心的新型城镇化。解决好人的问题是推进新型城镇化的关键。推进人的城镇化需要长期努力，不可能一蹴而就，我们要有足够的历史耐心，遵循规律，因势利导，使之成为一个顺势而为、水到渠成的发展过程。要坚持人民城市人民建、人民城市为人民，建设和谐宜居、富有活力、各具特色的现代化城市，走中国特色城市发展道路。要以城市群、都市圈为依托构建大中小城市协调发展格局，推进以县城为重要载体的城镇化建设。大力发展县域经济，形成新的增长点。高度重视革命老区和欠发达县（市、区）振兴发展，补齐公共服务短板，发展壮大特色产业，增强内生发展动力。统筹新型工业化、新型城镇化和乡村全面振兴，全面提高城乡规划、建设、治理融合水平，促进城乡要素平等交换、双向流动，缩小城乡差别，促进城乡共同繁荣发展。

发挥"一带一部"优势，把长株潭一体化抓出更大成效，在推动中部地区崛起和长江经济带发展中奋勇争先

加快形成结构合理、方式优化、区域协调、城乡一体的发展格局。 党的十八大以来，习近平总书记多次亲临湖南考察，对湖南区域协调发展提出了一系列重要指示与要求。2013 年 11 月，习近平总书记在湖南考察时指出，湖南要"发挥作为东部沿海地区和中西部地区过渡带、长江开放经济带和沿海开放经济带结合部的区位优势，

抓住产业梯度转移和国家支持中西部地区发展的重大机遇，提高经济整体素质和竞争力，加快形成结构合理、方式优化、区域协调、城乡一体的发展新格局"；强调，"城镇化是一门科学，不能蛮干。特别是在我们这样一个人多地少、城乡区域发展差距大、生态环境接近承载极限的国家推进城镇化，路子必须走正"，湖南要重点解决好"人、地、业"以及与新农村建设协调发展问题。要以人为核心，积极推进人口城镇化。

长株潭一体化发展要继续抓下去。2020年9月，习近平总书记在考察湖南时强调："在构建新发展格局中展现新作为，在推动中部地区崛起和长江经济带发展中彰显新担当，奋力谱写新时代坚持和发展中国特色社会主义的湖南新篇章"，"长株潭一体化发展要继续抓下去，抓出更大成效"。长株潭一体化已经站在新的历史起点上，上升到了新的战略高度，应当朝着打造中部地区、长江经

长株潭生态绿心位于长沙、株洲和湘潭三市交会地区，犹如一个天然的城市绿色客厅

济带新增长极的目标不断奋进。要进一步提高政治站位，以高度的历史使命感和责任感在新的历史起点上推动长株潭一体化取得新的重大突破。要紧扣"一体化"和"高质量"两个关键词，抓紧抓实长株潭一体化各项重点工作。

在推动中部地区崛起和长江经济带发展中奋勇争先。2024年3月，习近平总书记考察湖南时勉励湖南"牢牢把握自身在构建新发展格局中的战略定位，坚持稳中求进工作总基调，坚持高质量发展不动摇，坚持改革创新、求真务实，在打造国家重要先进制造业高地、具有核心竞争力的科技创新高地、内陆地区改革开放高地上持续用力，在推动中部地区崛起和长江经济带发展中奋勇争先"。在长沙市召开的新时代推动中部地区崛起座谈会上，习近平总书记指出，要加强与其他重大发展战略的衔接，更好融入和支撑新发展格局。加强与京津冀、长三角、粤港澳大湾区深度对接，加强与长江经济带发展、黄河流域生态保护和高质量发展的融合联动。有序承接产业梯度转移，优化产业布局。加强现代化交通基础设施体系建设，强化中部地区的大通道格局。建立健全区域内省际合作机制，提升区域协同发展水平。大力促进长江中游城市群和中原城市群发展，加强都市圈之间协调联动，更好辐射带动周边地区发展。这为湖南主动对接融入国家区域战略布局、更好实现"三高四新"美好蓝图明晰了目标路径，注入了强劲动力。只要我们抢抓机遇、集聚资源、放大优势，完全可以在推动中部地区崛起和长江经济带发展中奋勇争先、彰显更大担当、作出更大贡献。

习近平总书记的殷殷嘱托，是湖南着力促进区域协调发展的理论遵循和科学指引。十多年来，长株潭一体化深入推进，区域协同并进格局加快形成，县域经济实力明显壮大。湖南区域共进，棋局日新，彰显了习近平总书记关于区域协调发展重要论述的实践伟力。

长株潭一体化深入推进

长株潭一体化是历届省委、省政府持续推进的区域发展重大战略，承载着湖南特别是长株潭三市人民的夙愿。2022 年，长株潭都市圈发展规划获国家发展改革委批复，长株潭三市以湖南 13.3%的国土面积、25.7% 的常住人口，贡献了 41.7% 的经济总量、49%的预算收入和 55.3% 的进出口总额，是湖南经济社会发展名副其实的核心增长极。

重点改革持续推进。2022 年，推动重大平台制度创新，湖南自贸试验区长沙片区累计形成制度创新成果 80 项，"邮快跨"集约发展模式获国务院推介。2023 年，改革试点经验"制造业智能化转型市场化升级新模式"获国务院肯定，在全国复制推广。金融领域改革加快推进，建立"湖南省产业链供应链金融核心企业名录"，长株潭494家企业入选，占湖南的66.3%。科技型企业知识价值信用贷款风险补偿改革、中小企业商业价值信用贷款改革试点成效显著。2022年，湘潭市获批中央财政支持普惠金融发展示范区。2024年，长株潭地区设立10个"湘信贷"平台金融服务站，三市在"湘信贷"平台累计入驻金融机构760家，入驻企业68.74万家，发放贷款超2000亿元。着力优化营商环境，促进市场一体化改革。2022年出台《长株潭社会信用体系一体化建设方案》，推广使用优化营商环境"一码一网一平台"。2024年，长株潭三市建立了长株潭产业协同发展工作机制，签订公平竞争审查工作跨区域合作协议和监管合作协议，签署一体化发展标准化合作备忘录，共建标准化专家库，实现9个市级地方标准和团体标准互认。积极推进"湘商回归"，2023年，长株潭地区湘商回湘投资新注册企业数365家，湘商回湘投资累计到

在线问答

什么是制造业智能化转型市场化升级新模式?

答：具体做法为有需求的地区结合当地实际与行业特点编制智能制造技术指南并设置榜单，明确揭榜要求。揭榜企业按照榜单推进智能制造示范工厂和场景建设，专业机构提供检验检测、咨询诊断、评估评价等公共服务。通过政府、企业、专业机构三方联动，解决企业智能化转型过程中"不会转、资源少、管理难"问题。

位资金 1781.2 亿元。2024 年 1—4 月，长株潭地区湘商回湘投资新注册企业数 119 家，湘商回湘投资累计到位资金 536.5 亿元。持续建设高水平人才队伍，2024 年，建立湘籍校友数据库，三市高端乡情人才数据库逐步合到省委人才办湘籍校友资源中。编制长株潭地区重点产业人才需求目录，覆盖 21 条产业链。

产业发展提质升级。先进制造业集群壮大提升，2022 年，长株潭三市的工程机械、先进轨道交通装备、新一代自主安全计算系统、中小航空发动机 4 个产业集群进入"国家队"，集群数量排名

工程机械、先进轨道交通装备、新一代自主安全计算系统、中小航空发动机、衡长株潭特高压输变电装备入选国家先进制造业集群，集群数量排名中部第一、全国第五

先进制造业集群

产业发展提质升级

产业园区建设

制造业领军企业

长沙经开区、长沙高新区、株洲高新区、宁乡经开区、浏阳经开区入选"中国先进制造业百强园区"
长株潭首个"飞地园区"雨花经开区（韶山）智能制造产业园投入运营

专精特新专板挂牌企业 294 家，其中国家级专精特新企业 39 家
三一重工、中联重科、铁建重工、星邦智能和山河智能等 5 家企业跻身"全球工程机械制造商 50 强"
湖南钢铁集团连续三年跻身《财富》世界 500 强榜单
中车株所、中联重科获第 24 届中国专利金奖

全国第三。2023 年，编制四大国家先进制造业集群培育提升三年行动方案和"一图四库一清单"。2024 年，编制形成产业链图谱体系和"4+6"先进制造业集群"一图四库一清单"。长沙市工程机械产业集群入围工信部"世界级先进制造业集群调研样本"（全国共 3 个）。衡长株潭特高压输变电装备入选国家先进制造业集群，潭娄衡先进钢铁材料产业集群纳入先进制造业集群重点培育对象，湖南省已拥有 5 个国家先进制造业集群，总数居中部第一、全国第五。

产业园区建设蓬勃发展，2023 年，长株潭园区发展联盟成立，35 家园区入盟。长株潭首个"飞地园区"雨花经开区（韶山）智能制造产业园投入运营。2024 年，长株潭三市制定推进产业园区合作共建的实施意见，并出台《湖南省产业园区合作共建改革试点工作方案》，明确以先带后、合作园区、托管园区、招商合作、异地孵化等 7 种试点模式。雨华产业园一期竣工，渌口（长沙）飞地孵化器成功组建。长沙经开区、长沙高新区、株洲高新区、宁乡经开区、浏阳经开区入选"中国先进制造业百强园区"。

项目企业支撑引领有力，2023 年，新增国家专精特新"小巨人"企业 77 家，占全省新增总数的 66%；新增省级单项冠军 106 个，占全省新增总数的 55%。2024 年，专精特新专板挂牌企业 294 家，其中国家级专精特新企业 39 家。三一重工、中联重科、铁建重工、星邦智能和山河智能等 5 家企业跻身"全球工程机械制造商 50 强"。湖南钢铁集团连续三年跻身《财富》世界 500 强榜单；中车株所、中联重科获第 24 届中国专利金奖。

科技创新赋能升级。科技创新平台不断完善，2023 年，"4+4科创工程"成效明显，岳麓山实验室、湘江实验室、芙蓉实验室、岳麓山工业创新中心（实验室）"四大实验室"全部实现实体运行。国家超级计算长沙中心、大飞机地面动力学试验平台、力能实验装置、航空发动机冰风洞装置"四个重大科学装置"加快建设和启动试验研究，累计完成投资 80 多亿元，集聚高层次人才 1600 余人，实施国家和省重大科技攻关项目 190 余个。2024 年，"4+4 科创工程"再上新台阶，岳麓山实验室汇聚 230 个 PI 团队，科研人员 2000 余人。杂交水稻全国重点实验室获评全国首批标杆实验室。国家耐盐碱水稻技术创新中心成为我国农业领域首批 3 家国家技术创新中心之一。湘江实验室形成了 582 人科研团队。芙蓉实验室基本完成总部核心区提质改造建设，组建了 500 人科研团队。建成国内首套双温区、大容量、临床级无人值守、智能化运行的 5G 生物样本库。脑梗塞临床治疗等 5 项基础理论和重大临床技术上取得重大突破。国家超级计算长沙中心全年累计服务用户 1053 个，对外服务的计算资源使用率达 75.5%。全球领先、国内唯一的大飞机地面动力学试验平台试运行。力能实验装置一期全面投入使用。

标志性工程建设加速推进，2023 年，长沙建设全球研发中心城市加快，长株潭国家自主创新示范区发展提质加速，湘江科学城跨入加速推进新阶段。2024 年，标志性工程涉及的 75 个重点项目完成投资 1075.04 亿元，为年度计划的 104.38%。长沙全球研发中心城市建设持续加快，湘江院士港、科技服务中心等首开区项目完成封顶。马栏山音视频实验室注册成立并实体化运营。湖南数字博物馆已有 19 家博物馆签约入驻。长株潭国家自主创新示范区的高新技术企业破万家，技术合同成交额超 2200 亿元。湘江科学城新引进落地研发平台 30 个。

科技协同创新水平不断提升，2023 年，省"十大技术攻关项目"，

9项布局在长株潭，累计突破关键核心技术112项。实施"揭榜挂帅"项目12项、重点研发计划项目204项。取得了世界首台可变径斜井岩石隧道掘进机"天岳号"、世界最大直径盾构机主轴承等17项"首"字号、"最"字号重大成果。2024年，长株潭地区完成全国重点实验室重组35家，国家技术创新中心达3家，居全国第2位。获批全国首个矿产资源领域国家创新中心——国家战略性稀有金属矿产高效开发技术创新中心。杂交稻品种"粒两优8022"在百亩示范片平均亩产达1251.5公斤，刷新杂交水稻单季产量世界纪录。形成了全球最大功率的永磁直驱重载货运电力机车等33项国际先进水平原创科技成果。

基础设施联网升级。2022年，交通设施加速互通，长株潭都市圈多层次轨道交通项目获国家同意实施。长株潭轨道交通运营总里程达209公里，高速公路里程达1498.5公里，8条融城干道全线贯通，通车里程达190公里；长沙机场改扩建工程累计完成投资207.7亿元；湘江航道虞公港项目开工建设，并已于2024年底开港运营。长株潭已形成高铁、城铁、高速、城际快速通道、高等级航道、国际国内航线等多层次立体交通主干网。物流网加速形成，2022

长沙机场改扩建项目建成投运后，一个区域综合交通枢纽将全面形成，一个以长沙为中心的4小时国际航空经济圈基本形成。图为长沙黄花机场T3航站楼规划效果图

年，长沙入选国家骨干冷链物流基地，湘潭入选全国绿色货运配送示范工程创建城市。2023年，长沙成功申报生产服务型国家物流枢纽。截至2024年11月底，长株潭国家综合货运枢纽补链强链项目全年完成投资19.5亿元，年度投资进度达130%。长株潭实现对非贸易进出口总额258.12亿元，占全省的54.57%；中欧班列（长沙）进出口共发运944列，货值25亿美元。新型基础设施加速发展，2024年，湖南省新型电力系统展示厅、临空经济示范区、零碳能源体验厅已投入运营。长株潭三市新建公共快充桩（枪）超过5000个。截至2024年11月底，长株潭地区新建5G基站1.3万个，累计建成6.2万个。

长株潭都市圈多层次轨道交通大外环格局

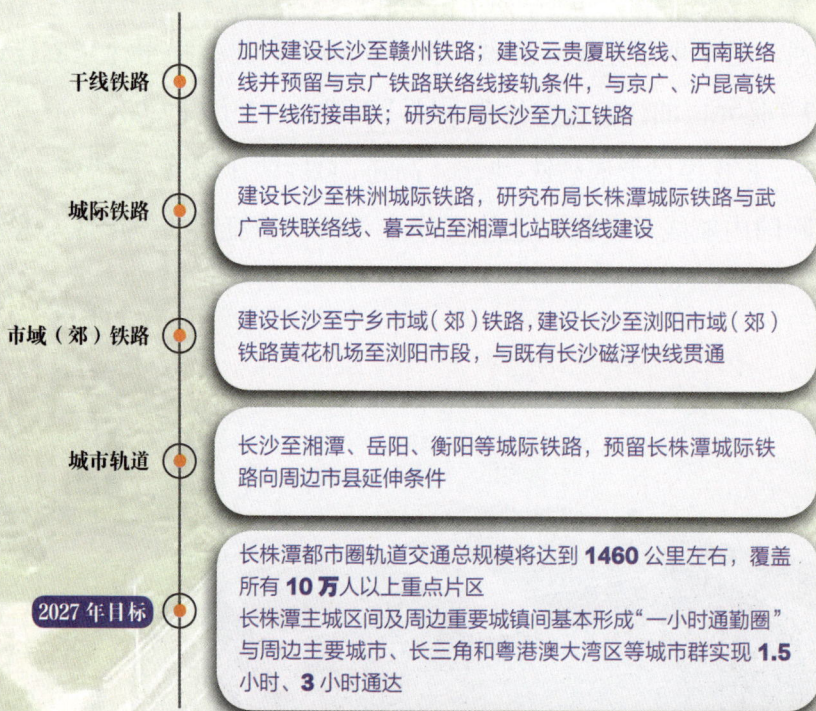

干线铁路 — 加快建设长沙至赣州铁路；建设云贵厦联络线、西南联络线并预留京广铁路联络线接轨条件，与京广、沪昆高铁主干线衔接串联；研究布局长沙至九江铁路

城际铁路 — 建设长沙至株洲城际铁路，研究布局长株潭城际铁路与武广高铁联络线、暮云站至湘潭北站联络线建设

市域（郊）铁路 — 建设长沙至宁乡市域（郊）铁路，建设长沙至浏阳市域（郊）铁路黄花机场至浏阳市段，与既有长沙磁浮快线贯通

城市轨道 — 长沙至湘潭、岳阳、衡阳等城际铁路，预留长株潭城际铁路向周边市县延伸条件

2027年目标 — 长株潭都市圈轨道交通总规模将达到1460公里左右，覆盖所有10万人以上重点片区
长株潭主城区间及周边重要城镇间基本形成"一小时通勤圈"
与周边主要城市、长三角和粤港澳大湾区等城市群实现1.5小时、3小时通达

民生服务共享升级。 2024 年，实现长株潭 260 类以上电子证照（证明）互通互认，公安、医保、人社、公积金等领域 200 项政务服务事项"跨市通办"。在医疗方面，2024 年长株潭 76 家二级以上公立医院完成互认编码院内贯标，28 家三级甲等公立医院开展检查检验结果共享互认工作。在教育方面，推进县域普通高中"徐特立项目"建设，探索建设综合高中。争取中央预算内产教融合项目共 5 个，支持资金 1.95 亿元，争取专项债项目 2 个，共发行 1.67 亿元。新增省级产教融合型企业 85 个。2023 年，长株潭绿心中央公园完成总体设计。2024 年，湖南省人大常委会修订通过《湖南省长株潭生态绿心保护条例》，并于 9 月 1 日起施行。

长株潭一体化发展进入快车道，三市携手推动民生共建，都市圈公共服务与优质资源的共享度持续提升，市民获得感、幸福感不断增强。图为长沙马拉松线下赛 2.6 万名参赛选手奔跑在长沙潇湘大道

区域协同并进格局加快形成

抢抓国家战略机遇乘势而上。湖南抢抓产业梯度转移和国家支持中西部发展的重大机遇，深度融入共建"一带一路"、长江经济带发展、长三角一体化发展、粤港澳大湾区建设等国家战略，稳步推进湘鄂赣高质量协同发展，深入开展湘赣边区域合作。

新型城镇化建设加快推进。湖南省城镇化率由 2012 年的 46.65% 提高到 2023 年的 61.16%，提升 14.51 个百分点。2023 年城镇新增就业 76.5 万人，城镇调查失业率平均为 5.3%，民生支出占比达 71.9%，城乡居民人均可支配收入分别增长 4.1%、7%，全体居民人均可支配收入增长 5.5%，持续跑赢经济增速，以人为核心的新型城镇化建设不断得到加强。

四大区域板块协调发展取得新进展。2022 年，长株潭都市圈发展规划成功获批，长株潭绿心中央公园总体设计和湘江科学城规划落地实施，长沙市跻身特大城市行列。2023 年，长株潭三市的地区生产总值为 20741.7 亿元，增速为 4.9%，占全省比重为 41.47%；洞庭湖地区生产总值 11363.7 亿元，增速为 4%，固定资产投资下降 6.1%；湘南地区生产总值为 9797.3 亿元，增速为 4.9%，湘南地区规模以上工业增加值增长 7.1%，高于全省 2 个百分点；大湘西地区生产总值为 8110.2 亿元，增长 4.8%，全体居民人均可支配收入 25110 元，增长 6.3%，增长幅度居全省四大板块之首。

县域经济实力明显壮大

发展壮大县域经济是湖南实现"三高四新"美好蓝图、推动高质量发展、促进城乡协调发展的必然要求，湖南县域经济"城"的带动能力不断提升，县域经济实力明显壮大。

整体实力不断增强。县域经济是国民经济发展的重要组成部分，湖南省有 86 个县市，县域面积占湖南九成，常住人口占七成，经济总量占五成以上。2023 年，湖南省 86 个县（市）生产总值为 2.7 万亿元，占比为 54.4%；地方一般公共预算收入 1365.3 亿元，占比为 40.6%。长沙县、浏阳市、宁乡市、醴陵市上榜全国百强县。2023 年，全国百强县保持在 4 个，经济总量超 500 亿元的县市达 7 个，地方一般公共预算收入 10 亿元以上的县市达 47 个。

根据中国中小城市发展指数研究课题组、国信中小城市指数研究院发布的《2023 年中国中小城市高质量发展指数研究成果》，长沙县位列 2023 年度全国综合实力百强县市第五位，稳居中西部第一。图为大美星沙

县域特色优势产业不断壮大。县域优势特色产业蓬勃发展，涌现出了一批在全球、全国市场占比相当大的产业和制造业单项冠军企业。如浏阳市的烟花占全球市场份额的 70%，邵东市的打火机占全球市场份额的 70%、小五金占国内市场份额的 40%，临湘市的浮标占国内市场份额的 80%，新化县的文印占国内市场份额的 75%，平江县的辣条占国内市场份额的 30%。

湖南省 15 个县域外贸特色产业集群

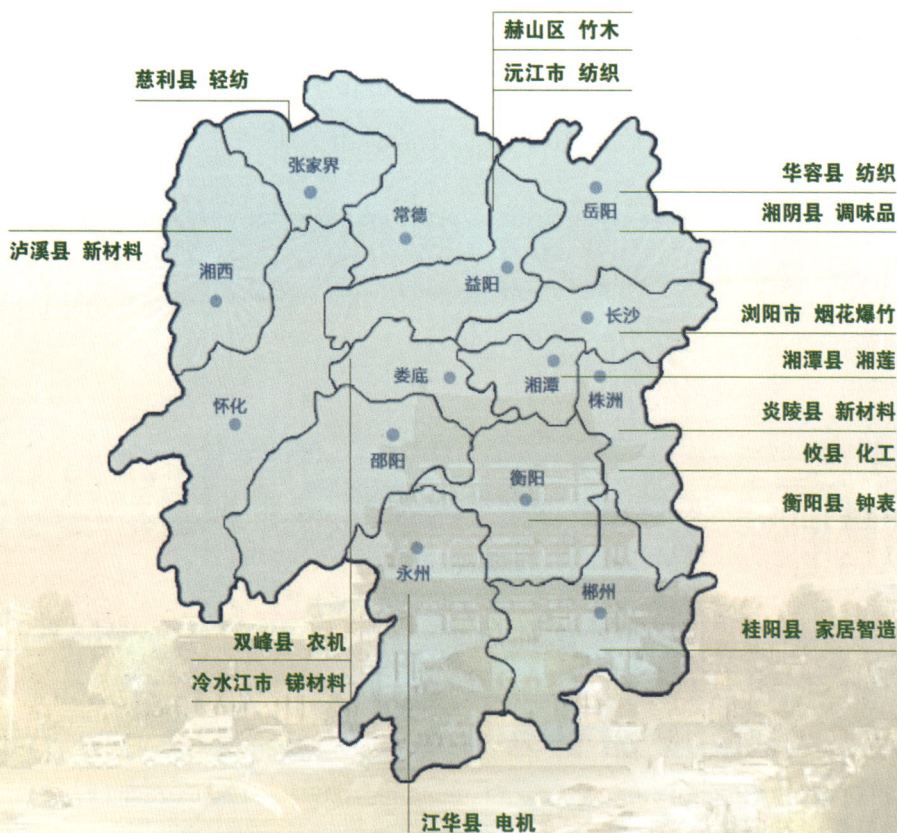

赫山区　竹木
沅江市　纺织

慈利县　轻纺

华容县　纺织
湘阴县　调味品

泸溪县　新材料

浏阳市　烟花爆竹
湘潭县　湘莲
炎陵县　新材料
攸县　化工
衡阳县　钟表

双峰县　农机
冷水江市　锑材料

桂阳县　家居智造

江华县　电机

张家界　常德　岳阳　益阳　长沙　湘西　怀化　娄底　湘潭　株洲　邵阳　衡阳　永州　郴州

城镇化水平不断提升。2013 年至 2022 年，湖南县域城镇化率由 37.8% 提高到 50.19%；县城常住人口从 1044 万人增加到 1331 万人，增长 27.49%。各县市一手抓新型城镇化一手抓乡村振兴，探索城乡融合发展的新路子。比如，澧县建立农业转移人口市民化机制，通过拓宽就业渠道、完善公共服务体系等措施，让农民进城有活干、享受服务无差别、变成市民无顾虑，城镇化率由 2017 年的 55.8% 提升到 2022 年的 61.2%。武冈市推动城乡规划、建设、教育、医疗、养老等九个一体化发展，城乡基础设施和公共服务水平不断提升，城镇化率由 2017 年的 44.6% 提升到 2022 年的 50.8%。

发展基础不断夯实。县域基础设施得到完善，实现县县通高速、村村通硬化路、村村通 5G 网络。湖南县域省级以上园区达 92 家，每个县（市）至少有 1 家省级园区。园区作为县域经济发展的重要引擎，通过搭平台、引项目、优服务，推动产业集群发展，如宁乡县依托两个园区建设新型储能材料产业集群，衡阳县建设船山时间谷钟表产业园，吸引 100 多家上下游钟表企业入驻。

民生福祉不断改善。湖南县域城乡居民人均可支配收入从 2013 年的 1.24 万元增加到 2022 年的 2.9 万元，年均增长 9.9%。县域教育、医疗、文化、养老等公共服务水平不断提高，社会治安水平持续好转，群众的获得感、幸福感、安全感不断增强。

党的十八大以来，湖南区域协调发展取得了显著成效，但同时还存在区域协调发展水平不够高、产业支撑力亟待增强等问题。湖南省委提出，充分发挥"一带一部"区位优势，对接融入重大国家战略，推动区域协同联动，推进新型城镇化建设，促进县域经济高质量发展，让各地在点面互动、区际互融中各展所长、齐头并进，构建支撑高质量发展的区域协调发展格局。

抓住长株潭一体化这个"牛鼻子"

树牢正确政绩观。坚决破除影响一体化发展的思维定式和行政壁垒，真正站在一体化的高度想问题、作决策、抓落实。要持续用力、久久为功，有"功成不必在我"的精神境界和"功成必定有我"的历史担当，坚持量力而行、尽力而为，聚焦"一体化"和"高质量"两大关键词真抓实干，而不能把长期问题短期化、整体目标碎片化，不能违反客观规律大干快上、举债搞"半拉子工程""形象工程"，并将之作为为官一任的政治责任。

构建"对内互济、对外抱团"的协作格局。长株潭三市应下大力气提升经济总量和发展质量，方能更好发挥全省高质量发展"定盘星"的作用。一方面，长株潭三市应进一步强化顶层设计引领、产业差异化布局引导、产业配套分工协作、要素流通顺畅、设施互联互通、创新协力协同、环境联保联治、民生共建共享等工作，加快形成产业梯次配套、交通便捷高效、公共服务便利共享、生态环境更优更美的一体化格局，推动长株潭间优势互补、实现共赢。准确把握虹吸与辐射的关系，努力形成虹吸与辐射良性互动的局面，长沙应坚定不移打造全球研发中心城市，发挥更大辐射效应，逐步形成"长沙研发，株洲、湘潭及其他市州生产"的产业发展格局。另一方面，要把长株潭作为一个城市来参与产业分工、经贸合作和各方面竞争，不断提高综合承载力和竞争力。积极推动落实长株潭规划、交通、产业和公共服务一体化，下大力气解决在利益联结、要素流通、共建共享等方面存在的瓶颈问题。要对标对表抓好深度谋划，立足长株潭，放眼全国乃至全球，推进长株潭都市圈一体化

长株潭区域是湖南发展的核心增长极，在推进三市一体化进程中，科技创新与片区发展相互促进、共生共荣。图为研发企业云集的麓谷科技园

发展，提升都市圈能级，加强与武汉、成渝、南昌、合肥等都市圈协调联动。加强对打造增长极、产业转型升级、交通基础设施、融城区建设等事项的科学谋划，并着力实施一批标志性工程，促进各类要素顺畅流动和高效集聚。

优化长株潭国土空间布局。以长株潭三市主城区为核心、一小时通勤距离为半径，建设长株潭现代化都市圈，提升长株潭整体产业集聚和人口集聚能力。打造"轨道上的长株潭"，加快外环网和连线工程建设，推动基础设施互联互通和内外循环，形成"一小时通勤圈"。推动产业合理布局和协同发展，促进各类要素资源聚集和共享，扩大对周边区域的经济吸引力和辐射力。推进公共服务标准化便利化，建设金融、技术、土地、人力资源等一体化市场。构筑都市圈生态安全体系，建设长株潭生态绿色融合发展示范区。优化长株潭一体化格局，重点建设湘江发展轴，严格保护长株潭生态绿心，依托京广、沪昆、渝长厦等重大交通通道，打造城镇组团，形成"一轴一心、三带多组团"空间格局。

打造有重要影响的生态绿心。加强长株潭生态绿心保护，完善长株潭生态绿心绿色转型发展机制，推进绿心中央公园建设，打造在全国、全世界都有重要影响的生态绿心。以长株潭生态绿心为核心，联动周边大托、暮云、跳马、云龙、昭山等区域，打造长株潭都市圈城市中央公园。严格落实长株潭生态绿心法治化保护，加强生态空间管控，优化生态空间结构，建设高品质城市生态绿心。提升绿心生态价值，全面启动绿心增绿复绿补绿行动，提升绿心十字生态走廊绿色化水平，探索生态优势转化为经济优势的有效途径，大力发展科创研发、信息技术、数字经济、设计创意、康养休闲、文体

长株潭生态绿心

长株潭三市交汇处，528.32 平方公里的一片生态绿心，是"钢筋铁骨"城市建筑群中一抹清新独特的亮色，也是全国探索最早、世界面积最大的城市群绿心。2005 年，长株潭"绿心"概念首次正式提出。2011 年，《长株潭城市群生态绿心地区总体规划》获得批复。出于保障城市群生态安全的初衷，湖南将三市交界区域中 520 多平方公里范围划定为生态绿心。2013 年 3 月 1 日，《湖南省长株潭城市群生态绿心地区保护条例》正式施行，以立法形式将绿心区域整体置于法律保护之下。湖南省委、省政府坚决扛起保护生态绿心的政治责任，坚持实事求是、依法依规、分类施策，推动问题整改。至 2020 年初，区域内所有工业项目全部停止生产、拆除主要生产设备；违建项目全部退出，并完成生态修复。从 2020 年起，每年从省长株潭一体化发展资金里安排 4000 万元，作为长株潭绿心生态定额补偿资金，且三市相继建立了绿心生态补偿机制；借助"天眼"卫星监测系统，构建"天空地网"监管体系，助推绿心保护管理的数字化、智能化、规范化。

旅游、体育运动等绿色创新产业，推动长株潭生态绿色融合发展。

建立健全常态化工作机制。坚决破除一体化发展的思维定式和行政壁垒，建立健全推动长株潭一体化发展常态化工作机制。省级层面要强化统筹指导，及时解决工作推进过程中存在的重大问题；省直有关部门要紧盯不放，加强政策协同，强化支持保障；长株潭三市党委、政府要切实履行主体责任。要健全任务落实机制，进一步细化实化工作方案，实行专班制推进、项目化管理、清单化落实，共同推动各项目标任务早日落地见效。健全长株潭一体化发展体制机制，用好改革创新这个"关键一招"，凡是有利于推进一体化发展的改革创新都要大力探索，凡是有利于科学合理配置资源要素、激发发展动力活力的政策举措都要积极实施，凡是束缚一体化发展的行政壁垒和体制机制障碍都要坚决破除。在长株潭地区先行试点由常住地登记户口提供基本公共服务制度，推动符合条件的农业转移人口中享有同迁入地户籍人口同等权利，加快农业转移人口市民化，建立实有人口动态感知新模式。积极推进长株潭要素市场化配置综合改革试点，加快推进要素市场一体化进程。以新一轮党和国家机构改革实施为契机，在区域国土空间规划、公共卫生、网络安全与信息化等领域做些探索与尝试，如建立长株潭都市圈规划协同机制，进一步优化行政管理体制和机构职能设置。加强省级层面的

一"赣"同行

长株潭一体化行动目标

为全面贯彻落实习近平总书记关于"长株潭一体化发展要继续抓下去，抓出更大成效"的重要指示精神，加快推进长株潭都市圈打造全国重要增长极，2023年8月，湖南省委办公厅、省政府办公厅印发《长株潭一体化发展三年行动计划（2023—2025年）》，制定了未来三年行动目标：

加快构建错位发展、优势互补、协同高效的现代化产业体系，进一步提升产业集中度和配套率；推动形成联环成网的综合交通体系和便捷高效的现代物流体系，打通"大动脉"，畅通"微循环"；促进公共服务同城共享，健全城乡融合发展体制机制，逐步推动教育、医疗等领域优质资源延伸覆盖，推进政务服务政策协同、数据共享、业务通办；强化生态环境协同治理，使天更蓝、山更绿、水更清。

到2025年，长株潭地区生产总值突破2.5万亿元，常住人口达到1750万，城镇化率达到80%。千亿产业集群总数突破15个，基本实现"一小时通勤圈"，物流总费用占地区生产总值比重低于13%，城市空气质量优良天数比率在86.4%以上，湘江干流长株潭段水质稳定在Ⅱ类，绿心核心区域森林覆盖率明显提升，形成全民覆盖、普惠共享、城乡一体的基本公共服务体系。

资源投入和综合协调，完善统计、考核等制度机制，赋予长株潭三市更多先行先试权，为三市松绑、减负、赋能，为长株潭一体化高质量发展扫除障碍、提供支撑。建立完善长株潭一体化发展统计体系，建立统计考评机制。

充分发挥区位优势，积极服务和融入新发展格局

增强融入重大国家战略的主动性。加强省级统筹，发挥市州作用，用好"一带一部"区位优势，主动靠上、精准接上、全力融入国家重大战略，加快构建全方位、多层次、宽领域的区域联动发展新格局。完善对接融入长三角一体化发展、粤港澳大湾区建设、海南自由贸易港建设、西部大开发等重大国家战略的体制机制，强化"大校、大所、央企"对接机制，推动央企总部或第二总部以及中国科学院等分院落地湖南。深入参与实施中部地区崛起和长江经济带发展战略，加快建设国家重要粮食生产基地、能源原材料基地、现代装备制造及高技术产业基地和综合交通运输枢纽，着力打造国内大循环和国内国际双循环的重要节点。落实推动中部地区加快崛起的政策体系和长江经济带高质量发展机制。加强重大规划、政策、项目等方面对接，推进湘鄂赣、湘粤赣、湘赣边、湘鄂渝黔等省际务实合作，建立健全省际毗邻区域协同发展机制，健全湘鄂赣边区域合作机制。对外深度融入共建"一带一路"，高标准高质量建好中非经贸深度合作先行区，争取成为中非经贸合作的桥头堡。湖南对接国家战略不能"一刀切"，鼓励各市州根据其区位、文化和历史等特点对接不同的国家战略。多考虑从政策因素上对接融入国家

战略，如考虑海南政策之吸引力，不断加强与海南自由贸易港合作，推动湘琼先进制造业共建产业园建设。

强化"一核"引领，增强"两副"支撑。强化"一核"引领，坚持龙头带动、优势互补，全面加快长株潭一体化步伐，在打造"三个高地"上率先突破，在增强承载带动功能上聚焦发力，破除利益联结、要素流通等方面存在的瓶颈，持续推进长株潭产业创新协力协同、基础设施互联互通、公共服务共建共享、生态环境共保共治，推进长株潭都市圈同城化高质量发展，尽快发挥全国重要增长极的引领辐射作用。增强"两副"支撑，提升衡阳、岳阳省域副中心城市能级，支持衡阳建设现代产业强市，加快输变电装备国家先进制造业产业集群建设，加快岳阳建设长江经济带绿色发展示范区、石化产业基地，打造开放门户，提高省域副中心城市的贡献度。

对接长三角，参与长江经济带建设，端好绿色经济"饭碗"。洞庭湖区域要主动对接长三角和参与长江经济带建设，发挥临江临

湖南构建优势互补的区域布局，强化"一核两副"协同联动，推动区域经济协调高质量发展。图为衡阳市衡州大道数字经济走廊

湖区位优势，发挥在保障粮食安全等方面的作用，建立湖区特有的生态产业和合理的经济结构，大力发展滨水经济、港口经济和现代石化、绿色品牌农业等产业，加强恢复良好的洞庭湖生态环境，着力推进大湖生态经济区建设。支持岳阳充分发挥通江达海的独特优势，做好"江湖"文章；支持常德建设湖南重要先进制造业基地和全国生态农产品基地；支持益阳打造全国大湖流域生态文明建设试验区，端好绿色经济"饭碗"。

主动对接融入粤港澳，吃上"广东饭""港澳饭"。湘南地区要向南对接融入粤港澳大湾区建设，打造承接产业转移示范区，将更多优质农副产品放进粤港澳大湾区"菜篮子"，吃上"广东饭""港澳饭"。充分发挥湘南地区毗邻粤港澳大湾区的区位特点，把握沿海产业转移和溢出效应，以衡阳副中心建设为引领，加强与粤港澳大湾区、北部湾、东盟等区域合作，打造新兴产业承接带和科技产业配套基地，建成中西部地区内陆开放合作示范区，深度融入粤港澳大湾区经济布局。支持郴州建设区域绿色产业示范基地，打造对接粤港澳大湾区重要增长极。支持永州建设粤港澳大湾区优质农副产品供应基地，打造湘粤桂省际枢纽城市。

积极对接融入成渝双城经济圈，努力吃上"生态饭"。大湘西地区应对接融入成渝地区双城经济圈，重点发展生态文化旅游、商贸物流、中医药、酒茶饮等产业，打造脱贫地区、民族地区高质量发展先行区、国际生态文化旅游示范区，吃上"生态饭"。落实湘西地区开发各项优惠政策，支持大湘西地区融入西部陆海新通道和发挥文旅生态优势，打造联结东盟重要枢纽，培育武陵山片区高质量发展引擎。支持湘西州建设对接成渝地区双城经济圈和面向西南的重要交通枢纽，发挥文旅生态优势，打造文旅融合绿色发展先行区。支持张家界市打造国家全域旅游示范区和世界绿谷。怀化市加快建设对接西部陆海新通道战略门户城市，打造五省边区生物医药产业基地。邵阳市着力建设湖南对接东盟地区的产业集聚区，打造国际先进水平的"特种玻璃谷"。

做强做优做大县域经济

充分发挥比较优势，做大富民强县产业。 因地制宜发展县域主导产业和特色产业，不断提升县域经济发展水平。要深入挖掘县域特色优势，坚持"一县一策、一县一业"，充分体现县域经济差异化发展。强化分类发展，每个县市选准适合自身发展的类型，好比高考选科。工业主导型相当于理科，文旅融合型相当于文科，该选文科还是理科，完全要看自身的条件，而没有孰优孰劣之分。如果选错了，即使发挥得再好，也难以考出好成绩。在产业培育方面，指导支持培育壮大优势特色主导产业，在资金支持上要突出重点，不撒"胡椒面"。要推动县域产业集群发展。以龙头企业为依托，引进上下游配套产业，培育主导产业集群，推进集群企业在产业链、价值链、供应链上深度融合。要精准抓好招商引资。认真分析本县比较优势，根据特色主打产业研究好招商主攻方向，扎实做好基础性服务工作，以潜在收益和良好口碑让客商愿意来、留得住。以推进"湘商回归"等项目为抓手，深入实施"迎老乡、回故乡、建家乡"及其他各项招商引资行动，针对优势资源和主导产业开展产业链招商，不断引入有利于县域经济发展的源头活水。要支持存量企湖南湘江新区精心举办湘商新春恳谈会，奏响"迎老乡、回故乡、建家乡"的主旋律，在2024年的新春恳谈会活动中，36个项目落户湘江新区，总投资达到458亿元。图为现场签约仪式

业提质扩能，引导企业聚焦主业，研究新技术、开发新产品、塑造新优势，不断做大做强。

激发县域经济的"发动机"效应。园区是县域经济的"发动机"，必须发挥好园区的重要载体作用，提高产业园区发展的质量和效益。突出"三生融合""三态协同"，积极创新园区管理体制和运行机制，提升园区的经济贡献度和产业集聚度。园区发展要聚焦主责主任，明确职能边界，避免行政化倾向，逐步剥离社会事务管理职能，集中精力抓园区建设、抓招商引资、抓企业服务。各个园区的规模不一样，所发展的产业也不一样，不能"千种病、一服药"，还得因地制宜，实事求是。要坚持市场化导向，认真做好市场调研，算好成本收益账，走集约化发展的路子，不能急于求成、盲目铺摊子。

统筹城乡发展。推进以人为核心、以县城为载体的新型城镇化。健全县域经济分类指导、差异化发展机制。推进县域城乡公共服务一体化配置。科学编制县城规划，加快补齐基础设施和公共服务短

板，深入实施城市更新行动，实施城市基础设施生命线安全工程，提升教育、医疗、卫生等基本公共服务水平，加快建设智慧城市，完善一体化管理服务平台，提升水务、环卫、桥梁等管理数字化水平，增强城市防灾减灾能力，构建提升城市安全韧性体制机制，不断增强县城承载力和吸引力。推动城乡之间公共资源均衡配置和生产要素自由流动，推动城市基础设施和公共服务向农村延伸，促进

一"麓"同行

壮大县域经济 助力乡村振兴

2022年7月，省委农村工作领导小组印发《推进县域经济高质量发展实施方案（2022—2025年）》，鼓励各县（市）竞相发展，实现弱县赶超、强县跨越，力争到2025年县域地区生产总值500亿元、200亿元、100亿元以上的县（市）分别达到20%、65%、95%。

方案提出，推进县域经济高质量发展将从聚焦主导产业、突出主体培育、加快园区发展、促进城乡融合、引导要素集聚等5个方面发力。

聚焦主导产业，大力发展县域范围内比较优势明显、带动农业农村能力强、就业容量大的产业，推动形成"一县一业"发展格局。

突出主体培育，鼓励引进培育"四上"企业，重点发展制造产业和乡村产业等主导产业，实施优质民营企业梯度成长培育计划和小微企业成长工程。

加快园区发展，引导产业向园区集中、企业向园区集聚，大力推进产业发展"万千百"工程，县级培育一批百亿级产业、一批十亿级企业，建设一批亿元级项目。

促进城乡融合，引导企业到产地发展粮油加工、食品制造，实施乡村休闲旅游精品工程，推进电子商务进农村，大力推动新型城镇化。

引导要素集聚，完善省以下均衡性转移支付、县级基本财力保障机制奖补资金办法，鼓励工商资本到县域投资兴业、创业，加大科技人才选派支持力度，保障合理用地需求。

城乡融合发展。提升城市产业支撑、吸纳就业能力，千方百计稳就业促增收。合理布局经济大镇、产业强镇、特色小镇，促进小镇规范健康发展。选择一批条件好的县城作为示范地区重点发展，支持具备一定规模、有良好基础、有比较优势、有发展潜力的特色产业发展，提升经济发展效益和就业带动能力，因地制宜打造一批产业"特而精"、功能"聚而合"、形态"小而美"、机制"新而活"的精品特色小镇。高度重视省际边界乡镇的发展，在政策支持上予以倾斜。

创新县域经济发展体制机制。以更大的力度推进县域改革创新，试点推进人口小县机构编制改革，探索经济强镇扩权改革。改革创新是县域经济发展的"关键一招"，因地制宜、实事求是，从实际出发，通过试点推进人口小县精简机构编制改革。总结地方强镇扩权试点经验的基础上，进一步加大经济强镇扩权改革力度，增强乡镇经济发展活力。加快县域要素市场化改革，深化"人才管理、土

湖南大力培育工业、农业、文旅等三类特色产业小镇，涌现了一批产业特色鲜明、人文气息浓厚、生活环境优美、产业集聚和人口承载能力强的特色产业小镇典型。图为醴陵五彩陶瓷特色小镇

地管理、金融管理"等综合配套改革，有效解决县域经济发展中的"用人、用地、用钱"问题。"人"的问题，要积极探索柔性引才机制，加强产学研合作，"不求所有、但求所用"；"地"的问题，要开展"相伴而行"协作帮扶行动，在适合发展的领域探索发展"飞地经济"，建设一批"飞地园区"；"钱"的问题，要深化投融资体制改革，通过多种方式拓宽资金来源渠道。组织开展县域经济发展分类考核评价，引导各县市按照高质量发展的要求在各自赛道上比学赶超、争先创优。考核指标兼顾各地不同资源禀赋、区位条件、发展基础和功能定位的差异，实施分类考核、科学考核，既考核总量更考核增量，如对人口小县、重点生态功能区县可以不考核GDP，可考虑"城乡居民收入增速""文旅产业发展""特色农业"和"生态环境改善"等指标。对获得表彰激励的先进县（市）给予奖励。参与考核的各部门要坚持"一把尺子量到底"，确保考核结果真实可靠、公平公正。

深度阅读

1. 沈晓明：《在推动中部地区崛起和长江经济带发展中奋勇争先》，《求是》2024 年第 13 期。
2. 沈晓明：《在推动高质量发展上闯出新路子 奋力谱写中国式现代化湖南新篇章》，《学习时报》2023 年 7 月 21 日。
3. 《长株潭一体化发展三年行动计划（2023—2025 年）》，2023 年 8 月。
4. 《推进县域经济高质量发展实施方案（2022—2025 年）》，2022 年 7 月。
5. 《中国共产党湖南省第十二届委员会第六次全体会议决议》，2024 年 4 月。

第五章

书写新时代高标准的『山乡巨变』

如何做好巩固拓展脱贫攻坚成果同乡村振兴有效衔接工作，谱写农业强、农村美、农民富的乡村振兴美好画卷

❶ 全面建设社会主义现代化国家，最艰巨最繁重的任务仍然在农村。必须把加快建设农业强国摆上建设社会主义现代化强国的重要位置，全面推进产业、人才、文化、生态、组织"五个振兴"。

❷ 湖南要把粮食安全牢牢抓在手里，推进农业供给侧结构性改革，因地制宜推进农业农村现代化，把广大农村建设成为人民幸福生活的美好家园。

❸ 湖南锚定"三高四新"美好蓝图，全面推进乡村振兴，切实抓好巩固拓展脱贫攻坚成果同乡村振兴有效衔接工作，群众的获得感、幸福感、安全感不断增强。

❹ 中共湖南省委提出，深化改革攻坚，做好"藏粮于地、藏粮于技""农民持续增收""乡村特色产业""城乡融合发展""乡村治理"等五篇文章，推动农业基础更加稳固、农村地区更加繁荣、农民生活更加红火，不断开创湖南"三农"工作新局面。

　　全面建设社会主义现代化国家，最艰巨最繁重的任务仍然在农村。习近平总书记指出，全面推进乡村振兴，到 2035 年基本实现农业现代化，到本世纪中叶建成农业强国，是党中央着眼全面建成社会主义现代化强国作出的战略部署。必须把加快建设农业强国摆上建设社会主义现代化强国的重要位置，全面推进产业、人才、文化、生态、组织"五个振兴"。湖南要把粮食安全牢牢抓在手里，推进农业供给侧结构性改革，因地制宜推进农业农村现代化，把广大农村建设成为人民幸福生活的美好家园。

强国必先强农，农强方能国强

　　农业农村农民问题是关系国计民生的根本性问题。农业强不强、农村美不美、农民富不富，决定着亿万农民的获得感和幸福感。在现代化进程中，如何处理好工农关系、城乡关系，在一定程度上决定着现代化的成败。从世界各国现代化历史看，有的国家没有处理好工农关系、城乡关系，农业发展跟不上，农村发展跟不上，农产品供应不足，农业被国际大资本垄断，不能有效吸纳农村劳动力，大量失业农民涌向城市贫民窟，乡村和乡村经济走向凋敝，工业化

在线问答

什么是中等收入陷阱？

答：世界银行《东亚经济发展报告（2006）》第一次明确提出了中等收入陷阱的概念，认为中等收入陷阱是指当各经济体从低收入状态进入中等收入状态，原有的经济政策和增长机制就无法支持其继续发展，以达到更高的收入水平，因此人均GDP很难突破10000美元，从而使经济增长陷入停滞。

和城镇化走入困境，甚至造成社会动荡，最终陷入"中等收入陷阱"。我国是农业大国，重农固本是安民之基、治国之要。在新中国成立以来特别是改革开放以来工作的基础上，通过开展脱贫攻坚、实施乡村振兴战略等，用有限资源稳定解决14亿多人口的吃饭问题，全体农民摆脱绝对贫困、同步进入全面小康，"三农"工作成就巨大，举世公认。同时，受制于人均资源不足、底子薄、历史欠账较多等原因，"三农"仍然是一个薄弱环节，同新型工业化、信息化、城镇化相比，农业现代化明显滞后。在向第二个百年奋斗目标迈进的历史关口，巩固拓展脱贫攻坚成果、全面推进乡村振兴、加快农业农村现代化，是需要全党高度重视的一个关系大局的重大问题。

坚持乡村全面振兴。"农，天下之本，务莫大焉。"新时代"三农"工作必须围绕农业农村现代化这个总目标来推进。坚持农业现代化和农村现代化一体设计、一并推进，实现从农业大国向农业强国的跨越。全面推进乡村振兴是新时代建设农业强国的重要任务，要健全推动乡村全面振兴长效机制，抓重点、补短板、强弱项，实现乡村产业振兴、人才振兴、文化振兴、生态振兴、组织振兴，推动农业全面升级、农村全面进步、农民全面发展。

让脱贫基础更加稳固、成效更可持续。"胜非其难也，持之者其难也。"脱贫摘帽不是终点，而是新生活、新奋斗的起点。巩固拓展脱贫攻坚成果，必须同乡村振兴有效衔接，要完善覆盖农村人口的常态化防止返贫致贫机制，建立农村低收入人口和欠发达地区分层分类帮扶制度，把脱贫人口和脱贫地区的帮扶政策衔接好、措施落到位，实现平稳过渡，要做到工作不留空档、政策不留空白，坚决守住不发生规模性返贫的底线，绝不能出现这边宣布全面脱贫，那边又出现规模性返贫。

让中国人的饭碗牢牢端在自己手中。"民为国基，谷为民命。"

近年来，湖南农业农村快速发展，乡村振兴蹄疾步稳。图为郴州市嘉禾县钟水河畔

保障粮食和重要农产品稳定安全供给始终是建设农业强国的头等大事，要高度重视粮食安全问题。虽然我国粮食生产连年丰收，但这就是一个紧平衡，而且紧平衡很可能是我国粮食安全的长期态势，因此，任何时候都不能放松粮食生产和对农业的支持，我们的饭碗应该主要装中国粮。

必须用好改革这一法宝。"明者因时而变，知者随事而制。"要摒弃不合时宜的旧观念，冲破制约发展的旧框框，让各种发展活力充分迸发出来。全面推进乡村振兴，比如，深入推进农业供给侧结构性改革，这是供给侧结构性改革的重要一环。现在，城乡居民食物消费结构在不断升级，今后农产品保供既要保数量，也要保多样、保质量。要坚持新发展理念，把推进农业供给侧结构性改革作为农业农村工作的主线，推动品种培优、品质提升、品牌打造和标准化生产，提高农业综合效益和竞争力。还比如，要加快推进农村重点领域和关键环节改革，激发农村资源要素活力。一要"扩面"，不能就农村论农村，而要紧扣城乡关系重塑，对城乡改革作出统筹谋划，加快构建城乡融合发展体制机制和政策体系，促进城乡要素平等交换、双向流动，缩小城乡差别，促进城乡共同繁荣发展。二要"提速"，已经部署的农村改革要全面发力，看准了的要一抓到底。三要"集成"，抓紧梳理各项改革措施，打出"组合拳"，形成整体"打法套路"。

着力推进农业农村现代化

在建设新农村上迈出新步伐。湖南是农业大省，习近平总书记对湖南"三农"工作念兹在兹。2013年11月，习近平总书记在湖南考察时要求，"努力在提高粮食生产能力上挖掘新潜力，在优化农业结构上开辟新途径，在现代农业建设上寻求新突破，在促进农民增收上取得新成效，在建设新农村上迈出新步伐"，并在十八洞村首次提出"精准扶贫"重要理念。

把粮食安全、食品安全牢牢抓在手里。2016年3月，习近平总书记在参加十二届全国人大四次会议湖南代表团审议时作出"三个着力"重要指示，其中之一便是"着力推进农业现代化"。习近平总书记指出，推进农业供给侧结构性改革，提高农业综合效益和竞争力，是当前和今后一个时期我国农业政策改革和完善的主要方向。要以市场需求为导向调整完善农业生产结构和产品结构，以科技为支撑走内涵式现代农业发展道路，以健

在党的坚强领导下，"精准扶贫"首倡地十八洞村跨越千年贫困，实现全面小康，迈上乡村振兴新征程。图为风景如画的十八洞村梨子寨

2024年3月19日下午，习近平总书记来到湖南省常德市鼎城区谢家铺镇粮食生产万亩综合示范片区，走进田间，察看秧苗培育和土地翻耕情况，并同种粮大户、农技人员、基层干部和村民亲切交流，详细询问春耕备耕等情况。图为谢家铺镇高档优质稻万亩示范片

全市场机制为目标改革完善农业支持保护政策，以家庭农场和农民合作社为抓手发展农业适度规模经营。要研究和完善粮食安全政策，把产能建设作为根本，实现藏粮于地、藏粮于技。要保护好耕地特别是基本农田，加大对农田水利、农机作业配套等建设支持力度，提高农业物质技术装备水平，切实夯实农业基础。湖南是农业和粮食生产大省，要把粮食安全、食品安全牢牢抓在手里，同时根据新常态解决好农业现代化和社会主义新农村建设问题。同时强调，扶贫不能是手榴弹炸跳蚤，看上去有声势，但没什么实效，根本方法在于精准。

深化农业农村改革，激活乡村振兴内生动力。2020年9月，习近平总书记在湖南考察时强调，要坚持农业农村优先发展，推动实施乡村振兴战略。要扛稳粮食安全的重任，稳步提升粮食产能，全面压实耕地保护责任，推进高标准农田建设，坚决遏制各类违法乱占耕地行为。要深入推进农业供给侧结构性改革，因地制宜培育壮大优势特色产业，推动农村一二三产业融合发展。要落实"四个不摘（摘帽不摘责任、摘帽不摘政策、摘帽不摘帮扶、摘帽不摘监管）"，建立健全防止返贫长效机制，深入研究接续推进全面脱贫与乡村振兴有效衔接。习近平总书记勉励湖南把发展精细农业、因地制宜推进农业现代化一以贯之抓下去。

回应老百姓的关切和需求，把乡村振兴的美好蓝图变为现实。 2024 年 3 月，习近平总书记在湖南考察时强调，推进乡村全面振兴是新时代新征程"三农"工作的总抓手。要采取切实有力的政策举措，扎实推进乡村全面振兴。湖南要扛起维护国家粮食安全的重任，高质量推进粮食生产功能区、重要农产品生产保护区和特色农产品优势区建设，建设好高标准农田，推行适度规模经营，抓住种子和耕地两个要害，加快种业、农机关键核心技术攻关。坚持大农业观、大食物观，促进一二三产业融合发展，提升农业产业化水平。坚持城乡融合发展，科学统筹乡村基础设施和公共服务布局。切实加强乡村精神文明建设，大力推进乡村文化振兴，大力推动移风易俗。加强农村基层治理，坚决整治形式主义、官僚主义问题。落实防止返贫监测帮扶机制，坚决守住不发生规模性返贫的底线，巩固拓展脱贫攻坚成果。

　　湖南深入学习贯彻党的二十大精神以及习近平总书记关于湖南工作的重要讲话和指示批示精神，锚定"三高四新"美好蓝图，全面推进乡村振兴，切实抓好巩固拓展脱贫攻坚成果同乡村振兴有效衔接工作，群众的获得感、幸福感、安全感不断增强。

自觉扛起"精准扶贫"首倡地的政治责任

　　湖南以首倡之地扛起首倡之责，彰显首倡之为，举湖南之力打赢脱贫攻坚战。到 2020 年底，湖南 682 万农村建档立卡贫困人口全部脱贫、6920 个贫困村全部出列、51 个贫困县全部摘帽，绝对贫困和区域性整体贫困问题全面消除，习近平总书记考察过的十八洞村成为精准脱贫的亮丽名片。

　　群众生产生活更加方便。现代水网加快构建，农村群众饮水安全问题得到有效解决。2024 年，提质改造农村公路 4528 公里，建成农村公路安防设施 2.6 万公里。进一步建好农村"幸福路"。加速数字乡村发展，建成 5G 基站 17 万个、基本实现行政村全覆盖。有效满足了农村通信服务需求。贫困群众易地搬迁"搬"出了幸福

温暖幸福的湖南"民生答卷"

生育

全省 **31.68 万**名新生儿接受疾病免费筛查与诊断服务

新增 **4.15 万**个普惠性托位

422 万名家长接受家庭教育指导服务

养老

建设老年助餐服务点 **528** 个

完成特殊困难老年人家庭适老化改造 **3.14 万**户

提质改造"爱晚"老年学校 **114** 所

居住

开工改造城镇老旧小区 **5357** 个

城镇化率提升 **0.9** 个百分点、达 **62.1%**

完成农村公路提质改造 **4528** 公里

建成农村公路安防设施 **2.61 万**公里

教育

全省 **100** 所县域普通高中"徐特立项目"建成投用

新增优质公办学位 **6.6 万**个

新增学生宿舍床位 **1.75 万**个

就业

城镇新增就业 **79.8 万**人

农村劳动力转移就业达 **1695 万**人

零就业家庭持续保持动态清零

新生活——喝上了干净水、用上了安全电、住上了新砖房，最偏远山乡的小超市都用上了移动支付。

群众获得感幸福感安全感更加充实。2024 年，"十大重点民生实事"全面完成，城乡低保、残疾人"两项补贴"标准稳步提升，全体居民人均可支配收入增长 5%，农村居民人均可支配收入增长 6.1%，均跑赢城镇居民收入增速。基本养老、城乡低保、公共卫生补助等稳步提标。100 所县域普通高中"徐特立项目"建成投用。省内优质教育医疗资源对口帮扶大湘西成效明显。基层医疗服务能力不断提升，重点人群家庭医生签约服务覆盖率达 79.8%，村卫生室全部实现医保结算联网。

牢牢守住不发生规模性返贫的底线。支持乡村振兴重点帮扶县

湖南大力实施农村道路通畅工程，四通八达的公路直抵田间地头。图为华容县三封寺镇莲花堰村，一条条农村公路穿插在绿水青山间

跨越发展，累计 8 个县入选国家乡村振兴示范县。2024 年，动态消除返贫风险 10.3 万户、27.2 万人，脱贫人口务工就业达 249.9 万人，脱贫人口收入增速持续高于农村居民收入增速，巩固拓展脱贫攻坚成果，守住了不发生规模性返贫的底线。落实新一轮乡村振兴规划，大力推进乡村振兴示范县建设，脱贫攻坚首倡地十八洞村入选全国乡村振兴"十佳案例"。

坚决扛起耕地保护和粮食安全主体责任

湖南作为全国 13 个粮食主产省份之一，保护耕地、维护国家粮食安全责任重大、义不容辞。近年来，湖南狠抓耕地保护和粮食安全各项工作落实，取得一定的工作成效，2024 年，落实耕地保护和粮食安全责任制考核排到了全国第一，播种面积 7160.1 万亩，粮食总产达 615.6 亿斤、创近 5 年新高。水稻、油茶种植面积和总产均居全国第 1 位。

耕地数量净增。健全完善占补平衡、修复整改等耕地保护长效机制，推动耕地保护"一张图"管理的全面铺开，实现对耕地"保、用、恢、提"全流程的精准管控，全省已有 13 个市州和 96 个县市区的耕地保护专项规划获得批准。强化耕地流出的监测工作，建设两万余个铁塔视频监测站点，实现对全省集中连片耕地的约 90% 覆盖。开发并运行了重大项目智慧选址系统，引导建设项目科学选址，减少对耕地的占用。2024 年，湖南耕地面积预计净增加 1.5 万亩，耕地数量有望实现"四连增"。

统筹好耕地保护与耕地质量。湖南把耕地保护与农业科技创新结合起来，大力实施耕地质量保护与提升行动，推进耕地休耕轮作，每年改良酸性土壤 15 万亩左右。大力推进农田水利建设，全省累计建成高标准农田 4397 万亩，新建集中育秧设施 1273 万平方米，粮食单位面积产量为每亩 429.9 公斤，同比增长 0.1%。

种业科技自立自强。湖南是农业科技强省，对全国农业发展最有可能作出贡献的领域就是在藏粮于技上取得新突破。近年来，湖南强化农业科技支撑，有两项科研成果非常鼓舞人心：一是成功研发出全球第一个通过国家农作物品种审定的低镉水稻品种"西子 3号"，入选中国农业农村重大科技新成果。推广镉低积累水稻近 200 万亩，不仅对湖南解决水稻镉超标问题具有重要意义，也为全国作出了重要贡献。二是耐盐碱水稻品种实现丰收。通过推广适应不同盐碱地类型的高产优质新品种，粮食产量在原有基础上得到提高。

端稳"饭碗"

粮食播种面积
7160.1 万亩
比 2023 年增加
14.9 万亩

夏收油菜
种植面积 **2255 万**亩
居全国**第 1 位**
总产 **266.1 万**吨
居全国**第 3 位**

粮食总产量
615.6 亿斤
比 2023 年
增加 **2 亿**斤

出栏生猪
6016.0 万头
居全国**第 2 位**

粮食单位面积产量
每亩 **429.9 公**斤
比 2023 年
增加 **0.5 公**斤

水稻、油茶
种植面积和总产均
居全国**第 1 位**

扎实做好"土特产"文章

各县市积极发挥资源禀赋优势，坚持宜农则农、宜工则工、宜商则商、宜旅则旅，探索富有地域特色的发展路子，培育发展了一批特色优势产业。

产业集群发展。大力实施"六大强农行动"，培育壮大农业优势特色千亿产业，形成了粮食、畜禽、蔬菜、茶叶等农业优势特色千亿产业发展格局，国家级农业优势特色产业集群达9个，建设国家农业产业强镇80个、居全国前列，"一县一特、一特一片"基本成型，比如，华容县发展芥菜产业，种植面积20万亩，成为全国最大的芥菜生产基地。

品牌持续擦亮。努力擦亮湖南农业品牌，湖南省华容芥菜、樟

耕地累计净增超　　每年改良酸性土壤　　建成高标准农田　　新建集中育秧设施

50万亩　　15万亩左右　　4397万亩　　1273万平方米

守好"粮仓"

9个
国家级
农业优势特色
产业集群

◆
◆
◆
◆
供粤港澳蔬菜
早熟油菜
洞庭香米
「湘九味」中药材
五彩湘茶
早中熟柑橘
优质湘猪
湖南辣椒
洞庭湖小龙虾
◆
◆
◆

树港辣椒、沅江芦笋进入农业品牌精品培育计划名单，"南县稻虾米"获2024（第九届）中国国际食品餐饮博览会金奖。农业品牌已成为湖南品牌一道亮丽风景，有力地推动了农产品"走出去"。

乡村产业全链条升级。湖南发挥"湘材""湘菜""湘味"优势，不断延伸农业产业链条、增加农产品附加值。大力推进农产品加工业高地建设，构建全产业链，改变"谷带壳卖、果带皮卖、猪带毛卖"的状况，规模以上加工企业发展到6468家，国家级、省级龙头企业分别为96家、1110家。湘菜产业产值突破6000亿元，湖南农产品加工业营业收入增长7.1%，涌现出了一批在全球、全国市场占比相当大的产业和"制造业单项冠军"企业，比如，平江县的辣条产值占到全国份额的1/3。同时，探索集种植、科研、观赏于一体的农文旅融合发展之路，比如，桃江县利用115万亩南竹资源，推动竹旅文体康产业融合发展，竹产业综合产值达265亿元。湖南有休闲农业经营主体1.76万个，休闲农业已成为湖南乡村产

自 2006 年着力打造"安化黑茶"产业以来，安化连续多年入选中国茶业百强县前十强。图为中国黑茶博物馆

业振兴的重要支撑和农民增收的重要渠道。

产业发展联农带农。湖南壮大联农带农主体，健全促进增收联农带农机制，千方百计让乡亲们腰包更鼓。培育壮大农业经营主体，不断提升农业经营主体发展水平和带动能力，农民合作社、家庭农场分别突破 12 万家、21 万户。支持涉农产业园区建设，提升县域就业容量，其中，国家级现代农业产业园达 12 个。支持农产品加工企业从原料供应、加工生产、物流配送等多环节带动广大小农户参与，分享产业链增值收益。支持特色产业做好联农带农文章，比如，安化县把黑茶作为富民强县的主导产业来打造，综合产值 238 亿元，10 多万建档立卡贫困人口因茶脱贫；比如，平江县充分利用油茶资源禀赋，做优做强油茶品牌，提高农民收入；又比如，靖州县探索集体林地"三权分置"改革，并在林地地上、地表和地下分别设

立经营权，通过出让交易、转移支付、抵押担保和抵押贷款实现经济价值，发展林下经济。努力提升村集体经济组织发展活力，湖南经营性收入"空壳村"实现清零。

宜居宜业和美乡村建设取得新成效

湖南坚持以加强乡村建设为重点推进农村现代化，科学把握乡村的差异性，因村制宜，精准施策，实施"千万工程""万企兴万村行动"，建设"和美湘村"，努力打造各具特色的现代版"富春山居图"，生态宜居"和美湘村"建设成效显现。

和美乡村扎实推进。科学编制满足"多规合一"要求、体现乡风乡韵乡愁、符合村民意愿的村庄规划，发布长株潭绿心中央公园片区、衡阳市衡山县紫盖峰片区等 13 个村庄规划省级示范性片区名录。加强农村水源保障及农村饮用水源地环境问题整治，加速推进 87 处灌区建设改造，新增恢复改善灌溉面积 400 余万亩；建成农村供水工程 970 处，全省农村自来水普及率达 92.8%、规模化供水工程覆盖农村人口比例达 65.3%，保障了村民"水缸子"安全。

良好生态成为乡村振兴的支撑和看点。湖南以农村人居环境整治提升行动为抓手，着力做好公共空间治理、垃圾治理、污水治理、"厕所革命"等重点工作。2024 年，完成较大面积农村黑臭水体治理 124 个。美丽乡村、秀美屋场、五美庭院遍地开花，点缀在湖湘山水间，成为人们向往的精神家园，比如，益阳高新区清溪村，发挥周立波等作家及其作品的力量，把文化元素融入乡村建设，打造了"山乡巨变"品牌。

"口袋富"与"脑袋富"相协调。湖南既要"塑形",也要"铸魂",既紧盯经济发展和物质改善推进农村现代化建设,又大力弘扬社会主义核心价值观,把"和"的理念贯穿乡村建设始终。鼓励基层首创精神,探索形成了清单制、积分制、屋场会等治理模式,建设了一批全国乡村治理体系建设试点县、示范镇村,塑造人心和善、和睦安宁的乡村精神风貌,农村社会和谐稳定。加强历史街区、古老建筑、古村落和文化遗产保护传承,现有 704 个国家级传统村落,总数居全国第三,湘西州获批为全国 10 个传统村落集中连片保护利用示范市州之一。以家风家训引领乡风文明,持续推进农村移风易俗,县级行政区文明实践中心(所、站)实现全覆盖。

一"麓"同行

小小"屋场会" 撬动基层"大治理"

　　十几条板凳,没有主席台,也没有话筒音响。村民们操着乡音俚语,或聚集在祠堂大屋,或围坐在农家堂屋,甚至直接在晒谷场席地而坐,热烈讨论乡村振兴、村级发展等"高端"议题,面红耳赤而又公平公正评判着家长里短等"鸡毛蒜皮"小事。这就是风靡娄底市乡村的"屋场会"。

　　有事大家议,问题不出村。"屋场会"依托群众自治,干群连线,巧解矛盾纠纷,极大地提高了基层治理水平。群众参与公共事务的主动性高涨,群众基层自治"主人翁"的自觉意识也明显增强,形成了"有事通个气,没事唠家常,遇事出点子"的良好氛围。

　　近年来，湖南在巩固拓展脱贫攻坚成果同乡村振兴有效衔接、推进农业农村现代化上取得了历史性成就，但也存在不少困难和问题，仍需奔着问题去、盯住问题改。2024年12月17日至18日，中央农村工作会议在北京召开，习近平总书记对做好"三农"工作作出重要指示：做好2025年"三农"工作，要以新时代中国特色社会主义思想为指导，全面贯彻落实党的二十大和二十届二中、三中全会精神，坚持城乡融合发展，进一步深化农村改革，完善强农惠农富农支持制度，全面推进乡村振兴。湖南是农业大省，中共湖南省委提出，深化改革攻坚，做好"藏粮于地、藏粮于技""农民持续增收""乡村特色产业""城乡融合发展""乡村治理"等五篇文章，推动农业基础更加稳固、农村地区更加繁荣、农民生活更加红火，不断开创湖南"三农"工作新局面。

坚决扛稳粮食安全责任

　　推动形成"一盘棋"工作合力。湖南肩负保障国家粮食安全和重要农产品供给的重任，把粮食和重要农产品保障放在突出位置，严格落实粮食安全党政同责要求，将粮食安全责任层层压实到各级党委、政府，将面积任务落实到村、到户、到地块，实施千万亩农田产能提升工程，落实国家新一轮千亿斤粮食产能提升行动，巩固提升双季稻产能，因地制宜发展旱杂粮，确保粮食播种面积稳定在7135万亩以上、粮食总产量稳定在615亿斤左右，努力为国家千亿斤粮食产能提升行动作出贡献。健全湖南省、市、县、乡、村五级田长和网格田长"5+1"工作体系，对突破耕地和永久基本农田红线的一票否决。健全粮食主产区利益补偿机制，在主产区利益补偿上迈出实质步伐。探索实施耕地保护奖惩机制，充分调动各级党委、政府抓耕地保护和粮食生产的积极性，落实"米袋子""菜篮子"责任制，确保优质稳定供应。

以"长牙齿"的硬措施保护耕地。坚持最严格的耕地保护制度，藏粮于地，牢牢守住耕地的"量与质"，全方位夯实粮食安全根基。一方面，严守"量"的底线，抓实"两个平衡"，稳步实施千万亩农田产能提升工程，确保粮食生产面积不降、总产不降，坚决守住国家"三区三线"划定的5372.66万亩耕地保有量和4804.12万亩永久基本农田红线。另一方面，促进"质"的提升，大力推动湖南撂荒地复垦耕种，加强酸化等退化耕地治理，扎实推进高标准农田建设，逐步把永久基本农田全部建成现代化良田，加强良田良种良机良法配套，完善高标准农田建设、验收、管护机制。同时，深化耕地"非农化""非粮化"专项整治，加强用途管制，改革完善耕地占补平衡制度，各类耕地占用纳入统一管理，完善补充耕地质量验收机制，确保达到平衡标准，规范占补平衡。构建汛旱并防与耕地置换协同推进机制，建立耕地保护"山上"换"山下"联动协作机制，推动洞庭湖区和平原区耕地扩面提质，有序推进耕地"山上"

换"山下"。健全保障耕地用于种植基本农作物管理体系。有力推动重大项目临时用地及时复垦，坚决防止借农业结构调整之机占用良田，坚决避免在耕地占补平衡中弄虚作假，坚决杜绝以乡村建设为名乱占耕地建房，坚决遏制耕地"非农化"、基本良田"非粮化"。

加快攻关"卡脖子"难题。一方面，深入实施种业振兴行动，打造具有核心竞争力的种业创新高地。完善农业科研院所学科布局，推进"大农科院"管理体制改革，完善省与市州联动协调机制。建设湖南"种业硅谷"，加快推进种业创新平台建设，完善杂交水稻全国重点实验室等10大种业创新平台，建设南繁育种基地等10大良种繁育基地，支持岳麓山实验室在农业生物育种等重大项目上取得突破，扎实推进农业生物育种重大项目，推动优势领域良种创新和产业化，着力突破一批种业"卡脖子"难题和育种前沿技术，加快培育一批粮食优良品种，加大镉低积累水稻品种、耐盐碱水稻、再生稻培育推广，为国家种业振兴贡献湖南力量。另一方面，实施农机研发制造推广应用一体化试点、农机购置与应用补贴试点，健全农机装备重大科研项目制度，强化良机支撑，持续开展农机装备核心技术攻关，推动强链补链，壮大产业集群，建设农业科技装备制造高地，为打造国家重要先进制造业高地作出更大贡献。大力研发推广丘陵地区先进适用农机，大幅提升农业机械化水平，下大力补齐农机装备短板，大力发展智慧农业，加强先进适用农机具研发和推广应用，提高粮食耕种收储机械化率。同时，建设"专群结合"的现代农技推广体系，健全便捷高效的农业社会化服务体系，落实科技特派员制度，发展各类社会化农业科技服务组织，培育支持一批省级示范区域性农业社会化综合服务中心，打通科技进村入户"最后一公里"。

让种粮农民不吃亏、有钱挣、能致富。健全新型农业经营主体

在湖南省南繁科研育种园，每年可创制育种材料 20 多万份、选育新品种 100 多个。图为国家南繁科研育种基地

联农带农机制，培育支持一批农民合作社省级示范社、家庭农场省级示范场。继续实施高素质农民培育计划，加大高素质青年农民培育力度，加强农民职称评定工作。全面落实各项惠农补贴政策，发展多层次农业保险。完善价格、补贴、保险"三位一体"政策体系，完善种粮农民收益保障政策体系，实行与农资价格上涨幅度挂钩的动态补贴办法，强化农资保障供应服务，发展多种形式的农业适度规模经营。

确保储备粮数量和质量安全。健全储备粮管理体制机制，全面落实《湖南省地方储备粮管理办法》，严格落实地方成品粮油储备规模，鼓励建设区域粮食应急综合保障中心。统筹推进粮食购销和储备管理体制机制改革，推动实施粮食绿色仓储提升行动，做好粮食收购工作，强化储备和购销领域监管。健全粮食化肥等重要物资

一"麓"同行

科技特派员为产业赋能

从 2007 年开始，长沙县先后选派 16 批 1123 人次进驻农业、工业一线和基层医疗单位开展科技服务。服务领域从传统农业、工业生产和卫生健康，拓展到生态治理、乡村旅游、知识产权保护等诸多领域，服务方向覆盖从生产到加工、检测、流通、销售等全产业链条，实现科技服务领域覆盖一二三产业。湖南农大、湖南师大、湖南省农科院等省内知名高校和科研院所成为长沙县科技特派员队伍源源不断的"活水池"。

2022 年以来，有 10 名院士专家在长沙县建立了 16 个工作平台或示范基地，他们带来了团队、带来了技术、带来了项目、带来了合作，也带来了长沙县加快发展"院士农业"的机遇。由刘仲华院士领衔的茶叶专家服务团，与金井茶叶共建湖南名优茶技术创新中心，建设新技术集中应用示范基地 1000 亩，打造了"长沙绿茶"特色品牌。

及产能储备体系，加强现代化仓储设施建设，畅通储备物资供应网，加强农资生产、储运、调控，在 14 个市州各建设 1 个农业物资淡储中心，统筹做好粮食和重要农产品调控。

培育农业特色优势产业

探索富有地域特色的发展路子。加快发展精细农业，做好"土特产"文章，实施千亿优势特色产业升级工程，打造一批集生产、加工、流通等于一体的农业产业集群，建设一批现代农业产业园、农业产业强镇、"一村一品"示范村镇。树立大农业观、大食物观，构建多元化食物供给体系，把农业建成现代化大产业，抓细抓实乡村产业各项工作，以实施"湖湘千万工程"为抓手，因地制宜发展特色产业，进一步壮大粮食、畜禽、蔬菜千亿产业，新培育油料、茶叶等 7 个千亿优势特色产业，提升产地精深加工水平。高质量谋划建设特色水果产业带，打造供粤港澳大湾区现代蔬菜产业基地。深化粮食质量安全闭环监管，打造绿色优质农产品核心生产基地。加强农产品存储和运输环节监管，完善全链条、全过程农产品质量安全责任体系。发展壮大乡村特色优势产业，大力发展农村电商、农产品加工、保鲜储藏、冷链物流等，培育更多乡村新产业新业态，促进农村一二三产业融合发展，推动乡村产业全链条升级，不断增强乡村振兴的内生动力。立足县域特色和优势，合理布局一批农业产业强镇、"一村一品"示范村镇，因地制宜打造一批产业特色鲜明、空间集约高效、生产生活生态融合的特色小镇。发展特色小镇一定要注意可持续发展，不能盲目搞一些不可持续的项目。湖南西面的省际边界乡镇大多地处生态保护区、民族地区、革命老区、偏远山区，受自然条件等限制，推动高质量发展的难度很大，需要在政策支持上予以倾斜。省、市有关职能部门要主动作为、靠前服务，针对优势特色主导产业发展存在的困难和问题，研究出台一些务实管用的支持政策，在资金支持上突出重点，不撒"胡椒面"。

发挥园区主阵地作用。 结合县域国土空间主体功能区规划，合理布局、建设一批产加销一体化、基础设施完善、科技含量较高、运行机制灵活、辐射效应明显的现代农业园区，积极争创国家农村产业融合发展示范园、国家现代农业示范区、国家农业高新技术产业示范区。开展各类产业园区用地专项治理，想方设法帮助解决用地、用电、用气、融资、人才引进等问题，推进科技赋能，加强研发创新，不断提高特色产业发展效益。

在强链条、强龙头上下功夫。 实施千亿优势特色产业升级工程，推进产业集群化发展，深入实施农业生产"三品一标"提升行动，发展绿色、有机农产品。要以龙头企业为依托，引进上下游配套产业，培育主导产业集群，推进集群企业在产业链、价值链、供应链上深度融合，创建一批国家优势特色产业集群。已经形成优势产业链的集群应在创新发展、产品研发、市场拓展、降本增效等方面保持并增强竞争优势。

提升现代农机装备水平。 支持先进农机装备产业发展，发挥龙头企业的"领头雁"作用，推动产业强链延链补链，提升产业配套率，形成集群效应，不断提高产业发展质效。在产业智能化、绿色化、融合化和完整性、先进性、安全性上下功夫，推动产业往高端化、智能化、绿色化方向发展，加快推进智慧农机装备发展，推动

2023 年，湖南植保无人机保有量已超万架，推动病虫害防治向绿色转型升级。图为澧县澧南镇上官宫村专业技术人员操作植保无人机对小麦进行飞防作业

湘产农机制造提质升级，比如，现在全国对智慧智能农机产品需求量很大，要抢抓全面推进乡村振兴的机遇，培育更多农机中小企业，努力打造在全国有影响力的智慧智能农机产业链。扩大精准饲喂系统、农业机器人、作物长势监测系统等智能装备应用，积极发展农业工厂、智慧农场。

做活做优"粮头食尾""农头工尾""畜头肉尾"。 积极培育农产品加工产业集群，重点推进年产值过亿元龙头企业倍增式发展。农产品加工转化主导型县市要做大做强农产品加工业，延长产业链条，讲好湖湘品牌故事，提高产品附加值。实施农产品加工企业培育行动，持续培育农产品加工标杆企业和龙头企业，做大做强规模以上农产品加工业，打造一批"湘"字号知名品牌。大力培育小微企业，引导扶持龙头企业提高全产业链组织化水平，培育一批"链主"企业。依托商会组织等引进一批国际国内农产品加工知名企业，横向融合一二三产业，纵向贯通产加销环节。鼓励支持涉农企业开展股份制改造，建立重点企业上市后备资源库。

持续推进乡村建设行动

建设具有湖湘特色、宜居宜业的"和美湘村"。坚定不移走绿色发展之路，以实施"湖湘千万工程"为抓手，深入实施乡村建设行动，实施千村美丽示范建设工程，统筹谋划和推进生态保护修复，创建省级美丽乡村示范村300个、全国美丽宜居村庄20个以上。

科学编制体现乡风乡韵乡愁、符合村民意愿的村庄规划。加强乡村规划建设管理，统筹乡村基础设施和公共服务布局，注重保护

湖南大力推动建设宜居宜业的"和美湘村"，全面推进乡村振兴。图为被评为湖南省"美丽乡村示范村"的邵阳市隆回县岩口镇向家村

传统村落和特色民居。将好用管用、能落地的规划作为"湖湘千万工程"的一项基础性工程来抓，把"实"字贯穿规划编制执行等各项工作的全过程，合理统筹布局农村生产、生活、生态空间，确保"一张蓝图绘到底"，决不能在反复"翻烧饼"、来回"拉抽屉"中浪费人力物力财力。乡村建设不能只是简单地修马路、搞绿化，在硬件建设的同时，也需注重加强软件的提升，要注重挖掘乡愁古韵、传承农耕文化、保留乡村风貌，让人感觉很有文化底蕴，使居住的家园不仅仅是身有所栖之处，还是心有所依、情有所系之处，同时要避免"千村一面"。

既要绿水青山，也要金山银山。深入实施乡村绿化美化行动，大力推进农村人居环境整治、美丽乡村建设扩面提质，加强农村生活污水治理、养殖污染防治等农业农村污染治理，深入推进"厕所革命"。牢固树立"绿水青山就是金山银山"的理念，持续深化中央生态环保督察和长江经济带生态环境警示片反馈、披露问题整改。建立强化农业面源污染治理的长效机制，严防重污染高能耗企业向农村地区转移，下大力整治围湖造田、过度养殖等现象。认真学习"千万工程"经验，科学推进乡村建设，深入实施农村人居环境整治提升行动，打造一批"水美湘村""无废乡村"，持续推行"首厕过关制"，加强厕屋、厕具等方面问题排查整改，坚决整改、及时解决改厕中存在的各种问题。积极探索绿水青山向金山银山转化的实践路径，让良好生态成为乡村振兴的支撑和看点，比如，鼓励有条件的地方大力发展生态旅游、工厂化养殖，推进特色林业产业和林下经济发展，让农民群众吃上"生态饭"、捧上"金饭碗"。

把基层战斗堡垒建得更强。实施千镇万村治理效能提档工程，

浏阳"首厕过关制"入选全国农村厕所革命典型范例

湖南省长沙市浏阳市全面推行"首厕"过关带动"每厕"过关工作机制，高质量推进农村厕所革命，入选全国农村厕所革命典型范例。

近年来，浏阳市认真贯彻落实中央、省市决策部署，把改厕工作作为农村人居环境整治的突破口，创新实施"首厕过关制"，通过坚定一个目标、推行一个模式、建立一个机制，走出一条以"厕所革命"撬动人居环境升级的新路径。坚定一个目标，围绕"基本实现农村无害化厕所全覆盖"，落实"一把手"负责制，专门成立市"两治（治厕、治垃圾）"办，实行群众参与、先建后补、以奖代补的建设方式，对改厕工作一周一调度、一月一排名、一季一点评。推行一个理念，以首厕过关划定标准线，在宣传发动、组织筹划、项目准备、工程实施、项目验收、项目运维等6大阶段制定标准化操作流程，在勘察设计、现场施工、竣工验收、质量保修等16个关键环节建立规范化质量控制体系。建立一个机制，严把施工质量关、工程进度关、厕所验收关，建立专职化改厕监管队伍，选优配强市镇村三级改厕监管人员，开展常态化巡查，建立落实"施工方—村—镇—市"逐级验收制度，确保建一个好一个；建立政府引导、群众参与和市场运作相结合的长效管护机制，依托全市3.2万名党建"微网格长"定期开展入户宣传和回访。

提升乡村治理现代化水平。要厘清"政府管理"和"村民自治"的边界，该政府干的要毫不犹豫干好，该农民干的政府不要越俎代庖。要突出抓基层、强基础、固基本的工作导向，推动资源向基层倾斜、人才向基层"回流"。坚持和发展新时代"枫桥经验""浦江经验"，完善党组织领导的自治、法治、德治相结合的治理体系，推动治理、服务、资源向基层下沉，推动领导干部下沉接访常态化，引导村干部由被动"坐班式"服务变为主动"上门式"服务，切实将矛盾纠纷化解在源头、消除于萌芽，同时，优化网格化管理、精细化服务、湖南加快推进基层治理体系和治理能力现代化，各地积极探索多维度治理"智慧"，赋能乡村振兴。图为怀化市通道侗族自治县双江镇芋头侗寨村干部在召开村民会议

信息化支撑的基层治理平台。

让老百姓一心一意跟着共产党走。加强农村精神文明建设，推动农村移风易俗。坚持"富口袋"与"富脑袋"相统一，大力弘扬社会主义核心价值观，为扎实推进乡村振兴、实现共同富裕注入强大精神动力。拓展新时代文明实践中心建设，推进乡村文化设施建设，赓续革命文化、传承红色基因，推动包括湖湘文化在内的中华优秀传统文化创造性转化、创新性发展，不断满足人民日益增长的精神文化需求。加快培育文明乡风、良好家风、淳朴民风，旗帜鲜明反对天价彩礼、铺张浪费、大操大办、封建迷信、聚众赌博等不良现象，坚决打击非法宗教渗透等违法行为。

持续推动农民增收

促进农民增收和乡村振兴相得益彰。站稳人民立场，完善强农惠农富农支持政策，实施千万农户增收共富工程，用心用情抓好返贫监测、就业帮扶、产业帮扶等重点民生实事，千方百计拓宽群众增收渠道。但要注意，一家好不叫好，大家好才是好。巩固脱贫攻坚、推进乡村振兴不能"造盆景""吃偏饭"，更不能搞过头，把握好"造盆景"和"育森林"的关系，坚持湖南"一盘棋"，用心"育树林"，把"盆景"变"苗圃"、"苗圃"变成"森林"，整体巩固和提升脱贫攻坚成果，不断缩小发展差距。

提升巩固拓展脱贫攻坚成果的质量和成色。完善覆盖农村人口的常态化防止返贫致贫机制，健全防止返贫动态监测预警和帮扶机制，提升财政衔接推进乡村振兴补助资金使用管理效能，切实防止群众因病因灾返贫，持续提高脱贫人口收入水平。保持定向"输血"力度，加强监测分析，加强突发困难、农村低保等重点人群监测和帮扶，及时核查处置各类返贫致贫预警线索，确保应纳尽纳，守住不发生规模性返贫底线，关键是要处理好"稳"与"进"的关系。一方面，严格落实"四个不摘"要求，保持过渡期帮扶政策稳定连续，做到投入不减、力度不减、劲头不松，并瞄准有效衔接考核评估反馈问题，分阶段分步骤有针对性地制定实施方案，让群众不断看到新变化新进展新成效。另一方面，坚持"巩固住再往前走"，顺应"三农"工作形势任务的新变化新要求，积极探索过渡期后的常态化帮扶政策，建立农村低收入人口和欠发达地区分层分类帮扶制度，健全脱贫攻坚投入形成的公共资产长效管理机制，统筹推进巩固拓展脱贫攻坚成果、乡村全面振兴和县域经济高质量发展，促进巩固拓展脱贫攻坚成果同乡村振兴有效衔接，增强脱贫地区和脱贫群众内生发展动力，千方百计增加脱贫人口收入，确保不发生规模性返贫。

把精力更多地放到"造血"上来。深化抓党建促乡村振兴，因地制宜抓好产业帮扶，完善联农带农机制，加强农村集体"三资"管理。深化农村集体产权制度改革，健全农村产权流转交易体制机制。规范农村集体经济组织运行机制，探索新型农村集体经济发展机制，构建产权明晰、分配合理的运行机制，防范化解村级债务风险。把握好"输血"与"造血"的关系，加大对革命老区、欠发达县（市、区）和民族地区扶持力度，支持 15 个乡村振兴重点帮扶县加快发展，以市场化为导向加强产业和就业帮扶，推动易地扶贫搬迁集中安置点可持续发展。健全可持续发展的产业帮扶机制，以产业振兴为重点，大力支持各地利用资源优势因地制宜发展乡村产业，对发

湖南把扶贫车间作为打赢脱贫攻坚战的重要抓手，实现了扶贫由"输血"到"造血"的转变。图为古丈县牛角山茶叶专业合作加工厂扶贫车间兴高采烈的采茶村民

湖南省花垣县十八洞村：精心描绘乡村振兴新图景

精准扶贫首倡地，如何走好乡村振兴新征程？新任驻村第一书记龙科，带着思考走进十八洞村："发现答案还是在总书记的嘱托里，'从实际出发，因地制宜，把种什么、养什么、从哪里增收想明白'。"多年前种下的千亩猕猴桃，2023年销售额超过400万元，成了为村里增收的"金果果"。

如何延长产业链，把更多增值收益留在农村？琢磨好"土特产"文章，思路更开阔。多年前成立的苗绣合作社，让苗家绝活走出大山，但仍需创新，进一步打开销路。2022年，从事苗绣设计制作的陈国桃带着团队和市场资源走进十八洞村，一年多时间里，便推出了50多样新品，让苗绣合作社年销售额增长了10倍。

发展特色产业，最大的优势还是文旅。4个寨子组成的十八洞村，游客一度只往梨子寨跑，顶多留下吃顿农家饭。让寨与寨手牵手、共富裕，就要"一盘棋"谋划，一寨一特色。梨子寨参观，当戎寨培训，竹子寨体验，飞虫寨欢歌。10年间，十八洞村村民人均年收入从2013年的1668元增至2022年的23505元。

跳出十八洞村看均衡，还有更大范围的"一盘棋"。十八洞村连同周边7个村，地相邻，人相亲，资源禀赋相近。十八洞村带头，资源共享、产业共谋、组织联建，一体打造"十八洞片区"。

践行精准扶贫重要思想，跑好乡村振兴接力赛。湖南省着力处理好"稳"和"进"、"输血"和"造血"、重点攻坚和整体推进、政府扶持和群众自主等关系，巩固拓展脱贫攻坚成果同乡村振兴有效衔接。据统计，2022年，湖南省脱贫户人均纯收入达到15499元，增长14.4%；脱贫县农村居民可支配收入达到14714元，增长8.7%。

展势头好的扶贫产业进一步推动提质增效，对发展出现困难的想办法加以盘活，对"水土不服"或难以为继的要及时止损挽损。积极推动扶贫产业与脱贫群众建立稳固的利益联结机制，真正起到"造血""活血"的作用，防止简单以分红发钱了事。通过提升脱贫群众技能素质、支持就业扶贫车间发展、用好以工代赈政策、发挥东西部劳务协作机制作用等方式，强化脱贫人口就业帮扶。健全帮扶项目联农带农机制，持续推进农村集体资源变资产、资产变资金、资金变资本，让群众更多分享产业增值收益。

让群众实实在在地受益。深入开展"三湘护农"专项行动，确保各项惠民惠农政策落实。坚持问题导向和目标导向相统一，聚焦各项惠农补贴政策落实。农村集体"三资"管理、耕地"非农化""非粮化"等方面，深入开展乡村振兴领域腐败和作风问题整治，以"三湘护农"等专项监督为抓手，推进政治监督具体化精准化常态化，大力纠治形式主义、官僚主义。

赋予农民更加充分的财产权益。用好改革开放这把"万能钥匙"，坚持守正创新、解放思想、大胆探索，围绕痛点难点问题扎实推进重点领域改革。推进第二轮土地承包到期后再延长三十年整省试点，建立土地承包经营权、土地经营权合同管理与不动产登记衔接制度。深化承包地所有权、承包权、经营权分置改革，探索农业标准地改革，发展农业适度规模经营。抓好农村宅基地制度改革试点，积极探索农村集体经营性建设用地同等入市、同权同价以及集体林地三权分置改革，健全土地增值收益分配机制，推动新型农业经营主体扶持政策同带动农户增收挂钩。完善承包地经营权流转价格形成机制，活跃农村土地要素，增加农民财产性收入。当下还要做好"人口交换"的文章，一方面，要推行由常住地登记户口提供基本公共服务制度，推动符合条件的农业转移人口社会保险、住房保障、随迁子女义务教育等享有同迁入地户籍人口同等权利，鼓励农村人口变成城市人口，引导农村人口就地就近市民化，建立实有人口动态感知新模式，同时，保障进城落户农民合法土地权益；另一方面，要鼓励一部分城市人口下乡，盘活利用闲置宅基地和闲置住宅，吸引一批从城市退休的乡贤能人回到农村原籍地去居住、参与乡村建设。完善乡村振兴投入机制，推进财政涉农资金"拨改投"改革，深化投融资体制改革，通过向上争资、招商引资、银行融资、激活民资、盘活存资等多种方式拓宽资金来源渠道，分类解决好帮扶产业发展后劲不足的问题，让全体村民都过上幸福美好的日子。

深度阅读 📖

1.《抓好巩固拓展脱贫攻坚成果同乡村振兴有效衔接 推动宜居宜业和美乡村建设取得新成效》，《湖南日报》2023 年 6 月 15 日。

2.《奋力谱写农业农村现代化湖南篇章》，《湖南日报》2024 年 5 月 15 日。

3.《湖南省"十四五"巩固拓展脱贫攻坚成果同乡村振兴有效衔接规划》，2021 年 9 月。

4.《湖南省耕地保护国土空间专项规划（2021—2035 年）》，2023 年 9 月。

5.《2024 年湖南省政府工作报告》，2024 年 1 月。

6.《湖南省"十四五"农业农村现代化规划》，2021 年 10 月。

7.《"十四五"湖南省种植业发展规划》，2022 年 6 月。

第六章

夯实经济发展的内需支撑

——如何大力推进扩大内需战略，增强高质量发展的内生动力

❶ 坚定实施扩大内需战略、培育完整内需体系，是加快构建以国内大循环为主体、国内国际双循环相互促进的新发展格局的必然选择，是促进我国长远发展和长治久安的战略决策。

❷ 湖南要把握好稳增长和调结构、增长速度和发展质量、供给和需求的平衡点，推动经济持续健康发展。注重扩大有效投资，繁荣居民消费。

❸ 湖南坚持从供需两端协同发力，狠抓消费复苏升级，着力扩大有效投资，内需持续向好，逐步呈现出投资消费良性循环、相互促进、双提升的特征，内需对湖南经济发展的支撑作用明显增强。

❹ 中共湖南省委提出，坚持供需两端发力，统筹扩大内需和深化供给侧结构性改革。发挥消费的基础性作用和投资的关键性作用，持续推动消费提质、投资增效，形成高质量发展的坚实支撑。

　　坚定实施扩大内需战略、培育完整内需体系，是加快构建以国内大循环为主体、国内国际双循环相互促进的新发展格局的必然选择，是促进我国长远发展和长治久安的战略决策。党的二十大报告提出着力扩大内需。在 2023 年中央经济工作会议上，习近平总书记强调，必须坚持深化供给侧结构性改革和着力扩大有效需求协同发力，发挥超大规模市场和强大生产能力的优势，使国内大循环建立在内需主动力的基础上，提升国际循环质量和水平。湖南要把握好稳增长和调结构、增长速度和发展质量、供给和需求的平衡点，推动经济持续健康发展。注重扩大有效投资，繁荣居民消费。

扩大内需战略是构建新发展格局的战略基点

　　扩大内需是构建新发展格局的战略基点。习近平总书记指出："构建新发展格局，要坚持扩大内需这个战略基点，使生产、分配、流通、消费更多依托国内市场，形成国民经济良性循环。"以国内大循环为主体、国内国际双循环相互促进，必须立足国内大循环，坚持扩大内需这个战略基点，以国内大循环吸引全球资源要素。近年来，随着外部环境和我国发展所具有的要素禀赋的变化，市场和资源两头在外的国际大循环动能明显减弱，而我国内需潜力不断释放，国内大循环活力日益强劲。未来一个时期，国内市场主导国民经济循环特征会更加明显，经济增长的内需潜力会不断释放。要加快培育完整内需体系，增强国内大循环内生动力和可靠性，形成对全球资源要素的强大吸引力、在激烈国际竞争中的强大竞争力、在全球资源配置中的强大推动力。

实施扩大内需战略是解决总需求不足的有效途径。习近平总书记强调："尽快形成完整内需体系，着力扩大有收入支撑的消费需求、有合理回报的投资需求、有本金和债务约束的金融需求。"从消费需求看，随着我国收入水平提高和消费结构变化，保证产品质量安全、通过创新供给激活需求的重要性显著上升，供给体系进行一些调整是必然的。从投资需求看，过去，投资需求空间巨大，只要有钱敢干，投资都有回报。现在，经历了三十多年高强度大规模开发建设后，传统产业、房地产投资相对饱和，但基础设施互联互通和一些新技术、新产品、新业态、新商业模式的投资机会大量涌现，对创新投融资方式提出了新要求。

把握好供给和需求的平衡点

实施扩大内需战略要同深化供给侧结构性改革有机结合起来。2016 年 3 月，习近平总书记在全国两会期间参加湖南代表团审议时指出，推进供给侧结构性改革，是一场硬仗。要把握好"加法"和"减法"、当前和长远、力度和节奏、主要矛盾和次要矛盾、政府和市场的关系，以锐意进取、敢于担当的精神状态，脚踏实地、真抓实干的工作作风，打赢这场硬仗。把握好稳增长和调结构、增长速度和发展质量、供给和需求的平衡点，推动经济持续健康发展，是湖南供给侧的"加减法"科学路径。供给和需求是市场经济内在关系的两个基本方面，是既对立又统一的辩证关系。没有需求，供给就无从实现，新的需求可以催生新的供给；没有供给，需求就无法满足，新的供给可以创造新的需求。供给侧管理和需求侧管理是调控宏观经济的两个基本手段。需求侧管理，重在解决总量性问题，注重短期调控，主要通过调节税收、财政支出、货币信贷等来刺激

长沙注重从供给侧发力，形成了"供给引导消费，创新驱动发展"的长沙模式，长沙成为最受欢迎的游客旅游目的地之一。图为吸引了众多游客前来"打卡"的天心区太平街

或抑制需求。放弃需求侧谈供给侧，或放弃供给侧谈需求侧都是片面的，二者不是非此即彼、一去一存的替代关系，而是要相互配合、协调推进。因此，推进供给侧结构性改革同实施扩大内需战略是一致的。要以满足国内需求为基本立足点，把实施扩大内需战略同深化供给侧结构性改革有机结合起来，着力提升供给体系对国内需求的适配性，形成需求牵引供给、供给创造需求的更高水平动态平衡。

注重扩大有效需求，繁荣居民消费。2020 年 9 月，习近平总书记在湖南考察时强调，我国具有全球最完整、规模最大的工业体系，有强大的生产能力、完善的配套能力，有超大规模内需市场，投资需求潜力巨大。湖南要注重扩大有效投资，繁荣居民消费。在扩大有效投资方面，把握投资方向，消除投资障碍，使投资继续对经济发展发挥关键作用。着力完善促进投资体制机制，建立政府投资支持基础性、公益性、长远性重大项目建设长效机制，健全政府投资有效带动社会投资体制机制，深化投资审批制度改革，健全投资项目融资机制，规范实施政府和社会资本合作新机制，形成市场主导的有效投资内生增长机制。在繁荣居民消费方面，采取正确的消费政策，释放消费潜力。着力完善扩大消费长效机制，减少限制性措施，合理增加消费信贷，支持住房改善、新能源汽车、养老服务、教育医疗文化体育服务等消费。积极推进首发经济，激活消费新动能。在高质量发展中推动共同富裕，扩大中等收入群体，提升市场自主支出意愿和能力，让居民"有稳定收入能消费、没有后顾之忧敢消费、消费环境优获得感强愿消费"，使消费继续在推动经济发展中发挥基础作用。

风劲
好
扬
帆

近年来，湖南坚持从供需两端协同发力，狠抓消费复苏升级，着力扩大有效投资，内需持续向好，逐步呈现出投资消费良性循环、相互促进、双提升的特征，内需对湖南经济发展的支撑作用明显增强。

消费恢复态势明显

消费潜力持续释放。湖南密集出台系列恢复和扩大消费政策措施，落实落细消费品以旧换新政策，开展各类提振消费活动，促进消费市场平稳发展。2024 年，全省社会消费品零售总额同比增长 5.4%，高于全国平均 1.9 个百分点。在消费品以旧换新政策发力显效等因素带动下，限额以上法人单位中，新能源汽车类、家具类、家用电器和音像器材类、建筑及装潢材料类零售额分别增长 58.0%、14.8%、11.5% 和 7.1%，增速分别比上年加快 17.2 个、22.6 个、4.7 个和 6.3 个百分点。

新型消费业态蓬勃发展。加快推动文化、旅游、商业、体育、健康、展会等多业态融合发展，更好满足人民群众多样化、高品质消费需要。2024 年，全省限额以上法人单位中，体育娱乐用品类、可穿戴智能设备类和通讯器材类零售额分别增长 23.7%、20.9% 和 16.8%；住宿餐饮业法人单位客房收入增长 6.7%；餐费收入增长 14.2%。高质量举办全省旅游发展大会，假日旅游、文旅消费持续引爆。2024 年，全省接待游客超 7 亿人次，旅游收入突破 1 万亿元，文旅业正式成为全省第 4 个万亿产业。

投资质效不断提升

湖南全力扩大有效投资，扎实推进重大项目建设，为经济运行

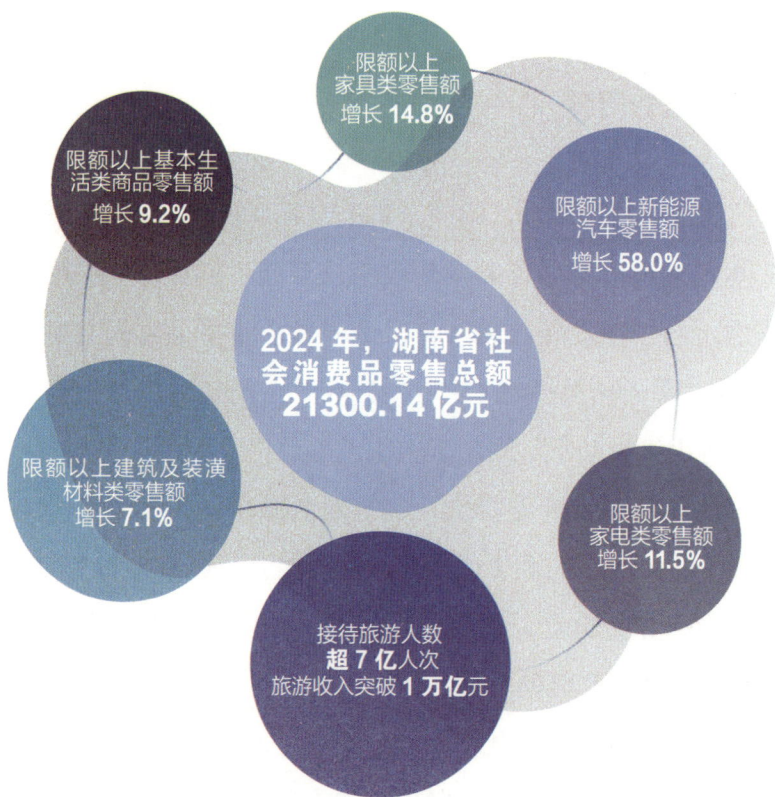

限额以上家具类零售额增长 14.8%

限额以上基本生活类商品零售额增长 9.2%

限额以上新能源汽车零售额增长 58.0%

2024 年，湖南省社会消费品零售总额 21300.14 亿元

限额以上建筑及装潢材料类零售额增长 7.1%

限额以上家电类零售额增长 11.5%

接待旅游人数超 7 亿人次旅游收入突破 1 万亿元

企稳向好提供了坚强支撑。2024 年，湖南 13 条重点产业链全面起势，新能源汽车产量近 100 万辆，电子信息产业增速超 20%，北斗规模应用产值增长 35.6%。工业投资增长 9.5%，"十大产业项目"完成投资 363.9 亿元，长沙广汽埃安、湘潭吉利新能源汽车项目建成投产，邵阳邵虹基板玻璃新产线"满产满销"，益阳信维多层陶瓷电容器量产，娄底硅钢、郴州锂电新能源、常德轻工纺织加快迈向千亿产业。

民间投资占比增大。 2023 年，湖南省向民间资本推介补短板项目、产业链供应链项目和特许经营项目 3 张项目清单，吸引民间资本参与项目 387 个、总投资 1691 亿元，民间投资占全部投资比重达 64.0%，比上年提高 2.5 个百分点，计划总投资 5000 万元及以上重大建设项目投资增长 4.2%。

基础设施投资明显提速。 2024 年，湖南"四个十大"项目完成投资 1515.8 亿元。长沙机场改扩建工程、邵永高铁等加快建设，岳阳虞公港一期建成运行。8 条高速公路建成通车，全省高速公路总里程突破 8000 公里、达 8184 公里。洞庭湖区重点垸一期、金塘冲水库、梅山灌区等重大水利工程稳步推进，全年完成水利建设投资 654.7 亿元。新型电力系统加快构建，发电总装机达 7582 万千瓦，新能源超过火电成为第一大电源，电力供应实现全天候保障。数字基础设施"四算一体"稳步推进，总算力突破 7000PF、增长 34.6%，智能算力达 2000PF，超算算力达 223PF、居全国第 3 位，建成 5G 基站 17 万个、基本实现行政村全覆盖。

投资项目高效率推进。 2024 年，湖南开展"项目大谋划、谋划大项目"行动，50 个重大请求事项获国家支持，19 个重大事项

①中伟先进功能型粉体材料产业园
②广汽埃安长沙工厂 ACS 项目改造工程（一期）
③中通货运航司现代物流项目
④吉利新能源乘用车项目
⑤衡阳绿色盐碱产业基地项目
⑥湖南邵虹特种玻璃生产线建设项目
⑦岳阳乙烯炼化一体化项目
⑧益阳信维多层陶瓷电容器项目
⑨涟钢冷轧硅钢项目
⑩湖南安能赣锋新材料锂电新能源项目（一期）
湖南旗胜新能源科技有限公司 3000 万吨 / 年原矿处理生产
线和建设可选出超过 300 万吨 / 年锂精矿的选矿厂项目
湖南大中赫锂矿有限责任公司年产 20GWh 储能电池及配
套电池新材料建设项目
年产 10GWh 锂电池生产研发项目
湖南紫金锂矿采选和精深加工项目

①推进教育高质量发展
②提高优生优育水平
③提高困难群体救助标准
④关爱特殊群体
⑤促进高质量充分就业
⑥提高养老服务水平
⑦提高社会治理水平
⑧提升数字服务能力
⑨改善人居环境
⑩提升农业农村基础设施水平

十大重点民生实事

十大产业项目

"四个十大" 项目
（2024 年）

十大技术攻关项目

十大基础设施项目

①楚天科技医用高端机器人
②中车株机混合动力机车
③湖南石化特种环氧树脂
④湖南农科院耐盐碱水稻
⑤湖南高创翔宇新型飞行器核心部件
⑥株洲太空星际北斗多源融合时空增强
⑦株洲中车时代半导体 IGCT 功率器件
⑧宇环数控高精度平面磨床
⑨湖南林科院高品质油茶新品种
⑩航空航天 3D 打印装备

①渝长厦和呼南高铁湖南段工程
② G4 京港澳高速公路扩容项目
③长沙机场改扩建工程
④宁夏至湖南特高压直流输电工程（湖南段）
⑤新型电力系统工程
⑥全省多式联运系统能力提升工程
⑦高标准农田
⑧水利枢纽工程
⑨长株潭物流枢纽
⑩ "四算" 新型基础设施

纳入新时代中部地区崛起文件，三批集中开工 957 个重大项目，争取中央投资超 2000 亿元，大力实施投资和重大项目建设"四比四提高"，395 个省重点项目完成投资 5367.1 亿元、超额完成年度计划。

资金渠道不断拓宽。设立 3000 亿元年度融资专项，制造业中长期贷款和科技型企业融资签约 252 亿元；举办全省投融资大会，建立投贷联动平台，开展创业投资进园区活动，推动益阳至常德高速 REITs 项目取得突破。

流通体系建设取得明显进展

物流网络体系不断完善。湖南重点织好物流枢纽网、冷链物流网、国际物流网，初步形成了以国家物流枢纽和国家骨干冷链物流基地等为依托，重大交通物流基础设施、国家级省级示范物流园及多式联运示范工程等为支撑，水陆空铁一体、江海联运综合立体物流网络体系。长沙陆港型、衡阳陆港型、岳阳港口型、怀化商贸服务型物流枢纽被纳入国家建设名单，数量居全国前列。怀化、长沙、衡阳、永州被纳入国家骨干冷链物流基地。

五大国际贸易通道"握指成拳"。长沙国际航空货运、中欧班列（长沙）、岳阳城陵矶江海联运、湘粤非铁海联运、怀化东盟班列五大国际贸易通道和货运集结中心建设成效初显。截至 2024 年 12 月 28 日，中欧班列（长沙）、湘粤非铁海联运班列、怀化东盟班列等湖南三条铁路国际贸易通道迎来新突破，三条通道年发运量齐上千列。其中，中欧班列（长沙）连续第 4 年保持千列规模，湘粤非铁海联运班列、怀化东盟班列分别首次突破千列；岳阳城陵矾港至南京、太仓、上海始发直达航线实现东向出海，再添岳阳至符拉迪沃斯托克（海参崴）国际直达航线通航，拥有了第一条真正意义上的国际航线。

物流需求规模稳定恢复，运行效率持续提升。 2023 年，湖南社会物流总额 146770.7 亿元，同比增长 4.7%；社会物流总费用 7121.8 亿元，增长 1.3%，社会物流总费用与 GDP 的比率为 14.2%，同比下降 0.2 个百分点。物流业总收入增长趋缓，2023 年，湖南物流业总收入为 4648.2 亿元，同比增长 2.4%。

向上

2024 年，长沙黄花国际机场年旅客吞吐量突破 **3000 万**人次大关，已运输起降航班 **20.8 万**架次，货邮吞吐量 **18.9 万**吨，通达 **130** 个海内外城市。

向北

截至 2024 年 12 月 28 日，中欧班列（长沙）已发运 **1000** 列，**8.4 万**标箱，运输货值 **193 亿**元。

五大
国际贸易通道
"成绩单"
（2024 年）

向东

岳阳城陵矾港目前已开通俄罗斯符拉迪沃斯托克（海参崴）、香港直航和澳大利亚、东盟、日本等接力航线。

向南

截至 2024 年 12 月 28 日，湘粤非铁海联运株洲、衡阳、郴州三市联动发运 **1076** 列，**8.82 万**标箱，货值 **147 亿**元。

向西

截至 2024 年 12 月 28 日，怀化东盟班列发运 **1006** 列，**5.03 万**标箱，货值 **58 亿**元。

恢复和扩大需求是当前经济持续回升向好的关键所在。中共湖南省委提出，坚持供需两端发力，统筹扩大内需和深化供给侧结构性改革，既要注重通过激发有潜能的消费、扩大有效益的投资解决需求不足的问题，又要注重把着力点放到优供给上来，在有需求但未得到有效满足的领域优化供给结构，加强对投资过热、产能过剩领域的规范引导和有序出清，并推动新产业、新技术、新产品、新业态发展，以新供给创造新需求，形成需求牵引供给、供给创造需求的良性互动。要发挥消费的基础性作用和投资的关键性作用，持续推动消费提质、投资增效，形成高质量发展的坚实支撑。

为提振消费，推动经济增长，激发城市活力，中共湖南省委、省政府明确提出支持长沙建设国际消费中心城市。图为越来越有"国际范"的长沙璀璨夜景

持续激发有潜能的消费

积极搭建消费平台。支持长沙建设国际消费中心城市，培育发展一批区域消费中心和地方特色消费中心。实施"国际消费资源荟聚""消费地标提质""服务消费提升""消费业态培育""区域协同提速""消费环境创优"六大工程，将长沙打造成为具有"时尚之都""快乐之都""活力之都""休闲之都"美誉的国际消费中心城市。鼓励其他市州建设富有地方特色的区域性消费中心。支持步行街改造提升，发展智慧商圈，打造"一刻钟"便民生活圈。支持设立市内免税店。

稳定和扩大传统消费，推动服务消费提质扩容，扩大实物商品

湖南发布恢复和扩大消费 20 条举措

2023 年 8 月 31 日，湖南省人民政府办公厅印发《湖南省恢复和扩大消费的若干政策措施》，发布了稳定大宗消费、扩大消费服务等 6 个方面的 20 条举措：稳定大宗消费，包括优化汽车购买使用管理、扩大新能源汽车消费、支持刚性和改善性住房需求、提升智能家居和电子产品消费等；扩大服务消费，包括扩大餐饮服务消费、丰富文旅消费、促进文娱体育会展消费、提升民生领域消费等；促进农村消费，包括开展绿色产品下乡、完善农村电子商务和快递物流配送体系、推动特色产品进城、大力发展乡村旅游等；拓展新型消费，包括壮大数字消费、推广绿色消费等；完善消费设施，包括加快培育多层级消费中心、着力补齐消费基础设施短板、完善消费基础设施建设支持政策等；优化消费环境，包括加强金融对消费领域的支持、持续提升消费服务质量水平、完善促进消费长效机制等。其中，支持刚性和改善性住房需求、开展"惠购湘车"活动等举措"含金量"高，吸引了社会各界的关注。

消费。调整优化房地产政策，更好满足居民刚性和改善性住房需求。提振汽车、家居、电子产品等大宗消费。持续开展"惠购湘车"活动，支持新能源汽车消费，加大停车场、充电桩、换电站等消费设施的投入。实施家居产品推广行动，促进家装家居消费。支持电子产品消费，推动增加电子商务、电子政务、网络教育、网络娱乐等方面消费。丰富养老、育幼、家政、教育服务供给，以高质量供给引领和创造新需求。积极发展康养服务消费，打造一批国内知名康养目的地。促进文娱体育会展消费。壮大数字消费、绿色消费、健康消费等新型消费，积极培育智能家居、文娱旅游、体育赛事、国货"潮品"、"湘品湘用"等新的消费增长点。准确把握未来消费升级趋势，增加高品质产品和服务供给，大力发展消费新业态新模

直播带货，让山货出山。图为湖南省永州市道县东门街道新立村脐橙基地的网络主播在直播带货

式新场景。合理增加公共消费。

优化消费环境，增强居民消费能力。实施居民收入十年倍增计划和扩大中等收入群体行动计划，千方百计增加城乡居民收入。把扩大消费同改善人民生活品质结合起来，有序取消一些行政性限制消费购买的规定。充分挖掘县乡消费潜力，推动农村消费扩容升级。加强消费品质量安全监管，强化消费者权益保护，创造良好消费环境。

推动投资增效

树立重质量、重效益的导向。防止"捡到篮子里都是菜"，甚至让高耗能、高污染、低水平项目卷土重来的项目冲动。发挥好投资对经济增长的关键作用，引导资金投向供需共同受益、具有乘数

效应的先进制造、民生建设、基础设施短板等领域，促进产业和消费"双升级"。组建湖南省金芙蓉投资基金，落实好投资鼓励引导政策，让企业"敢投资""愿投资"。

突出谋划好产业项目建设。把抓产业大项目摆在重中之重的位置。聚焦"4×4"现代化产业体系的图谱，加快引进和布局实施一批投资超百亿的重大项目，强化项目建设要素保障，全力推动投产、量产、达产。强化产业链思维，引导产业链企业向园区集中，推动链主企业、配套企业协同发展，提高高附加值环节的本地配套率。紧扣自身资源禀赋，找准各地产业定位和分工，集中资源要素精耕细作，推动产生更多细分领域的"单打冠军"。加大对创新型企业的前期投入，跟着企业的规划和需求一起投，孵化一批能扎根的湖南本土企业。

精准有效扩大内需。着力扩大有效益的投资。积极抢抓中央扩大专项债券规模并合理扩大用作资本金政策范围等机遇，做好项目策划、包装和前期准备工作，避免"资金等项目"的现象发生。大力优化投资结构，强化重大产业建设、新型基础设施、核心技术攻关、重大水利工程、节能减排降碳等领域投资，大力推进城中村改造、"平急两用"公共基础设施建设。发挥好政府投资的带动放大效应，通过产业投资基金等方式引导社会资本投向，打破各类投资壁垒，让民间资本敢投、会投、能投。支持民间投资项目发行基础设施领域不动产投资信托基金。

以上率下全力抓好招商引资。建立健全领导干部"一对一"抓重点项目、抓产业链等工作机制，规范实施政府和社会资本合作新机制，在湖南尽快形成新的招商引资热潮。大力推动湘商回归、校友回湘、湘智兴湘。紧盯头部企业招大引强。充分发挥省政府驻外机构及有关专班的职能作用，灵活运用委托招商、代理相商、"小分队"招商、敲门式招商等市场化方式，加大对"三类500强"、行业领军企业、重点外资项目的招引力度，大力引进国内外研发机构和知名企业全国总部、区域总部、功能性总部，积极引进社会资本和战略投资者。抓好以商招商、产业链招商。树立"全产业链"思维，发挥"链主"企业带动作用，着眼延链补链强链升链，吸引产业链上下游、供应链各环节、创新链相关方入驻集聚。

推进流通体系升级

加快建设现代综合运输体系。优化完善综合运输通道布局，加强高铁货运和国际航空货运能力建设，加快形成内外联通、安全高效的物流网络。加快国家物流枢纽、国家骨干冷链物流基地、国家现代流通战略支点城市建设。继续推进长沙陆港型、岳阳港口型、衡阳陆港型、怀化商贸服务型国家物流枢纽建设，怀化、长沙、衡阳、永州等地国家骨干冷链物流基地建设，长沙—株洲—湘潭（综合型流通支点城市），怀化、岳阳（复合型流通支点城市），郴州（功能型流通支点城市）等国家现代流通战略支点城市建设。

　　打造五大国际贸易通道。着力打造中欧班列（长沙）、岳阳城陵矶江海联运、湘粤非铁海联运、怀化东盟班列、长沙国际航空货运五大国际贸易通道和货运集结中心。支持长沙建设中欧班列集结中心、区域特色国际航空枢纽。更好发挥岳阳城陵矶作为湖南唯一国家一类水运口岸的作用，构建以城陵矶港为龙头的"一江一湖四水"集疏运港口网络体系。推动永州经清远至广州高速铁路等通道

依托长江"黄金水道"，湖南以城陵矶港"黄金口岸"为龙头，引领全省港口一体化发展，打造长江中游物流枢纽。图为岳阳城陵矶港巨型"胶囊"形散货仓库

建设，提升湘粤非铁海联运通道能级。加快推进怀化国际陆港建设，大力发展临港产业园，对接融入西部陆海新通道。

持续推进物流降本增效。优化运输结构，持续推进"公转铁""公转水"。发挥城陵矶港铁水联运优势，提高铁路、水路货运占比。建立与"4×4"现代化产业体系相适应的综合交通物流网络信息共享机制，健全一体衔接的流通规则和标准，加快推进多式联运"一单制"发展。加快发展物联网，建设高效顺畅的流通体系，降低物流成本。完善现代商贸流通体系，支持商贸流通企业发展，培育或者引进一批具有全球资源配置能力的一流平台和物流供应链企业。推进数字化、智能化改造和跨界融合，加强标准化建设和绿色发展。加快运输、仓储、配送、包装、装卸等领域数字化改造和智慧化升级，支持关系居民日常生活的商贸流通设施改造升级、健康发展。完善县乡村三级物流配送体系，加快补齐农村物流设施短板。

深度阅读

1.《努力为广大湘商创新创业营造最优环境 更好推动湖南发展和湘商兴业同频共振》，《湖南日报》2023年9月24日。
2.《湖南省恢复和扩大消费的若干政策措施》，2023年8月。
3.《湖南省"十四五"现代物流发展规划》，2021年8月。
4.《长沙创建国际消费中心城市行动方案（2023—2026年）》，2023年4月。
5.《湖南省推动大规模设备更新和消费品以旧换新实施方案》，2024年4月。

第七章

让一流营商环境成为造福子孙后代的『金饭碗』

如何建设市场化、法治化、国际化一流营商环境，为高质量发展提供坚实支撑

❶ 优化营商环境是中国式现代化建设在经济领域的突出体现，是推动实现高质量发展的重大举措。

❷ 湖南要坚持"两个毫不动摇""三个没有变""两个健康"的方针政策，优化营商环境，鼓励和支持包括民营经济在内的各种所有制经济优势互补、共同发展。

❸ 湖南营商环境变化很大，取得了积极成效，特别是优良的环境推动民营经济成为高质量发展的生力军：在产业发展中"挑大梁"，在科技创新中"挑大任"，在对外开放中"扛大旗"，在民生事业中"出大力"。

❹ 中共湖南省委提出，持续优化稳定公平可预期的发展环境，加大对企业的支持力度，全力营造重商、亲商、安商的浓厚氛围，推动营商环境稳居全国第一方阵，努力把营商环境打造成全省高质量发展的亮丽名片。

党的二十大报告指出，坚持和完善社会主义基本经济制度，毫不动摇巩固和发展公有制经济，毫不动摇鼓励、支持、引导非公有制经济发展；强调营造市场化、法治化、国际化一流营商环境。优化营商环境是中国式现代化建设在经济领域的突出体现，是推动实现高质量发展的重大举措。湖南要坚持"两个毫不动摇""三个没有变""两个健康"的方针政策，优化营商环境，鼓励和支持包括民营经济在内的各种所有制经济优势互补、共同发展。

坚持和完善社会主义基本经济制度

我国基本经济制度是中国特色

在线
问答？

什么是"三个没有变""两个健康"？

答："三个没有变"是指非公有制经济在我国经济社会发展中的地位和作用没有变，我们毫不动摇鼓励、支持、引导非公有制经济发展的方针政策没有变，我们致力于为非公有制经济发展营造良好环境和提供更多机会的方针政策没有变。"两个健康"是指非公有制经济健康发展和非公有制经济人士健康成长。

社会主义制度的重要支柱。 公有制为主体、多种所有制经济共同发展，按劳分配为主体、多种分配方式并存，社会主义市场经济体制等社会主义基本经济制度，既体现了社会主义制度优越性，又同我国社会主义初级阶段社会生产力发展水平相适应，是党和人民的伟大创造。公有制经济和非公有制经济都是社会主义市场经济的重要组成部分，都是我国经济社会发展的重要基础。公有制经济、非公有制经济应该相辅相成、相得益彰，把公有制经济巩固好、发展好，同鼓励、支持、引导非公有制经济发展不是对立的，而是有机统一的。"任何想把公有制经济否定掉或者想把非公有制经济否定掉的观点，都是不符合最广大人民根本利益的，都是不符合我国改革发展要求的，因此也都是错误的。"我们必须深入学习贯彻党的二十届三中全会精神，毫不动摇巩固和发展公有制经济，毫不动摇鼓励、支持、引导非公有制经济发展。要不断完善落实"两个毫不动摇"的体制机制，充分激发各类经营主体的内生动力和创新活力。

毫不动摇巩固和发展公有制经济。公有制经济是全体人民的宝贵财富，公有制主体地位不能动摇，国有经济主导作用不能动摇，这是保证我国各族人民共享发展成果的制度性保证，也是巩固党的执政地位、坚持我国社会主义制度的重要保证。必须毫不动摇巩固和发展公有制经济，坚持公有制主体地位，探索公有制多种实现形式，发挥国有经济战略支撑作用，推进国有经济布局优化和结构调整，增强国有经济竞争力、创新力、控制力、影响力、抗风险能力。国有企业是中国特色社会主义的重要物质和政治基础，是我们党执政兴国的重要支柱和依靠力量。要坚持有利于国有资产保值增值、有利于提高国有经济竞争力、有利于放大国有资本功能的方针，推动国有企业深化改革、提高经营管理水平，加强国有资产监管，坚定不移把国有资本和国有企业做强做优做大。要深入实施国有企业改革深化提升行动，增强核心功能、提高核心竞争力。

毫不动摇鼓励、支持、引导非公有制经济发展。我国非公有制

湖南坚持"两个毫不动摇""三个没有变""两个健康"的方针政策，为公有制经济和非公有制经济发展营造一流营商环境，打造了中部地区首个国家级新区——湘江新区。图为湘江新区城市风光

民营经济是推进中国式现代化的生力军，湖南坚定不移壮大民营经济，不断优化民营经济发展环境。图为三一重工 18 号工厂的自动阀块加工中心

经济是改革开放以来在中国共产党的方针政策指引下发展起来的，是稳定经济发展的重要基础，是国家税收的重要来源，是技术创新的重要主体，是金融发展的重要依托，是经济持续健康发展的重要力量。"非公有制经济在我国经济社会发展中的地位和作用没有变，我们毫不动摇鼓励、支持、引导非公有制经济发展的方针政策没有变，我们致力于为非公有制经济发展营造良好环境和提供更多机会的方针政策没有变。"民营经济是非公有制经济的主要经济组织形式，是我国经济制度的内在要素。为优化民营经济发展环境，党的二十届三中全会明确提出制定民营经济促进法。依法平等保护民营企业产权和企业家权益，破除制约民营企业公平公正参与市场竞争的制度障碍，完善促进中小微企业和个体工商户发展的法律环境和

政策体系，让民营经济创造活力充分迸发、不断发展壮大。加强思想政治引领，引导民营企业和民营企业家正确理解党中央方针政策，增强信心、轻装上阵、大胆发展。

营商环境只有更好没有最好

培育市场化、法治化、国际化营商环境。习近平总书记指出，要把握好政府和市场的关系，把市场和政府两方面积极性都调动起来，尽可能运用市场和法律手段推进改革，同时充分发挥政府在优化市场环境、健全社会保障、减轻企业负担、提供就业培训、补齐发展短板等方面的作用。优化营商环境应当坚持市场化、法治化、国际化原则，以市场主体需求为导向，以深刻转变政府职能为核心，创新体制机制、强化协同联动、完善法治保障，对标国际先进水平，为各类市场主体投资兴业营造稳定、公平、透明、可预期的良好环境。

遵循市场决定资源配置这一规律。"市场决定资源配置是市场经济的一般规律，市场经济本质上就是市场决定资源配置的经济。健全社会主义市场经济体制必须遵循这条规律，着力解决市场体系不完善、政府干预过多和监管不到位问题。"党的二十大报告指出：要"完善产权保护、市场准入、公平竞争、社会信用等市场经济基础制度，优化营商环境"。产权保护特别是知识产权保护是塑造良好营商环境的重要方面，只有严格保护知识产权，才能完善现代产权制度、深化要素市场化改革，促进市场在资源配置中起决定性作用、更好发挥政府作用；只有严格保护知识产权，才能优化营商环境、建设更高水平开放型经济新体制。要创造公平竞争的国内市场环境，在关税、进口检验、市场营销等方面创造机会平等的条件，让消费者自主选择，让市场发挥作用。

法治是最好的营商环境。"要把平等保护贯彻到立法、执法、司法、守法等各个环节，依法平等保护各类市场主体产权和合法权益。"党的二十届三中全会提出，规范地方招商引资法规制度，严禁违法违规给予政策优惠行为。要用法治来规范政府和市场的边界，尊重市场经济规律，通过市场化手段，在法治框架内调整各类市场主体的利益关系。要善于运用法治思维和法治方式解决问题、化解矛盾、协调关系，加强诚信建设，加强知识产权保护，常态化开展扫黑除恶，为各类经营主体创造稳定、透明、规范、可预期的法治环境。

湖南全力营造市场化、法治化、国际化营商环境，支持轨道交通产业，推动海外市场的发展。图为中车株机出口欧洲的多流制电力机车

优化外商投资环境。"投资环境就像空气，空气清新才能吸引更多外资。"要围绕实行高水平对外开放，深化改革，深化商品、服务、资金、人才等要素流动型开放，稳步推进规则、规制、管理、标准等制度建设，完善市场准入和监管、产权保护、信用体系等方面的法律制度，加快营造市场化、法治化、国际化的营商环境，推动建设更高水平开放型经济新体制。要落实好外资企业国民待遇，促进公平竞争，保障外资企业依法平等参与政府采购、招投标、标准制定，加大知识产权和外商投资合法权益的保护力度。要放宽电信、医疗等服务业市场准入，对标国际高标准经贸规则，认真解决数据跨境流动、平等参与政府采购等问题，持续建设市场化、法治化、国际化一流营商环境，打造"投资中国"品牌。

湖南优化外商投资环境，实行高水平对外开放，搭建面向全球的创新引领、开放融通的交流平台。图为长沙国际工程机械展览会上参展的湖南工程机械装备在夜色中流光溢彩

始终把民营企业和民营企业家当作自己人

　　民营经济始终是坚持和发展中国特色社会主义的重要经济基础，民营经济人士始终是我们党长期执政必须团结和依靠的力量。习近平总书记指出，"一段时间以来，社会上有的人发表了一些否定、怀疑民营经济的言论。比如，有的人提出所谓'民营经济离场论'，说民营经济已经完成使命，要退出历史舞台；有的人提出所谓'新公私合营论'，把现在的混合所有制改革曲解为新一轮'公私合营'；有的人说加强企业党建和工会工作是要对民营企业进行控制，等等。这些说法是完全错误的，不符合党的大政方针"。在全面建设社会主义现代化国家的新征程中，我国民营经济只能壮大、不能弱化，不仅不能"离场"，而且要走向更加广阔的舞台。

　　习近平总书记强调，我们始终把民营企业和民营企业家当作自己人，在民营企业遇到困难的时候给予支持，在民营企业遇到困惑的时候给予指导。要优化民营企业发展环境，破除制约民营企业公平参与市场竞争的制度障碍，依法维护民营企业产权和民营企业家权益，从制度和法律上把对国企民企平等对待的要求落下来，鼓励和支持民营经济和民营企业发展壮大，提振市场预期和信心。要积极发挥民营企业在稳就业、促增收中的重要作用，采取更有效的措施支持中小微企业和个体工商户发展，支持平台企业在创造就业、拓展消费、国际竞争中大显身手。要把构建亲清政商关系落到实处，为民营企业和民营企业家排忧解难，让他们放开手脚，轻装上阵，专心致志搞发展。要加强思想政治引领，引导民营企业和民营企业家正确理解党中央关于"两个毫不动摇""两个健康"的方针政策，消除顾虑，放下包袱，大胆发展。

营商环境就是竞争力，服务企业就是生产力，干部作风就是生命力。这些年，湖南营商环境变化很大，取得了积极成效，特别是优良的环境推动民营经济成为高质量发展的生力军：在产业发展中"挑大梁"，在科技创新中"挑大任"，在对外开放中"扛大旗"，在民生事业中"出大力"。

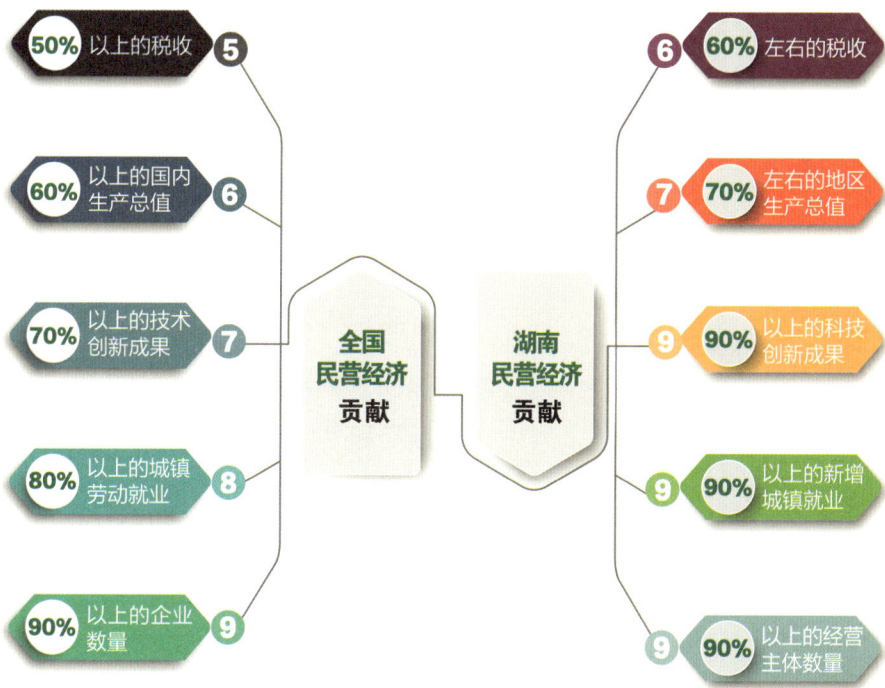

全国民营经济贡献

- **50%** 以上的税收 5
- **60%** 以上的国内生产总值 6
- **70%** 以上的技术创新成果 7
- **80%** 以上的城镇劳动就业 8
- **90%** 以上的企业数量 9

湖南民营经济贡献

- 6 **60%** 左右的税收
- 7 **70%** 左右的地区生产总值
- 9 **90%** 以上的科技创新成果
- 9 **90%** 以上的新增城镇就业
- 9 **90%** 以上的经营主体数量

在线问答

什么是"三大支撑八项重点"？

答："三大支撑"，即电力、算力、动力。"三力"既是高质量发展的重要支撑，也是根本性、基础性、战略性的工作。"八项重点"，即市场主体倍增工程、产业发展"万千百"工程、新增规模以上工业企业行动、企业上市"金芙蓉"跃升行动，以及优化营商环境、"五好"园区建设、"四个十大"、湘商回归。

打造了优质高效的营商环境

"环境就是生产力，得环境者得天下。"一直以来，湖南省将优化营商环境视为高质量发展的生命线，作为"第一工程"重点抓、持续抓，着力打造市场化、法治化、国际化一流营商环境。当前湖南省营商环境总体是好的，企业普遍反映这些年湖南营商环境变化很大、进步明显。2023年度"万家民营企业评营商环境"结果显示，湖南获评"前10省份"和"前10最佳口碑省份"。长沙市获评"前10省会及副省级城市"和"前10最佳口碑省会及副省级城市"。

市场主体投资更安心。中共湖南省委、省政府统一领导，将优化营商环境连续纳入"三大支撑八项重点"和"发展六仗"等重点工作，列为市县政府重点工程，全力打好"优化发展环境持久仗"，为企业发展培植"沃土"，精准提供"阳光雨露"。聚焦聚力企业最关心、最直接、最现实的问题，制定三年行动计划及年度重点任务，一年接续一年抓。促进公平准入，全面落实市场准入负面清单制度和公平竞争审查制度，强化"两反"（反垄断和反不正当竞争）执法力度。2024年查办垄断和不正当竞争案件280起。严格落实"全国一张清单"管理模式，严禁各地区、各部门自行发布具有市场准入性质的负面清单。未经公平竞争不得授予经营者特许经营权，不得限定经营、购买、使用特定经营者提供的商品和服务。不得违法设定与招标采购项目具体特点和实际需要不相适应的资格、技术、商务条件等。不得违法限定投标人所在地、所有制形式、组织形式，或者设定其他不合理的条件以排斥、限制经营者参与投标采购活动。

市场主体活力更强劲。完善社会监督、法律咨询、暗访暗查、投诉办理、线索移送等机制，组建专家咨询委员会，聘请营商环境监督员，并设立监督站（点），强化工作合力。创新打造"一码一网一平台"（湖南营商码、优化营商环境网、省级优化营商环境一体化平台）三位一体优化营商环境工作系统，以"湖南营商码"全时全量收集诉求、"优化营商环境网"晒出典型案例、"省级优化营商环境一体化平台"限时交办整改。2024年湖南累计受理经营主体营商诉求567件，办结514件。设立营商专席等渠道，通过自办、交办、督办等方式，协调解决了一批困扰企业发展的难题。持续开展市县、园区全覆盖的营商环境评价工作，以评促改、促优，有力撬动了各地争先创优，不甘人后。营商环境的好与坏，企业家最有话语权。截至2024年底，湖南省实有经营主体达764.11万户，同比增长7.2%，其中企业210万户，同比增长10.6%。越来越多的经营主体看好湖南、投资湖南。

到 2024 年，一般社会投资工程建设项目审批时间压减至 55 个工作日以内，政府投资工程建设项目审批时间压减至 80 个工作日以内。社会投资小型低风险产业类项目不动产首次登记办理时间压缩至最短 1 个工作日……

到 2024 年，每年普惠型小微企业贷款较年初增速不低于各项贷款增速，政府性融资担保费率不超过 1%。劳动争议仲裁结案率在 90% 以上，调解成功率在 60% 以上……

到 2024 年，民商事一审案件法定审理期限内结案率提高到 98%，依法提高简易程序适用率，有财产可供执行案件法定审理期限内执结率达到 90%。破产简易程序案件平均审理周期缩短至 120 天，破产普通程序案件平均审理周期缩短 6 个月……

经营成本减负行动目标

项目审批提速行动目标

权益保护提标行动目标

优化营商环境五大行动目标

《湖南省优化营商环境三年行动计划（2022—2024 年）》提出

到 2024 年，实现全省企业开办 1 个工作日内办结，全年纳税次数压减至 5 次，纳税累计时间压减至 80 小时，非接触式办税比例达到 95% 以上，报税后流程指数提升 3 个百分点……

到 2024 年，市场监管领域相关部门"双随机、一公开"监管实现 100% 全覆盖，跨部门联合监管常态化，实现综合监管、智慧监管……

政务服务提优行动目标

市场环境提质行动目标

　　市场主体办事更便捷。创造"一件事一次办"政务服务品牌，围绕个人、企业、项目三个全生命周期再造办事流程，实行"一次告知、一次表单、一次联办、一次办好"。建设开通"湘易办"超级服务端，打造"掌上办事"总入口、优化营商环境总平台、建设数字政府总引擎。全面推行"湘易办"超级移动端惠企便民服务，全力推进"高效办成一件事"，推动"一网通办"和"湘易办"提质升级，让企业"身在湖南，办事不难"。2023 年底，"湘易办"注册用户突破 3000 万、汇聚服务事项 1.7 万项，"一网通办"1.2 万项；政策兑现事项 15174 个；归集营商地图数据 425 万余条。

"湘易办"超级服务端（至2023年底）

- 3000万 注册用户突破
- 汇聚服务事项 1.7万项
- 425万余条 归集营商地图数据
- 政策兑现事项 15174个
- 1.2万项 "一网通办"
- 集成电子证照 202类

2024年，"湘易办"总用户数近3500万，月访问量保持在1000万人次以上，高频服务事项实现"一网办""掌上办"，"掌上好办"综合指数进入全国前10，并获得"得心应掌"奖。积极推进移动服务应用和移动端融合集成，形成以"湘易办"为枢纽的湖南省移动服务体系，纵深推进"跨省通办"，实现服务事项从"掌上可办"向"掌上好办"转变，更好地服务群众和优化营商环境。全面推进涉企审批服务"一照通"改革，不断优化完善"涉企一件事"，为民营企业提供全生命周期集成化办理服务。优化民营企业不动产权证办理流程。加强行政审批网上中介服务超市运行管理，编制公布行政审批中介服务事项清单。清理规范行政审批、许可、备案等政务服务事项的前置条件和审批标准，不得将政务服务事项转为中介服务事项，没有法律依据不得在政务服务前要求企业自行检测、检验、认证、鉴定、公证或提供证明等。

出台了"真金白银"的惠企政策

企业"有力度空前的政策支持"。中央在深化"放管服"改革、构建全国统一大市场、完善产权保护、促进公平竞争等方面，出台了一系列"真金白银"的政策措施。湖南坚决贯彻落实党中央决策部署，推动惠企政策落地、落实、落细，助企纾困成效明显，有效地将政策红利转化成了企业切切实实的获得感。

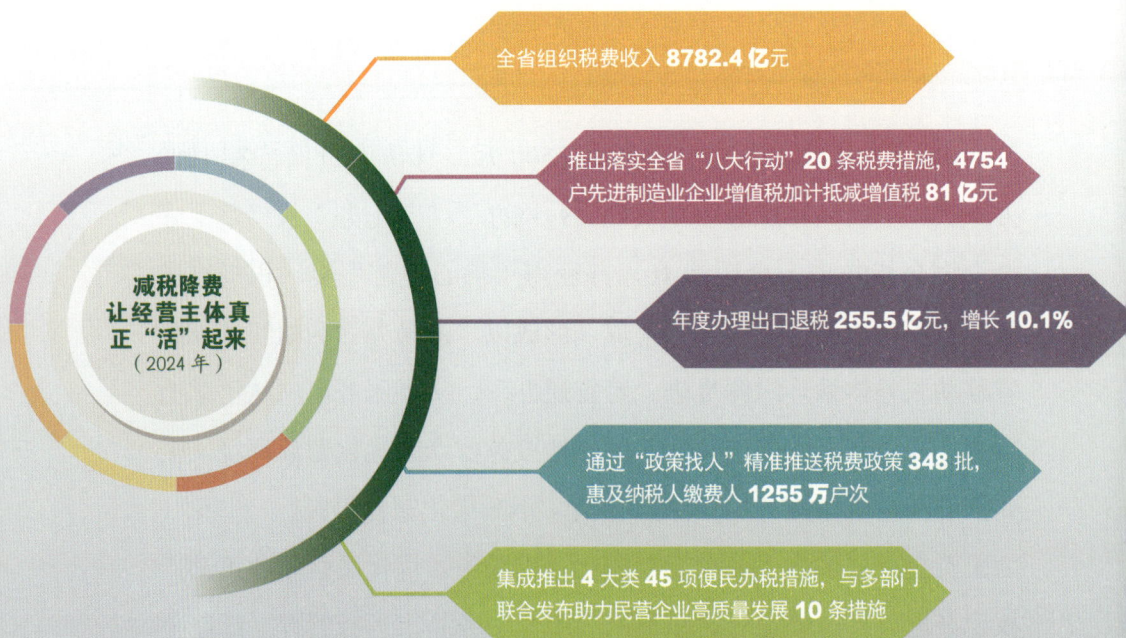

全省组织税费收入 8782.4 亿元

推出落实全省"八大行动"20 条税费措施，4754 户先进制造业企业增值税加计抵减增值税 81 亿元

减税降费
让经营主体真
正"活"起来
（2024 年）

年度办理出口退税 255.5 亿元，增长 10.1%

通过"政策找人"精准推送税费政策 348 批，惠及纳税人缴费人 1255 万户次

集成推出 4 大类 45 项便民办税措施，与多部门联合发布助力民营企业高质量发展 10 条措施

减税降费让经营主体真正"活"起来。2023 年全年新增减税降费及退税缓费 579.7 亿元，其中民营企业占比 55.7%，办理出口退税 232 亿元。2024 年湖南省减退降税费超 560 亿元，通过"政策找人"精准推送税费政策 348 批，惠及纳税人缴费人 1255 万户次，有效激发了经营主体活力。

"超暖心"服务使企业"更舒心"。2023 年，湖南省"走找想促"活动和"三送三解三优"行动解决各类问题超 20 万个。2024 年，湖南省持续开展"走找想促""链长到一线"活动及"两重""两新"送解优专项行动，解决各类问题超 7000 个，推动金融让利 202 亿元，降低企业用能成本 91.8 亿元，全社会物流成本下降 0.4 个百分点。

企业融资之路越走越宽广。2018—2024 年，湖南先后发布 7 批 11758 家次产融合作制造业"白名单"企业名录，助力企业获得贷款超 2500 亿元；2024 年，产融合作

在线问答?

什么是"两重""两新"送解优专项行动？

答："两重"是指国家重大战略实施和重点领域安全能力建设。"两新"是指推动新一轮大规模设备更新和消费品以旧换新。

促进中小企业与金融机构对接融资 **1130 亿**元，累计达 **3505 亿**元

"湘企融"平台归集 16 个部门 **6.2 亿**条数据，入库全省市场主体 **757.64 万**家，其中中小企业 **209 万**家

超 **8 万**家企业入驻"湘信贷"平台，平台新增授信 **2279.6 亿**元

产融合作制造业"白名单"新添 **3640** 家企业，其中专精特新中小企业数量达 **1333** 家

累计为 **4.9 万**户企业授信 **459.3 亿**元，为 **2.9 万**户企业发放信用贷款 **420.6 亿**元，户均放款 **144.1 万**元，其中首贷户数占比 **24%**

金融机构

"湘企融"平台

"湘信贷"平台

产融合作制造业"白名单"

"流水贷"产品

企业融资之路越走越宽广
（2024 年）

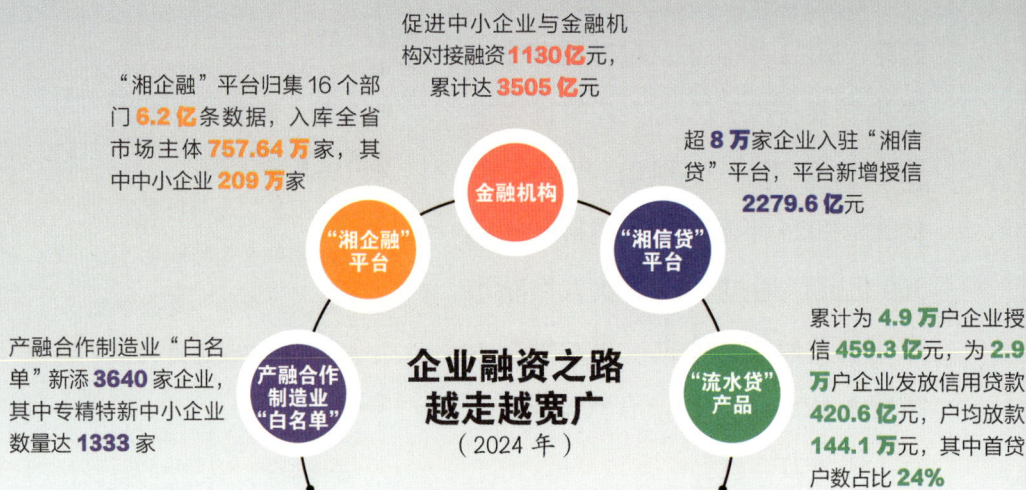

制造业"白名单"新添 3640 家企业，其中专精特新中小企业数量达 1333 家。2024 年，湖南省中小企业融资服务平台（"湘企融"平台）归集 16 个部门 6.2 亿条数据，入库全省市场主体 757.64 万家，其中中小企业 209 万家；促进中小企业与金融机构对接融资 1130 亿元，累计达 3505 亿元，帮助企业降低融资成本约 15%。超 8 万家企业入驻"湘信贷"平台，平台新增授信 2279.6 亿元，企业在"湘信贷"平台总计获得放款 1373.2 亿元，为 1.7 万家企业发放知识价值信用贷款超 450 亿元。湖南省企业收支流水征信平台"流水贷"产品累计为 4.9 万户企业授信 459.3 亿元，为 2.9 万户企业发放信用贷款 420.6 亿元，户均放款 144.1 万元，其中首贷户数占比 24%。湖南省出台的一系列政策措施，有效满足了企业在资金等要素保障方面的需求。

湖南着眼激发创新活力，为鼓励女性舒心创业，打造了聚焦夜经济领域的首条女性创业示范街。图为人气兴旺的女性创业示范街——扬帆夜市

筑牢了公平正义的法治"凤巢"

"法治是最好的营商环境。"打造更优的营商环境，要强化法治保障，依法平等保护各类企业和企业家的自主经营权和合法权益。湖南以法治护一流环境，用更多看得见、摸得着的"法治红利"惠及大众，让民营企业和民营企业家安心、放心，切身感受到"身在湖南、办事不难"。

制度环境更完善稳定。 近年来，湖南着眼激发创新活力和维护公平竞争两大核心诉求，用良法善治筑好制度环境的"金窝凤巢"，让企业放心落户、舒心创业、安心经营。针对企业开办、费用减免、金融支持、产权保护等难点、痛点、堵点问题，2024年深入落实《湖南省优化营商环境规定》，出台《湖南省优化营商环境条例》，集中清理涉不平等对待企业规章及政策文件4600余件，推动修改或

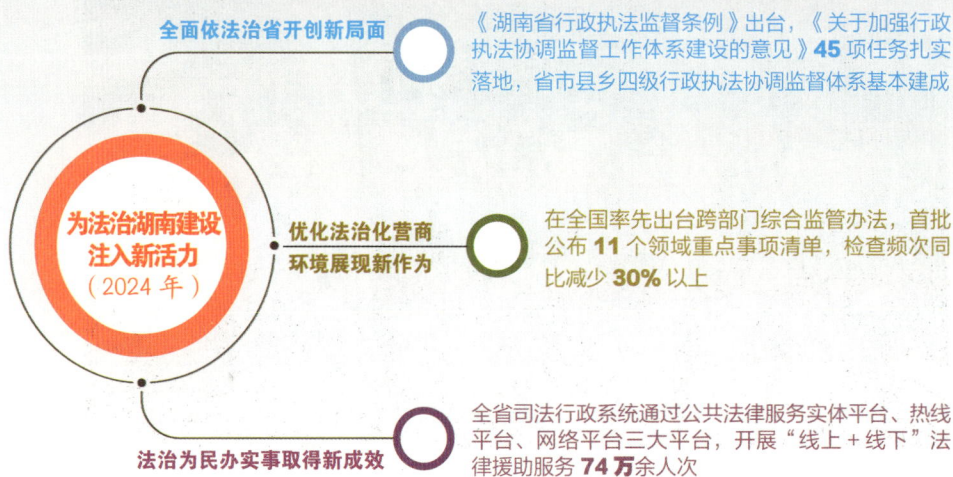

为法治湖南建设注入新活力（2024 年）

全面依法治省开创新局面：《湖南省行政执法监督条例》出台，《关于加强行政执法协调监督工作体系建设的意见》45 项任务扎实落地，省市县乡四级行政执法协调监督体系基本建成

优化法治化营商环境展现新作为：在全国率先出台跨部门综合监管办法，首批公布 11 个领域重点事项清单，检查频次同比减少 30% 以上

法治为民办实事取得新成效：全省司法行政系统通过公共法律服务实体平台、热线平台、网络平台三大平台，开展"线上＋线下"法律援助服务 74 万余人次

废止 288 件，为经济社会发展营造了良好法治环境。

执法监督更规范有序。湖南依法保护企业产权和企业家权益，实施跨部门联合"双随机、一公开"监管，推行"首违不罚"等柔性执法。多部门协同制定完善行政处罚裁量权基准，制定"免罚轻罚"事项清单及相关实施办法，加快解决"看得见的管不着、管得着的看不见"等执法难题。2024 年，全省 179 个市级行政执法部门制定 7341 项"免罚轻罚"事项清单，开展优化法治化营商环境专项行动，对损害营商环境的问题，发现一起，查处一起。2024 年，全省公安机关深入开展打击整治民营企业内部突出腐败犯罪专项行动，帮助企业追赃挽损 1.24 亿元；全省检察机关起诉通过造谣抹黑等手段"网暴"企业敲诈勒索的犯罪 65 人；全省法院审结破坏社会主义市场经济秩序犯罪 2402 件 5047 人。

1.5万名法律服务志愿者深入重点企业和园区，服务中小微企业8000余家，提供法律咨询4万余次，化解涉企纠纷近8000件

在行政复议护航高质量发展专项行动中，直接纠错涉企行政争议612件，为企业挽回经济损失4.17亿元

法律服务更精准高效
（2024年）

全省新收行政复议案件2.4万件，案件受理数同比增长79.3%，案结事了率达90.1%

全省179个市级行政执法部门制定7341项"免罚轻罚"事项清单

　　法律服务更精准高效。湖南开展"走基层　惠民生""千所联千企"等活动，为企业提供法治宣传、法律咨询、"法治体检"等服务。2024年，湖南省1.5万名法律服务志愿者深入重点企业和园区，服务中小微企业8000余家，提供法律咨询4万余次，化解涉企纠纷近8000件。在行政复议护航高质量发展专项行动中，直接纠错涉企行政争议612件，为企业挽回经济损失4.17亿元。

　　企业维权渠道更全面畅通。湖南构建了民营企业维权投诉"六位一体"（举报电话、网上信访、QQ、微信、来信、来访）的受理方式，惠企政策不兑现、账款支付不到位、商业诋毁不正当竞争等，凡是涉及民营企业和企业家合法权益的问题，都有投诉举报渠道。2024年以来，湖南省各级民企服务中心共计办理1000多起维权诉求事项，为企业挽回损失超10亿元。

营造了重商亲商的浓厚氛围

湖南省以营造正确认识、充分尊重、积极关心民营经济的良好社会氛围为重点，深入实施"湘商回归"工程，持续擦亮"六个一"工作招牌，积极宣传推介各行业标杆民营企业和优秀民营企业家，引导民营企业自觉承担社会责任，健全定期沟通协商机制，营造既亲又清、规范有序、良性互动的政商交往氛围。

"湘商回归"热潮涌动。 湘商是全国商界的一支劲旅，也是湖南扩大开放、加快发展的重要力量。全球湘商已超过400万人，产业遍布180多个国家和地区，在外湘商资产规模超过4万亿元。中共湖南省委、省政府历来十分重视湘商发展，2007年举办首届湘

中共湖南省委、省政府部署实施"湘商回归"工程，积极推动湘商回归。图为绥宁县关峡湘商产业园

商大会，2017 年部署实施"湘商回归"工程。2023 年以来，中共湖南省委主要领导先后在上海、深圳、北京以及老挝、印尼等地主持召开湘商代表座谈会，各市州、县市区举办"湘商进园区"、恳谈推介会、项目对接等形式多样的交流活动，努力"让湘商在湘更吃香"。2024 年，湘商回归新注册企业 1670 家，到位资金突破 6000 亿元。

"六个一"工作品牌成色更足。通过"一榜"树标杆，每年发布三湘民营企业百强榜，激励更多企业坚定信心、创新求进。通过"一奖"促升级，每两年评选一次新湖南贡献奖，以沉甸甸的奖励厚植湖南重商、亲商、安商氛围。通过"一中心"强服务，设立湖南省民营企业服务中心，为民营企业提供管理、法律、信息数据等咨询及金融对接、科技创新、人才资源等方面的服务。通过"一册"送政策，每年更新发布《湖南省民营企业支持政策手册》，提升知晓度和可得性。通过"一办"

湖南持续推进"六个一"工作品牌建设，对在民营经济发展工作中作出突出贡献的集体和个人予以表彰奖励。图为第二届新湖南贡献奖和 2023 三湘民营企业百强榜新闻发布会现场

优环境，充分发挥湖南省优化经济发展环境协调小组办公室作用，持续推动优化营商环境。通过"一平台"促创新，建设潇湘科技要素大市场，建立企业库和科技成果供给、企业技术、融资需求清单，拓展民营企业与高校、专业机构等对接渠道，发挥科技成果转化平台作用，促进民营企业科技创新和成果转化。随着"六个一"工作的推进，湖南省重商、亲商、安商的氛围日渐浓厚，民营经济活力不断迸发。2024 年，三湘民营企业百强营业收入总额、资产总额分别较上年增长 13.05%、17.85%，入围门槛同比提高 30.13%，首次突破 30 亿元。

　　党的二十届三中全会《决定》明确提出，构建高水平社会主义市场经济体制，创造更加公平、更有活力的市场环境。这一重要论述，为湖南建设市场化、法治化、国际化一流营商环境，为高质量发展提供了方向指引和根本遵循。湖南省营商环境不断优化，但相比浙江、广东、上海等沿海发达地区，仍有一定差距，损害营商环境、影响民营经济发展的现象依然存在，用能、融资、物流等企业运营成本过高。为此，中共湖南省委提出，持续优化稳定公平可预期的发展环境，加大对企业主体的支持力度，全力营造重商、亲商、安商的浓厚氛围，推动营商环境稳居全国第一方阵，把营商环境打造成全省高质量发展的亮丽名片。

营造市场化、法治化、国际化一流营商环境

　　让"身在湖南、办事不难"金字招牌更响更亮。营商环境关键是做出自身特色，形成独特的竞争力。为此，中共湖南省委提出，着力抓生态，营造有利于企业发展的营商环境，以降低企业负担、用工、物流等综合运营成本为核心优化营商环境。聚焦降低成本攻坚，综合运用政策、金融、服务等多种手段，重点从制度性交易、

物流、税费、融资、用能、用工等方面控制成本，打造综合成本最低的"洼地"。对标国内国际先进水平，打造贸易投资便利、市场竞争公平、行政效率高效、法治体系完善的一流营商环境，聚焦激发创新活力和维护公平竞争，不断优化"身在湖南、办事不难"的营商环境品牌。把优化营商环境作为工作的重中之重，突出公平、透明、可预期，按照法律法规办事、在阳光下办事，保持政策连续性，瞄准最低市场准入、最简权力清单、最优审批服务、最有效监管的"四最"目标，在政务服务提优、项目审批提速、经营成本减负、市场环境提质、权益保护提标上想尽办法、用尽心思，加快打造市场化、法治化、国际化和公平、透明、可预期的营商环境，真正让每一位企业家都切身感受到"身在湖南、办事不难"，吸引更多资源要素向湖南集聚。

以"一碗水端平"实现市场公平竞争。公平有序的竞争环境是经营主体高质量发展的重要土壤。为实现市场公平竞争，最大程度激活市场主体活力，中共湖南省委提出，全面落实市场准入负面清

一"麓"同行

"真金白银"政策支持民营经济高质量发展

近年来，省委、省政府坚持打造市场化、法治化、国际化一流营商环境，深入实施"湘商回归"工程，持续推进民营经济发展"六个一"工作，先后出台《关于促进民营经济高质量发展的意见》《省级领导干部联系民营企业家工作方案》等高含金量政策措施，为民营经济厚植发展沃土，取得了明显成效。2023 年 10 月，省委、省政府又出台了《关于支持民营经济发展壮大的若干政策措施》，从优化发展环境、加强法治保障、强化要素支撑、促进民间投资、营造良好氛围、强化工作落实 6 个方面提出 30 条具体措施。

单制度，构建公共资源交易"湖南模式"，确保各类经营主体依法平等使用生产要素、公平参与市场竞争。对各类经营主体"一碗水端平"，做到内资外资一个样、国营民营一个样、认识不认识一个样，坚决打破各类"玻璃门""旋转门"，营造各种所有制主体依法平等使用资源要素、公开公平公正参与竞争、同等受到法律保护的发展环境。加快建设高标准市场体系，全面清理和规范不符合统一大市场建设要求的制度规定，进一步放宽市场准入，全面落实公平竞争审查制度。健全基础设施竞争性领域向经营主体公平开放机制，完善民营企业参与国家和省级重大项目建设长效机制。大力促进招投标和政府采购公开公平公正，完善公共资源交易平台，完善交易规则，运用大数据、区块链等智慧监管手段，实现公共资源交易高效配置、阳光交易。

湖南省永州市蓝山县以创建"五好"园区为目标，推进营商环境和服务持续优化，吸引了大批优质企业入驻。图为一栋栋现代化高标准厂房拔地而起的蓝山县城

在线问答

什么是"全周期服务"?

答:全周期服务就是不管是招商前还是招商后,不管是在开拓市场方面还是在提供应用场景上,不管进驻企业处于哪个成长阶段,都一以贯之地提供暖心服务。

让"企业不跑政府跑、企业少跑政府多跑"。大力推行全周期服务,最大限度为企业提供便利。优化政务服务,持续提升政务服务质效,增强"湘易办"平台功能,深化"一网通办"。把企业"后悔不后悔"作为评判全周期服务做得好不好的重要标准,要不忘初心、将心比心,坚持问计于企、问需于企、问效于企,从企业签约、项目落地、员工保障、综合服务等各方面提供全周期、精准化的暖心服务,助力企业发展壮大,真正做到让企业不因为落地湖南而后悔。当好保姆,构建高效便捷的政务服务环境,在行政审批、不动产登记、纳税服务、工程建设项目审批等方面为企业提供高效便捷的政务服务,上门为企业送政策、送服务、解难题。把能取消的审批取消掉、把能放的权放下去,并且要把承接的人培训好,让他能接得住。加快政府数字化转型,把绝大部分行政审批事项和便民服务都搬上网,运用大数据和人工智能让审

一次告知 一次表单 一次联办 一次办好

办事引导 政策查

常德市行政审批服务局积极推进基层政务服务就近办、一次办，开发了无证明"刷脸"办事功能服务。图为常德市市民中心"一件事一次办"窗口

批程序更加简便，提高审批效率。要将更多事项纳入"一件事一次办"清单，加快湖南省政务服务"一网通办"，实现"企业不跑政府跑、企业少跑政府多跑"。

以评促优推动营商环境持续优化。人人都是营商环境。持续开展好营商环境评价，坚持"有求必应、无事不扰"原则，建立健全政企面对面、营商环境问题受理、市场主体好差评制度。推进营商环境评价考核市县、园区和部门"三个覆盖"，增强企业对营商环境的话语权。

让守信处处受益、失信寸步难行。社会信用是现代经济社会运行的关键支撑，加强社会信用体系建设，完善信用分级分类监管政策制度，完善信用信息记录和共享体系，全面推广信用承诺制度，发挥信用激励机制作用，完善信用约束机制，健全失信行为纠正后的信用修复机制，进一步完善政府信用体系，研究出台相关管理办法，让守信者得"甜头"、让失信者有"痛感"。

让政商关系"亲"不逾矩、"清"不远疏。政商关系处理得好不好，不仅关乎政治生态和党风政风，还影响营商环境和市场秩序。习近平总书记反复强调要构建亲清政商关系，就是怕在这件事上走极端，要么"穿一条裤子"搞利益输送，要么"老死不相往来"对企业发展漠不关心，这都不是与企业家打交道的正确方法。为此，中共湖南省委提出，全面构建亲清政商关系，推动各级领导干部依法依规为企业家解难题、办实事。光明磊落和企业家交朋友，全心全意帮助企业家解决实际困难，当好"保姆""红娘""店小二"，把企业家摆到更加重要的位置，真正做到"有求必应、无事不扰"。围绕充分发挥市场在资源配置中的决定性作用和更好发挥政府作用，用好改革创新这把"万能钥匙"，推动堵塞制度漏洞、构建亲清政商关系。建立健全容错纠错机制，鼓励党政

一"麓"同行

以公正司法护航高质量发展

2023 年 12 月，为深入学习贯彻习近平新时代中国特色社会主义思想和习近平法治思想，全面贯彻党的二十大精神、习近平总书记关于湖南工作的重要讲话和指示批示精神，认真落实省委十二届四次全会精神，充分发挥人民法院审判职能作用，以公正司法护航高质量发展，为实现"三高四新"美好蓝图提供有力服务和保障。湖南高院印发《关于以公正司法护航高质量发展 为实现"三高四新"美好蓝图提供服务和保障的意见》，意见共 17 条，进一步服务和保障市场化、法治化、国际化一流营商环境建设，促进民营经济高质量发展。

领导干部和公职人员在服务企业的过程中放下包袱、担当尽责。企业家也要去除希望通过物质交换、利益输送等得到领导重视的杂念，通过正当渠道、合法途径去解决问题、实现发展，做到联手共同抵制"潜规则"。

坚持问题导向推动营商环境再优化再提升

着力降低企业综合运营成本。综合运营成本是企业的生命线，也是湖南优化营商环境需要解决的紧要问题。为此，中共湖南省委提出，积极回应企业对要素成本的关切，持续降低物流、融资、用能等成本，以发展多式联运为抓手，加快"公转铁""公转水"，推动物流设施高效衔接，积极引进培育第三方物流龙头企业；持续开展"湘信贷"融资惠企，完善制造业贷款和科技型企业融资服务机制，提高银企对接效率；大力发展新能源，引进外电，加快跨省"电力高速"建设，畅通电力进出口通道，逐步改变整体处于全国能源流向末端的基本省情，全力打造成本"洼地"，使低成本成为湖南吸引投资的主要竞争力。

着力提升政府诚信和公信力。"新官理旧账"是我国依法行政和法治政府建设的基本要求之一，也是行政行为法律效力理论的内在要求。湖南省完善政府诚信履约机制，对"新官不理旧账"坚决说"不"，大力加强政务诚信建设，把"新官理旧账"纳入领导班子和领导干部绩效考核体系，开展对政府违约失信行为的清理整治，进一步理顺"正常账"、理清"疑问账"、攻坚"烂尾账"，确保政府坚决兑现向企业作出的承诺，做到新官要理旧账，不能一拖再拖，不能开空头支票；如果确有实际困难的，也要先把账认下来，对企业有一个说法。着力整治拖欠企业账款问题，探索构建"连环债"清偿机制，持续开展拖欠企业账款行为集中治理行动，建立清理解决拖欠民营企业账款任务清单。建立办理拖欠企业账款案件"绿色通道"，解开企业之间相互拖欠的"连环套"。落实逾期未支付中小企业账款强制披露制度，将拖欠信息列入政府信息主动公开范围。禁止虚假还款，禁止以不签合同、不开发票、不验收、不结算等方式变相拖欠，依法适用强制执行措施。

着力提高涉企法治服务水平。依法保护企业产权和企业家权益是经济社会持续健康发展的基础。为此，中共湖南省委提出，完善优化营商环境相关法规制度，依法保护企业产权和企业家合法权益，

洪江市纪委监委将重点建设项目作为预防腐败、优化营商环境的监督重点，聚焦惠企政策落实，积极开展监督检查。图为洪江市安江农校杂交水稻纪念园游客集散中心大楼建设工地，"兴清廉之风　树浩然正气创清廉工程"红色横幅格外醒目

全方位保障经济高质量发展，让企业家们无后顾之忧。开展法治护航专项行动，推进政务失信惩戒、"首违不罚"柔性执法。防止和纠正利用行政或刑事手段干预经济纠纷，以及执法司法中的地方保护主义。规范涉产权强制性措施，全面推广涉企柔性执法，依法妥善运用"活封活扣"措施，最大限度减少侦查办案对企业正常办公和合法生产经营的影响。坚决打击"吃拿卡要"、设租寻租等影响企业发展的行为，整治不作为、慢作为等懒政怠政行为，加强干部能力作风建设。健全依法甄别纠正涉企冤错案件机制。严格规范涉企行政执法行为，加强对执法行为的全链条监管，全面推广涉企执法检查扫码留痕管理，对涉企行政执法突出问题开展专项整治行动，重点整治监管执法中不作为、慢作为、乱作为和过度执法、逐利执法、以罚代管等问题，最大限度减少行政执法事项，把不该管的坚决放给市场，把该管的切实管住管好，不断提高服务和监管的综合效能，以良法善治保障市场主体健康发展。健全涉企收费长效监管机制。持续完善政府定价的涉企收费清单制度，畅通涉企违规收费投诉举报渠道，建立规范的问题线索部门共享和转办机制。

一 "麓" 同行

25条措施优化外商投资环境

2024年1月，为深入贯彻落实国务院关于吸引和利用外商投资工作部署，进一步优化外商投资环境，更大力度吸引和利用外资，湖南省人民政府印发《湖南省进一步优化外商投资环境更大力度吸引和利用外资的若干措施》的通知，从提高利用外资质量、保障外商投资企业国民待遇、持续加强外商投资保护、提高投资运营便利化水平、加大财税支持力度、完善外商投资促进方式六大方面制定了25条措施。

什么是"免申即享"?

答:指惠企政策制定出台后,无需企业提出政策兑付申请,由政府部门依托大数据技术,精准筛选符合条件的企业并主动开展政策兑付,实现企业免于申请直接享受政策优惠。

坚定不移发展壮大民营经济

　　加大对民营经济政策支持力度。 政策"把脉"越精准,效果越好。出台涉企政策、规划等文件时,充分听取民营企业家意见,制定出的涉企政策更具科学性、规范性、协同性,更能营造出稳定透明可预期的政策环境。为此,中共湖南省委提出,加强直接面向民营企业和个体工商户的政策发布和解读引导,针对民营中小微企业和个体工商户建立支持政策"免申即享"机制。坚决兑现惠企政策,抓好中央和省市各级减税降费等一揽子惠企政策的消化、深化和转化,着力打通政策落实的"最后一公里",让符合条件的民营企业"应享尽享、应享快享"。积极帮助民营企业解决融资难、用工难以及水电气、交通物流、基础设施建设等方面的实际困难。树立"马上就办"的意识,第一时间梳理研究企业反映的诉求和困难,迅速采取有效措施帮助企业解决急难愁盼问题,从"一二件事"中找到"一类事"的解决方法，做到企业诉求"事事有着落、件件有回应"，保证办理实效。

以"六个一"持续激发民营经济发展活力。水深则鱼悦，城强则贾兴。完善推动民营经济发展"六个一"机制。强化"三湘民营企业百强榜"示范性，提升"新湖南贡献奖"含金量，扩大"民营企业服务中心"覆盖面，提高"民营企业支持政策手册"影响力，增强"湖南省优化经济发展环境协调小组办公室"服务力，强化"科技成果转化平台"功能性，持续激发民营企业创新创造活力，努力为民营经济健康高质量发展创造更优环境。

一"赣"同行

以重大项目之"进"促经济发展之"稳"

2024 年 1 月 3 日上午，全省重大项目集中开工仪式在长沙市、岳阳市、益阳市同步举行，这是深入贯彻中央经济工作会议精神、落实省委十二届五次全会部署，以重大项目之"进"促经济发展之"稳"的实际行动，奋力实现"三高四新"美好蓝图、加快推进高质量发展的有力举措。此次 11 个重大项目集中开工，总投资达 872 亿元。其中，在岳阳主会场开工的中国石化岳阳地区百万吨乙烯炼化一体化及炼油配套改造项目总投资共 357 亿元，是湖南迄今为止单体投资最大的产业项目，可带动下游投资超过 1500 亿元，建成投产后将推动我省现代石化产业链向下游延伸、价值链向高端迈进。在益阳分会场开工的金塘冲水库工程总投资 98 亿元，是我省"十四五"水安全保障规划十大标志性工程之一。在长沙分会场集中开工的 9 个全省交通能源项目总投资 417 亿元，包括桂新高速郴州至桂阳段、许广高速茶亭互通至长沙绕城、浏阳至江背高速等 3 个高速公路项目，湘阴县虞公港铁路专用线、湘江长沙至城陵矶一级航道、沅水桃源枢纽二线船闸、岳阳港城陵矶现代化港口群道仁矶码头和松阳湖三期工程等 5 个水运项目以及陕煤汨罗 2×100 万千瓦燃煤发电工程项目。

湖南持续完善融资支持政策，多措并举缓解民营企业"融资难、融资贵"问题，聚集大量金融机构的湖南金融中心为民营企业"量身定制"金融产品。图为湖南金融中心

以完善政策破冰民企融资困境。融资支持政策的完善，是民营经济生机得以恢复、活力得以释放的根本所在。为此，中共湖南省委提出，持续完善融资支持政策，多措并举缓解民营企业"融资难、融资贵"问题。完善民营企业融资支持政策制度，建立产业链"一链一行"主办行制度。健全民营中小企业增信制度，完善民营企业信用评价体系。实施"湘信贷"融资惠企行动、"一链一策一批"中小微企业融资促进行动，推广信用贷款、供应链金融等服务模式。用好国家定向降准、再贷款、再贴现等政策，强化金融专项发展资金引导功能，积极开展产融对接活动，提升民营企业贷款覆盖率、可得性和便利度。抢抓全面实行注册制政策机遇，加强与沪、深、

北交易所的合作，加快推动优秀企业上市。为解决金融机构"不敢贷、不愿贷、不能贷"的问题，继续加大政策性融资担保力度，完善贷款风险分担补偿机制，鼓励和引导各类金融机构为民营企业"量身定制"金融产品。

共创国资与民资融合共赢新篇章。鼓励国有资本和非国有资本双向融合发展，有利于优化资源配置、提高效率和盈利能力、促进资源整合，最终实现多方共赢。继续打破各种形式的市场准入不合理限制，发挥民间资本优势，鼓励和引导非国有资本投资主体通过参股控股、资产收购等形式参与国有企业改制重组。定期向民间资本推介一批优质项目，支持民营企业平等参与重大工程、重点产业链供应链项目建设。

促进民营经济人士健康成长。让企业家在经济社会发展中站前台、唱主角，"大贾富民者，国之司命。""重商"的内涵就在于发挥企业、企业家的作用，富国利民，不断推动高质量发展进程。市场活力来自于人，特别是来自于企业家，来自于企业家精神。为此，中共湖南省委提出，大力弘扬企业家精神，培育尊重民营经济创新创业的舆论环境，加强对优秀企业家先进事迹、加快建设世界一流企业的宣传报道，全力营造尊商重企的良好社会氛围。主动讲好民营企业和民营企业家的故事，既防止夸大宣传和片面解读民营经济发展面临的困难和挑战，又反对丑化、污名化民营企业的各种言论，把少数违法违规的民营企业家形象泛化为所有民营企业家的形象。按规定对在民营经济发展工作中作出突出贡献的集体和个人予以表彰奖励。强化"一榜"示范性、做好三湘民营企业百强榜评选工作，提升"一奖"含金量、高标准评选新湖南贡献奖，增强民营企业家群体的荣誉感、使命感。加强青年企业家培育，凝聚年轻一代湘商力量。

让更多民企人才破茧成蝶。职称评定是对专业技术人才能力水平和贡献的"同行评价""社会认可"。继续遵循"不拘一格地选拔人才"的要求，进一步打破户籍、身份、档案、人事关系等限制，持续畅通民营企业职称评审渠道，以能力、业绩论英雄，让民企专业技术人员从"不能评"变"都想评"。

深度阅读 📖

1.《沈晓明在民营企业家座谈会上强调 坚定发展信心 抢抓发展机遇 热情拥抱民营经济发展的春天》，《湖南日报》2023年4月1日。

2.《湖南省民营企业支持政策手册（2023年版）》，2023年5月。

3.《关于支持民营经济发展壮大的若干政策措施》，2023年10月。

4.《湖南省进一步优化外商投资环境更大力度吸引和利用外资的若干措施》，2023年12月。

5.《湖南省进一步强化招商引资工作的政策措施》，2024年2月。

第八章

让文化软实力硬起来

如何担负起新的文化使命，坚定文化自信，加快建设文化强省

❶ 文化是一个国家、一个民族的灵魂。没有社会主义文化繁荣发展，就没有社会主义现代化。

❷ 湖南要牢记习近平总书记嘱托，牢牢把握正确导向，守正创新，做到古为今用、洋为中用、辩证取舍、推陈出新，实现传统与现代的有机衔接，实现社会效益和经济效益有机统一。

❸ 党的十八大以来，湖南始终坚持以习近平新时代中国特色社会主义思想为指导，勇担新的文化使命，推进文化事业全面繁荣和文化产业高质量发展，为实现湖南从文化大省向文化强省历史性跨越、建设现代化新湖南奠定了坚实基础。

❹ 中共湖南省委提出，要进一步增强文化软实力，传承历史文化，赓续革命文化，发展社会主义先进文化，积极探索文化和科技融合的有效机制，推进文化和旅游深度融合，在建设中华民族现代文明中展现新作为。

文化是一个国家、一个民族的灵魂。没有社会主义文化繁荣发展，就没有社会主义现代化。习近平总书记在庆祝中国共产党成立100周年大会上明确提出，"坚持把马克思主义基本原理同中国具体实际相结合、同中华优秀传统文化相结合"，"两个结合"是我们取得成功的最大法宝。湖南要牢记习近平总书记嘱托，牢牢把握正确导向，守正创新，做到古为今用、洋为中用、辩证取舍、推陈出新，实现传统与现代的有机衔接，实现社会效益和经济效益有机统一。

文化兴国运兴，文化强民族强

文化自信是更基础、更广泛、更深厚的自信。"没有高度的文化自信，没有文化的繁荣兴盛，就没有中华民族伟大复兴。"中国式现代化是物质文明和精神文明相协调的现代化。全面建设社会主义现代化国家，必须坚持中国特色社会主义文化发展道路，增强文化自信，围绕举旗帜、聚民心、育新人、兴文化、展形象建设社会主义文化强国，发展面向现代化、面向世界、面向未来的，民族的科学的大众的社会主义文化，推动社会主义物质文明和精神文明协调发展。

建设具有强大凝聚力和引领力的社会主义意识形态。意识形态是一种具有鲜明阶级属性的思想文化，建设具有强大凝聚力和引领力的社会主义意识形态，首先要牢固树立马克思主义的指导地位。"马克思主义是我们立党立国、兴党兴国的根本指导思想，是我们党的灵魂和旗帜。"坚持马克思主义在意识形态领域指导地位的制度是中国特色社会主义制度体系的一项根本制度。做好意识形态工作，必须坚持这一根本制度，任何时候任何情况下都不能有丝毫动摇。中国特色社会主义文化发展道路，是推动社会主义文化繁荣兴盛的唯一正确道路。必须高举马克思主义、中国特色社会主义伟大旗帜，建设具有强大凝聚力、竞争力和引领力的社会主义意识形态，建设具有强大生命力、包容力和创造力的社会主义精神文明，建设具有强大感召力、吸引力和影响力的中华文化软实力。

着力培育和践行社会主义核心价值观。"核心价值观是一个民族赖以维系的精神纽带，是一个国家共同的思想道德基础。如果没有共同的核心价值观，一个民族、一个国家就会魂无定所、行无依归。"要把培育和践行社会主义核心价值观作为凝魂聚气、强基固本的基础工程，广泛开展社会主义核心价值观宣传教育，不断夯实中国特色社会主义的思想道德基础。要着力培养担当民族复兴大任的时代新人，坚持立德树人、以文化人。要强化教育引导、实践养成、制度保障，把社会主义核心价值观融入法治建设、融入社会发展、融入日常生活，使社会主义核心价值观的影响像空气一样无所不在、无时不有，成为百姓日用而不觉、须臾不可离的行为准则。

中华优秀传统文化是中华民族的精神命脉。"中华优秀传统文化是中华文明的智慧结晶和精华所在，是中华民族的根和魂，是我们在世界文化激荡中站稳脚跟的根基。"传承和弘扬中华优秀传统文化，要坚持与时俱进、因地制宜，激发中华优秀传统文化，坚持创造性转化和创新性发展，认真汲取其中的思想精华和道德精髓，展示中华民族的独特精神标识，更好构筑中国精神、中国价值、中国力量。要正本清源，讲清楚中华优秀传统文化的历史渊源、发展脉络、基本走向，讲清楚其独特创造、价值理念、鲜明特色，不断增强文化自信和价值观自信。

加快构建中国特色哲学社会科学。哲学社会科学是人们认识世界、改造世界的重要工具，是推动历史发展和社会进步的重要力量，其发展水平反映了一个民族的思维能力、精神品格、文明素质，体现了一个国家的综合国力和国际竞争力。习近平总书记指出："加快构建中国特色哲学社会科学，归根结底是建构中国自主的知识体系。"要按照立足中国、借鉴国外，挖掘历史、把握当代，关怀人类、面向未来的思路，体现继承性、民族性，体现原创性、时代性，体现系统性、专业性，构建中国特色、中国风格、中国气派的学科体系、学术体系、话语体系。

优化文化服务和文化产品供给机制。中国式现代化是物质文明

戏曲艺术是中华优秀传统文化的瑰宝，湘昆作为人类口头和非物质遗产代表作之一，是宣传湖南、展示中华优秀传统文化的一张名片。图为湘昆艺术家在表演《牡丹亭》

和精神文明相协调的现代化。要完善公共文化服务体系，建立优质文化资源直达基层机制，健全社会力量参与公共文化服务机制，推进公共文化设施所有权和使用权分置改革。深化文化领域国资国企改革，分类推进文化事业单位深化内部改革，完善文艺院团建设发展机制。不断健全文化产业体系和市场体系，完善文化经济政策。探索文化和科技融合的有效机制，加快发展新型文化业态。要建立文化遗产保护传承工作协调机构和文化遗产保护督察制度，推动文化遗产系统性保护和统一监管。构建中华文明标识体系。健全文化和旅游深度融合发展体制机制。

人民是文艺之母。社会主义文艺是人民的文艺，既来源于人民，又服务于人民。"文艺是时代前进的号角，最能代表一个时代的风貌，最能引领一个时代的风气。"要牢固树立马克思主义文艺观，始终坚持以人民为中心的创作导向，坚持文艺来自人民、文艺服务人民的根本立场、思想观点和工作方法，正确运用新的技术、新的手段，激发创意灵感、丰富文化内涵、表达思想情感，使文艺创作呈现更有内涵、更有潜力的新境界，生产更多、更好、更被人民喜闻乐见的、无愧于我们这个伟大民族伟大时代的优秀作品。

坚持走中国特色治网之道。互联网的迅猛发展，给不同文化和价值观念交流交融交锋带来前所未有的影响。"过不了互联网这一关，就过不了长期执政这一关。"要正确认识网络意识形态工作的重要地位作用、使命任务、重要原则和实践要求，确保网络意识形态工作始终沿着正确政治方向和道路前进。要坚持问题导向，牢牢把握工作主导权和主动权，唱响"主旋律"，巩固壮大主流思想舆论，坚决防范网络意识形态风险，建强"主阵地"，着力提升网络传播效能，筑牢"防火墙"。要坚持正能量是总要求，管得住是硬道理，用得好是真本事，科学认识网络传播规律，提高用网治网水平，推动互联网这个最大变量变成事业发展的最大增量。要健全网络综合治理体系，完善生成式人工智能发展和管理机制，推动形成良好网络生态，推动构建网络空间命运共同体。

着力加强国际传播能力建设，促进文明交流互鉴。一个大国发展兴盛，必然要提升文化传播力、文明影响力，在文明交流互鉴中体现与其硬实力相得益彰的软实力。要针对当前我国面临的国际上存在的信息流进流出的"逆差"、中国真实形象和西方主观印象的"反差"、软实力和硬实力的"落差"，下大力气加强国家软实力建设，使中华文明的传播力、影响力得到更加充分的展示。提高国家文化软实力，增强中华文明传播力、影响力，必须切实把我们自身的文化建设好，做到"形于中"而"发于外"。要坚持以我为主，做到"六经责我开生面"，加快构建中国话语和中国叙事体系，全面提升国际传播效能。建设全球文明倡议践行机制。

增强文化软实力，担负起新的文化使命

2020年9月，习近平总书记视察湖南，到沙洲村、岳麓书院、马栏山视频文创产业园等地考察，从赓续红色基因、传承中华优秀传统文化和湖湘文化、发展文化产业等方面对湖南文化建设提出了明确要求。2024年3月，习近平总书记再次考察湖南，指出"悠久的历史文化、厚重的革命文化、活跃的现代文化，是湖南增强文化软实力的丰富资源和深厚基础"，殷切嘱托湖南要进一步增强文

化软实力，更好担负起新的文化使命，在建设中华民族现代文明中展现新作为。

传承悠久的历史文化。习近平总书记指出，中华优秀传统文化是我们最深厚的文化软实力，也是中国特色社会主义根植的文化沃土，还是中华民族自信自强、生生不息的精神动力。湖湘文化博大精深、底蕴深厚、源远流长，是中华优秀传统文化的重要组成部分。湖湘文化精神孕育出许多著名历史人物，为湖南的文化注入了深刻的精神品质与经世智慧。习近平总书记强调，要善于把弘扬优秀传统文化和发展现实文化有机统一起来，紧密结合起来，在继承中发展，在发展中继承。在常德河街考察时，习近平总书记指出，多姿多彩的地方特色传统文化，共同构成璀璨的中华文明，也助推经济社会发展。历史文化是城市的灵魂，要像爱惜自己的生命一样保护好城市历史文化遗产。走中国特色社会主义道路，一定要深深扎根于中国的文化沃土。我们要坚定道路自信、理论自信、制度自信、文化自信，其中文化自信是更基础、更广泛、更深厚的自信，当代学生在传承中华优秀传统文化的过程中务必要进一步坚定文化自信。

赓续厚重的革命文化。习近平总书记指出，中国特色社会主义文化，源自中华民族五千多年文明历史所孕育的中华优秀传统文化，熔铸于党领导人民在革命、建设、改革中创造的革命文化和社会主义先进文化。湖南作为中国革命的重要策源地，"十步之内，必有芳草"，大批共产党人在湖南这片热土谱写了感天动地的英雄壮歌。在参观汝城沙洲村"半条被子的温暖"专题陈列馆时，习近平总书记叮嘱湖南要用好这样的红色资源，讲好红色故事，搞好红色教育，让红色基因代代相传。强调要保护好、运用好红色资源，加强革命传统和爱国主义教育，引导广大干部群众发扬优良传统，赓续红色血脉，坚定理想信念，走好新时代长征路。在考察湖南第一师范学院（城南书院校区）时，习近平总书记指出，国家要强大，必须办好教育。一师是开展爱国主义教育、传承红色基因的好地方，要把这一红色资源保护运用好。学校要立德树人，教师要当好大先生，不仅要注重提高学生知识文化素养，更要上好思政课，教育引导学生明德知耻，树牢社会主义核心价值观，立报国强国大志向，努力成为堪当强国建设、民族复兴大任的栋梁之材。

发展活跃的现代文化。文化产业的繁荣离不开活跃的现代文化，现代文化产业体系和文化市场体系是社会主义市场经济的重要组成部分。湖南文艺创作繁荣，文创场景多元，文化产业兴旺，创立了广电、出版等文化湘军品牌，培育了以马栏山"中国 V 谷"为代表的文化产业，长沙成为世界"媒体艺术之都"，影视传媒、新闻出版、演艺娱乐、动漫游戏等产业持续壮大，文化产业已经成为湖南现代

湖南一师深挖校史红色资源，创新红色教育模式，探索出了一条以"大思政"育"大先生"、以"红色校史"铸"红色师魂"的师范生师德养成教育创新之路。图为被誉为"千年学府、百年师范"的湖南第一师范学院（城南书院校区）

化产业体系中的一张闪亮名片。健全现代文化产业体系、市场体系和公共文化服务体系，推动各类文化市场主体发展壮大，培育新型文化业态和文化消费模式，必须坚持把社会效益放在首位，牢牢把握正确导向，守正创新，大力弘扬和培育社会主义核心价值观，努力实现社会效益和经济效益有机统一，确保文化产业持续健康发展。

探索文化和科技融合的有效机制。2020 年 9 月，在考察马栏山视频文创产业园时，习近平总书记指出，"文化和科技融合，既催生了新的文化业态、延伸了文化产业链，又集聚了大量创新人才，是朝阳产业，大有前途"。2024 年 3 月湖南之行，习近平总书记明确要求湖南探索文化和科技融合的有效机制，加快发展新型文化业态，形成更多新的文化产业增长点。要以数字技术创新文化表现形式、传播方式，提高文化吸引力、感染力、传播力。强调要顺应数字产业化和产业数字化发展趋势，改造提升传统文化业态，提高质量效益和核心竞争力。

大力推进文化和旅游深度融合。文化产业和旅游产业密不可分，构建以文塑旅、以旅彰文发展模式，推动文化和旅游融合发展，让人们在领略自然之美中感悟文化之美、陶冶心灵之美。党的十八大以来，习近平总书记考察湖南，多次点赞湖南风光之秀美、景色之壮丽。习近平总书记要求湖南推进文化和旅游深度融合，守护好三湘大地的青山绿水、蓝天净土，把自然风光和人文风情转化为旅游业的持久魅力。要用文化丰富旅游内涵、提升旅游品位，用旅游带动文化传播、推动文化繁荣，建立旅游领域"顽瘴痼疾"治理常态长效机制，大力培育和发展文化旅游领域新质生产力，打造更多具有湖湘特色的标志性文旅融合新产品、新服务、新业态。

党的十八大以来，湖南始终坚持以习近平新时代中国特色社会主义思想为指导，勇担新的文化使命，推进文化事业全面繁荣和文化产业高质量发展，为实现湖南从文化大省向文化强省历史性跨越、建设现代化新湖南奠定了坚实基础。

历史文化"活"起来了

湖湘文化作为中华文明的重要一脉，是中华优秀传统文化"百花园"中的灿烂瑰宝，湖湘精神早已深深嵌入中华文明基因库中。进入新时代，推动湖湘文化创造性转化、创新性发展，成为坚定文化自信、奋力建设现代化新湖南的重要力量。

历史文化在传承创新中实现现代化表达。党的十八大以来，湖南以建设湘学、楚文化、汉文化和梅山文化等研究展示基地及湖湘特色文化产品原创基地为抓手，深入挖掘、研究和阐释优质文化基因，赋予全省历史文化、革命文化和社会主义先进文化中的物质、精神、形态、语言和象征符号等要素以新的时代内涵。通过艺术创作、作品展陈、文化旅游和文创产品等形式，历史文化焕发出新的光彩，成为推动湖南高质量发展的重要文化力量。

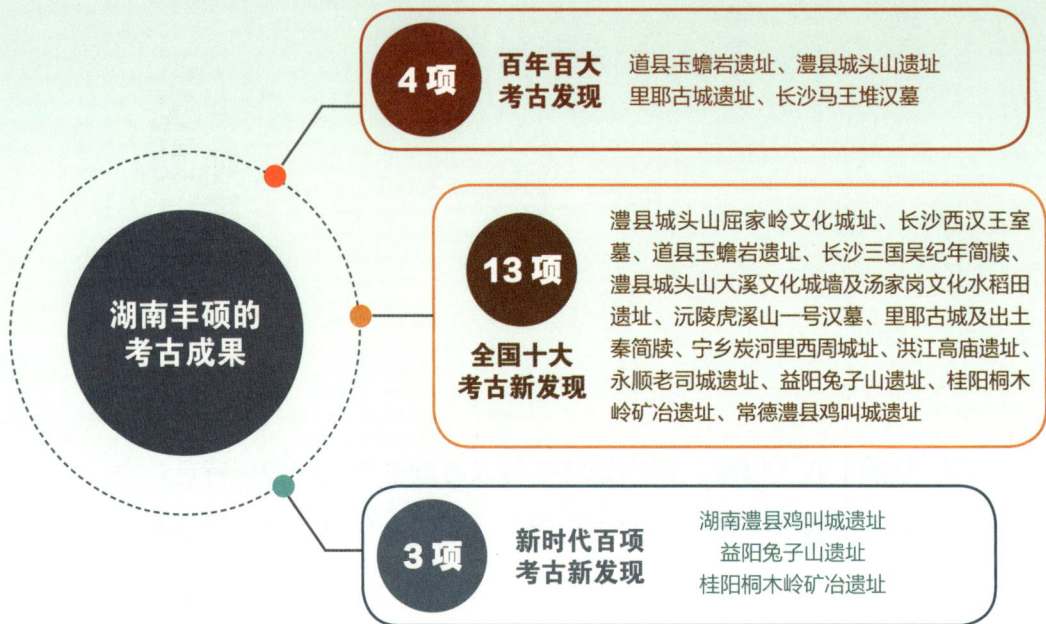

湖南丰硕的考古成果

4项 百年百大考古发现 — 道县玉蟾岩遗址、澧县城头山遗址、里耶古城遗址、长沙马王堆汉墓

13项 全国十大考古新发现 — 澧县城头山屈家岭文化城址、长沙西汉王室墓、道县玉蟾岩遗址、长沙三国吴纪年简牍、澧县城头山大溪文化城墙及汤家岗文化水稻田遗址、沅陵虎溪山一号汉墓、里耶古城及出土秦简牍、宁乡炭河里西周城址、洪江高庙遗址、永顺老司城遗址、益阳兔子山遗址、桂阳桐木岭矿冶遗址、常德澧县鸡叫城遗址

3项 新时代百项考古新发现 — 湖南澧县鸡叫城遗址、益阳兔子山遗址、桂阳桐木岭矿冶遗址

　　高度重视文物保护和利用工作。大力推进文物保护利用"六大工程"，"两馆两园两体系"保护和建设取得重要进展。常德澧县鸡叫城遗址等13项成果获评"全国十大考古新发现"，长沙马王堆汉墓等4项成果获评"百年百大考古发现"，益阳兔子山遗址等3项成果获评"新时代百项考古新发现"。丰硕的考古成果，力证湖南在印证人类起源、农业起源、中华文明起源等方面作出的重要贡献。截至2023年上半年，全省已登记不可移动文物20366处、可移动文物藏品200余万件套；全国重点文物保护单位229处，数量居全国第八；建成国家考古遗址公园6个，数量居全国第五；史前遗址、革命文物、传统村落等重要特色资源均位居全国前列，丰厚的文化遗产与历史文化资源让湖南跻身"全国十个文物大省（市）"行列。

　　充分发挥非物质文化遗产传承中华优秀传统文化的载体作用。

湖南充分发挥非物质文化遗产传承中华优秀传统文化的载体作用，鼓励湘烟花走出国门，助力中外文化交流互鉴。图为第十四届中国（浏阳）国际花炮文化节开幕式

湘版图书、湘剧、湘影视、湘绣、湘瓷、湘菜、湘茶、湘烟花走出国门，助力中外文化交流互鉴。古城、古镇、古村保护成绩斐然，截至 2023 年底，全省共有 704 个村落列入中国传统村落名录，居全国第三；拥有历史文化名城名镇名村 269 个，历史文化街区 53 片，历史建筑 2590 处。积极推动国家级武陵山区（湘西）土家族苗族文化生态保护区建设，探索出坚持把非遗保护与文物保护、项目建设、文旅产业和乡村振兴相结合的"四个结合"建设模式。

革命文化"传"起来了

十步之内，必有芳草。湖南是一方红色热土，革命资源极为丰富，红色文化基因深沉厚重。寸土千滴红军血，一步一尊英雄躯。湖南是革命文物大省，革命文物资源总量和重要革命文物数量位居全国首位。

强化红色资源保护。摸清湖南红色资源家底、保存现状及在全国的地位。2023 年，湖湘大地上，有不可移动革命文物 2300 余处、省级以上革命文物保护单位 517 处、革命纪念馆 76 家、爱国主义教育示范基地 192 个，全国革命文物保护利用重点片区 9 个、重点县 72 个，革命文物资源总量和重要革命文物数量居全国前列。制定加强革命历史类纪念设施、遗址遗迹和爱国主义教育基地建设管理系列文件。印发《湖南省革命文物保护利用工程（2020—2022 年）实施方案》，深入开展革命文物保护利用工作。出台《湖南省红色

有不可移动革命文物
2300 余处

湖南
红色
家底
（2023 年）

省级以上革命文物
保护单位**517**处、
革命纪念馆**76**家
爱国主义教育示范
基地**192**个

革命文物资源总量和重要革命文物数量均位居**全国第一**

全国革命文物保护利用重点片区**9**个、重点县**72**个

资源保护和利用条例》，推动湖南红色资源保护利用步入法治轨道。编制《长征国家文化公园（湖南段）建设保护规划》，对湖南境内长征主题遗址遗迹、纪念设施分门别类编制相关保护规划。加大保护投入，近五年来，国家、省和市县共投入 8.16 亿元，组织实施革命文物修缮修护保护项目 400 余个。

加强红色文化研究和教育。建立传承红色基因社科研究基地，深化对"半条被子"精神、陈树湘精神、袁隆平精神等的研究。开展"沿着总书记的足迹"主题宣传，推出《湖湘潮 百年颂》《百年大党 风华正茂》等系列专题专栏，创作《理想照耀中国》《百炼成钢》《忠诚之路》《半条红军被》《湖湘红色基因文库》等一批优秀文艺作品和出版物，举办"百年正青春""百团百角唱百

湖南深化对"半条被子"精神的研究，创作重大革命历史题材民族歌剧《半条红军被》。图为《半条红军被》在长沙梅溪湖国际文化艺术中心大剧院上演剧照

年"等主题文化活动和"潇湘红色故事汇 百年激荡青春潮"全省大学生红色故事讲述大赛，常态化开展"走进红色课堂、传承红色基因""新时代先进人物进校园"等主题活动，引导广大青少年知史爱党、知史爱国，让红色基因、革命薪火代代相传。

推动红色文化传承利用。高标准推进长征国家文化公园（湖南段）、湖南革命军事馆和十八洞村精准扶贫展览馆等建设和陈列布展。高度重视做好红色文化传承，在全国实现了"三个率先"：率先推进毛泽东同志故居、秋收起义旧址等革命文物整体保护利用；率先制定红色资源保护利用地方法规；率先将文物安全纳入市州绩效考核。开展湖湘珍贵红色资源数字化保护，实现红色资源物质形态与数字形态的融合融通。加大红色题材文艺创作生产扶持力度，推出《大地颂歌》《热血当歌》《湖湘英烈故事丛书》《革命诗画》等一批具有全国影响力的优秀作品。

现代文化"火"起来了

近年来，湖南不断深化文化体制机制改革，扩大文化产业有效投资，激发文化消费潜力，推进文化与科技、旅游、创意深度融合，有力推动了湖南文化产业高质量发展。2024年，湖南规模以上文化及相关产业企业4344家，实现营收3626.48亿元，按可比口径计算，比上年增长13.7%，企业主要经营指标稳居全国第一方阵。

文化和科技融合加速推进。大力实施科技赋能文化产业创新工程，加快数字视频技术创新和应用，全力招引国内外文化和科技融合的头部企业、领军人才和重要科技力量，开辟高质量发展新赛道，形成新质生产力。马栏山视频文创产业园已引进 3800 多家上下游企业，形成了集创意、内容制作、储存、播发、交易于一体的数字文化产业链，成立了 5G 高新视频多场景应用国家广电总局重点实验室、马栏山·华为云音视频产业创新中心等 10 个研发创新平台。"文化＋科技"的深度融合使马栏山朝着"中国 V 谷"的目标快速迈进。截至 2024 年 3 月，园区 5G 智慧电台已应用于 30 个省市区的 1203 家广播电台，AI 手语播报系统已推广至 346 家电视台和融媒体中心。文化和科技融合延展了文化呈现纬度，《最忆韶山冲》《遇见大庸》《天宠湖南》《桃花源记》等文旅演艺节目火爆出圈。文化和科技融合延伸了文化赓续经度，湖南博物院收藏的马王堆汉墓出土文物、中国最大的露天摩崖石刻碑林——永州浯溪碑林等文化物品借助现代科技手段焕发出新的生机活力。

文化和旅游融合持续深入。2024 年，湖南实施文化创意旅游产业倍增计划，出台《推进文化创意旅游产业倍增计划实施方案》

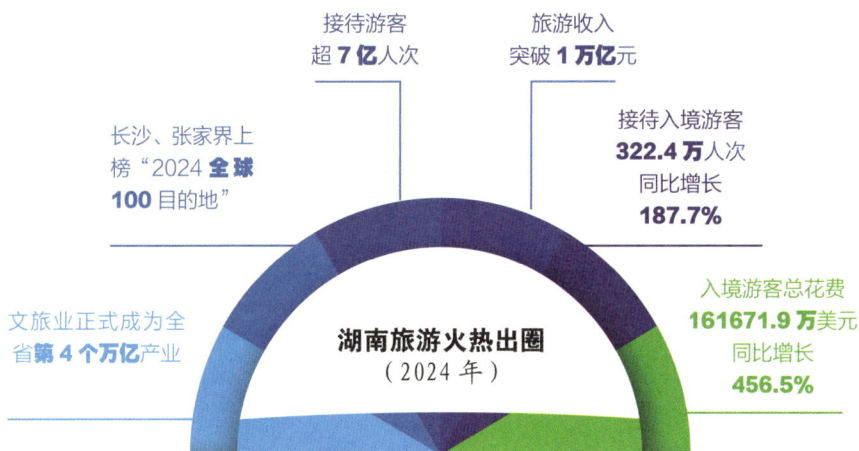

接待游客
超 **7 亿**人次

旅游收入
突破 **1 万亿**元

长沙、张家界上
榜"2024 **全球**
100 目的地"

接待入境游客
322.4 万人次
同比增长
187.7%

文旅业正式成为全
省**第 4 个万亿**产业

湖南旅游火热出圈
（2024 年）

入境游客总花费
161671.9 万美元
同比增长
456.5%

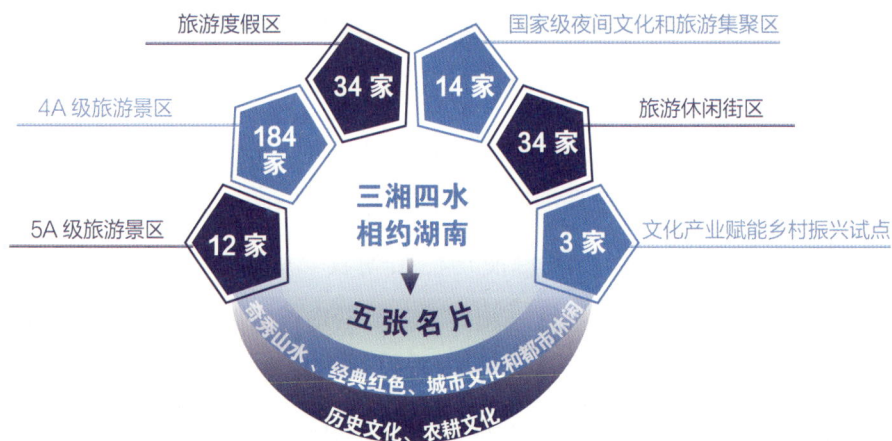

旅游度假区 　34家　14家 国家级夜间文化和旅游集聚区

4A级旅游景区 　184家　34家 旅游休闲街区

5A级旅游景区 　12家　3家 文化产业赋能乡村振兴试点

三湘四水
相约湖南
↓
五张名片

奇秀山水、经典红色、城市文化和都市休闲
历史文化、农耕文化

《推进全省文化创意旅游产业链大招商的若干措施》等政策。2024年，全省全年接待游客超7亿人次，旅游收入突破1万亿元，文旅业正式成为全省第4个万亿产业。 全省接待入境游客322.4万人次，同比增长187.7%；入境游客总花费161671.9万美元，同比增长456.5%。长沙、张家界上榜"2024全球100目的地"，其中，长沙接待入境游客77.78万人次，同比增长118.9%；张家界接待入境游客超183万人次，同比增长166.3%。目前，湖南省A级旅游景区总数达652家，其中，5A级12家，4A级184家，旅游度假区34家，旅游休闲街区34家。大力实施"三湘四水　相约湖南"旅游品牌建设工程，培育擦亮了"奇秀山水""经典红色""城市文化和都市休闲""历史文化""农耕文化"五张名片，加快朝着建设"世界旅游目的地"迈进。乡村文化旅游节、国际文化旅游节等活动和《傲椒的湘菜》《去'湘'当有味的地方》等旅游美食节目产生广泛的影响，"网红"长沙深受年轻人追捧。文旅与扩大消费、科技创新、城乡发展和产业转型全面融合，新文旅、新科技、新消费、

湖南文旅，推动高质量发展的"一把火"

2023 年，聚焦经济主战场，
各地通过举办旅发大会推进重大文旅项目 498 个，总投资 2644.7 亿元

2023 湖南文化旅游产业博览会共吸引 8 省（区、市）**1000 余**家优质文旅企业参展，零售总额 **5100 万元**，订购交易 **3.95 亿元**

推出湖南省重点文旅招商项目 **340** 个，总投资 **3323.12** 亿元

郴州市文化艺术中心、711 时光小镇等大批项目"变废为宝"重获新生

2023 湖南文旅投融资大会发布文旅金融创新产品 **101** 个，融资放款签约 **276.951 亿元**

深度对接粤港澳大湾区、长三角城市群开展"叩门招商"，共完成省级签约项目 **50** 个、投资额 **234.7 亿**元，各市州引进签约项目 **154** 个、投资额 **319 亿**元

湖南在全省上下形成了省、市、县联动的"1+13+N"旅发大会推进机制，着力实现"办一次会、兴一座城"目标。图为第二届湖南旅游发展大会开幕式暨文化旅游推介会开幕式文艺演出

新发展蔚然成势，培育形成文旅企业 5.8 万家，其中上市企业 5 家、居全国第五，形成了覆盖吃、住、行、游、购的全领域、链群式发展格局。"1+13+N"旅发大会推进机制形成，张家界市、郴州市、衡阳市先后举办三届湖南旅游发展大会，集中整合项目、资金、政策等发展要素，推动承办地基础设施建设、整体环境优化、产业融合发展、经济社会发展"四个提速"，着力实现"办一次会、兴一座城"目标。

省管国有文化企业持续发光发热。持续实施"一企一方案"改革，推动健全有文化特色的现代企业制度、加强主业管理、完善公司制管理，建立文化企业经营研判机制，国有文化企业竞争力得到巩固提升。湖南广电 2023 年全年上线 100 多档综艺节目，在全国排名前 10 的综艺中占 7 席，湖南卫视收视率、品牌力、传播力稳居全国省级卫视第一，芒果超媒入列"全国文化企业 30 强"；湖南出版集团 2023 年全国图书零售市场占有率排名地方出版集团第一，

省管国有文化企业高质量发展

（2023 年）

湖南广电	湖南出版集团	湖南日报报业集团
全年上线 **100** 多档综艺节目，远超其他长视频平台总和，荣获 2023—2024 年度国家文化出口重点企业；风芒下载量 **2300** 万，获评"2023 年全国广播电视媒体融合典型案例"；芒果超媒股份有限公司入选"全国文化企业 30 强"	在全国出版集团零售实洋排名中，湖南出版集团名列**全国第二**、地方出版集团**第一**；中南传媒连续十五届入选"全国文化企业 30 强"；在"2023 年全球出版 50 强"中位列第 **17** 位，在上榜的中国出版企业中排名**第二**	获得中宣部《新闻阅评》**3** 次专题表扬，**3** 件作品获第 33 届中国新闻奖；新湖南客户端累计下载量超过 **8500** 万、报社旗下全媒体覆盖人数达 **1.2** 亿、第三方平台粉丝数达 **3245.43** 万

中南传媒入列"2023年全球出版50强"第17位,连续十五届入列"全国文化企业30强";湖南日报报业集团营收稳步增长,2023年,新湖南客户端累计下载量超8500万人次,抖音粉丝量居全国省级党报前五。2023年1—7月,5家省管国有文化企业实现营业收入203.68亿元,同比增长3.24%。

新兴文化业态、民营文化企业快速发展。2023年,湖南省动漫游戏产业总产值476.15亿元,同比增长6.16%,经营企业和机构达8773个。浏阳花炮产业迎来新一轮井喷式发展,实现总产值508.9亿元,同比增长68.8%。拓维信息与华为的持续深度合作实现价值倍增效应,使其成为国内智能计算和开源鸿蒙领域中的先行者。新兴文化业态蓬勃发展,利用互联网岳麓峰会、湖南广电IP资源等优势,探索互联网、传媒与旅游融合,畅通互联网骨干直联点,直播带货、网红经济潜能不断释放。

产业园区建设推动文化产业提质增效。长沙市文化产业基地(园区)数量多、规模大,数量占全省的50%以上,聚集较多头部文化企业。其中,马栏山视频文创产业园引领示范作用明显。2023年,马栏山视频文创产业园营收、税收均实现两位数增长,企业营收723.83亿元,同比增长12.5%,税收36.5亿元,同比增长10%。2023年,地州市的文化创意产业园区建设亦卓有成效。株洲聚焦"打造国家级陶瓷产业先进制造业集群"目标,推进陶瓷装备产业园、瓷泥产业园、包装产业园、株醴新城物流产业园等项目建设,整合瓷泥、包装、物流等企业百余家,产值规模超600亿元。邵阳加快建设国内一流的印刷产业园,天闻新华印务、永吉红包、呈兴纸品、东龙彩印等骨干企业技术装备达到国内领先水平。

党的十八大以来，湖南文化事业健康有序发展，文化产业增长势头强劲，文化工作者队伍精神面貌焕然一新，文化已成为湖南经济社会发展的一张重要名片。但在激活文化市场需求、做好文旅融合文章、推进文化体制机制改革、培育壮大经营主体等方面，湖南仍需聚焦重点、持续发力。为此，中共湖南省委强调，要健全意识形态工作责任制落实机制，优化文化服务和文化产品供给机制，探索文化和科技融合的有效机制，构建具有湖南特色的国际传播体系，在建设中华民族现代文明中展现新作为。

赓续红色血脉，提升红色文化传播力、影响力

塑造"伟人故里"世界级品牌。认真贯彻落实习近平总书记关于红色资源保护利用的重要论述，坚持把红色资源开发利用作为一项重要的政治工程、文化工程、富民工程和民心工程，持续推进党的革命史料发掘和革命旧址修缮保护，建好用好革命历史类纪念设施、遗址遗迹，完善爱国主义教育基地、国防教育基地管理制度。健全革命文物抢救性修复、预防性保护、数字化运用机制。探索网上思想道德教育分众化、精准化实施机制。围绕弘扬以伟大建党精

湖南赓续红色血脉，塑造"伟人故里"世界级品牌。图为韶山毛泽东同志故居

神为源头的中国共产党人精神谱系，依托老一辈湘籍无产阶级革命家名人效应，进一步在资金、政策、用地等要素保障方面加大对"伟人故里"核心景区景点的投入力度。充分利用新一代网络通信、人工智能、大数据等新技术推进产品和服务更新，构建主题鲜明、梯次分明、总分结合、高效协同的文化旅游品牌体系。

培育一批红色旅游文创基地和企业。优化文化服务和文化产品供给机制，健全历史文化传承体系。充分发挥国家级文创产业基地示范带动效应，持续推进爱国主义教育基地产品服务升级，依托已有 IP 资源，开发一批具有湖南特色、体现红色文化精髓的产品和服务。创新运营模式，鼓励支持有实力的企业向红色文化领域进军，促进跨界合作。支持有实力的文创基地和企业引入"直播带货"等模式。鼓励以湖南红色文化为原型创作文艺作品、影视作品、舞台

着力打造以韶山等为代表的"经典红色"名片

2022年9月，湖南省委、省政府出台《关于加快建设世界旅游目的地的意见》，对标世界一流标准，挖掘和展示湖湘独特文旅之美，打造五张湖南名片。其中之一，便是着力打造以韶山等为代表的"经典红色"名片——挖掘韶山红色文化内涵，以党性教育、红色培训、研学旅行为重点，提升景区景点品质，丰富产品业态，增强旅游体验。规划建设青年毛泽东游学调研、农民运动考察等经典旅游线路。发挥韶山、花明楼、乌石镇等红色旅游在湘赣边区域合作示范区的重要作用，推动长征国家文化公园（湖南段）、长江国家文化公园（湖南段）建设。以韶山红色旅游为引领，拓展中国红色旅游博览会、中俄（法、越）红色旅游城市（景区）国际合作交流等平台，打造汝城沙洲、十八洞村、通道转兵、桑植红二方面军长征出发地、浏阳文家市和益阳山乡巨变第一村等红色旅游精品，塑造湖南"伟人故里"世界级品牌。

剧，鼓励组织开展红色文化创意大赛。

打造红色旅游城市（景区）交流合作平台。 深化内部资源整合，优化省内跨区域红色文化旅游线路，做活带火一批景区景点。拓展外部合作空间，构建具有湖南特色的国际传播体系。推动主流媒体国际传播内容、技术、管理变革，打造新型国际传播平台。组织红色文旅企业积极参与国际旅游交易会，做好针对湖南籍留学生群体与在湘外国人员的红色文化旅游传播，把中俄（法、越）红色旅游城市（景区）国际合作交流落到实处。争创红色旅游国际合作创建区。积极举办主题外宣活动，加强网络文化和网络文明建设。加强湖湘文化海外宣传推介，开辟"文化出海"新通道，实施"湖南文化走向世界"计划，完善文化旅游海外推介机制。组织在国外开展红色文化展览、展演活动。

湖南依托和挖掘丰富的非遗资源等地域特色文化，打造了一批集聚类文化创意产业园及文创空间。图为2023年长三角及全国部分省市最美公共文化空间大赛中获"百佳公共文化空间奖"的醴陵陶瓷博物馆

加强红色教育，推动理想信念教育常态化制度化。提升红色旅游教育功能，支持韶山开展全国红色旅游融合发展试点，实施革命文化赓续工程，完善"我的韶山行"全省中小学生红色研学长效机制。健全"新时代新雷锋"重大先进典型学习宣传机制。推进长征国家文化公园（湖南段）建设，建好湖南革命军事馆，持续发挥好沙洲村等新时代红色地标作用。开展传统文化和革命文化进校园等活动，提高文化供给质量。创新红色教育方式，把"大道理"分解成"小菜单"，把"冒热气"理论变成"接地气"语言。要运用好"一勺盐"原理，避免生搬硬套、填鸭式教学，不能把盐（理论）放在勺子里面直接吃，要把盐（理论）放在菜里、放在汤里，使人们自觉接受红色教育影响，推动红色教育潜移默化、润物无声。

推进文化和科技深度融合

文化和科技融合是贯彻落实习近平文化思想的实践路径，是新质生产力在文化领域的重要体现，是增强文化软实力、建设中华民族现代文明的战略抓手。发展社会主义先进文化，加快发展音视频、动漫游戏、内容电商、数智出版、数字演艺等文化业态。深化文化领域行政审批备案制度改革。健全文化产业体系和市场体系，完善文化经济政策，设立马栏山文化产业投资基金，健全支持文化企业上市融资、并购重组机制。

着力构建文化和科技深度融合创新体系。推动建设文化和科技融合的研究机构与创新中心，组建文化和科技融合高水平大学，培育壮大国家战略科技力量，加快突破文化共性关键技术，优化重大文化科技创新组织机制。

着力锻造文化和科技融合创新平台。培育头部数智超级传播平台，形成综艺、电视剧、电影、微短剧、资讯等全品类内容新优势。加强音视频国产自主装备和产品的研发与制造，建立健全音视频领域"自主标准＋国产设备＋优质内容"产业模式。

着力实施数字文博示范工程。建设文物数字技术省重点实验室，争取国家文物局重点实验室落户湖南。发展数字文博装备制造业，重点发展数字采集装备和数据利用装备产业。构建数字文博资源库。建设数字文博资产交易平台，提供数字资产评估定价服务，建立文物鉴定共享平台。

着力打造动漫游戏产业集聚区。打造动漫游戏平台、背包创客孵化中心、动漫游戏生态区，推动中国动漫游戏走出去。

着力推动数字文化贸易。实施"芒果出海"行动。拓展数字文化贸易新通道，探索网络文学、网络视听、动漫游戏、数智出版、演艺展览、体育文化出海机制。依托我国海外传播平台，拓展文化贸易渠道。培育一批具有国际影响力的数字文化贸易领军企业、"独角兽"企业。建设算料中心（所）。举办国际文化装备博览会，并创新办会机制，以博览会带动常态化交易市场建设和文化装备产业发展。

推进文化和旅游深度融合

让"办一次会、兴一座城"成为旅游发展大会一以贯之的基本理念。实施全域旅游战略，推动以市场化方式办好旅游发展大会。严格落实目标，支持存量项目"变废为宝""点石成金"焕发新机，既支持"旧瓶装新酒"，又支持"新瓶装旧酒"；要正确处理政府和市场的关系，完善文化经济政策。支持政府规划招商和社会投入运营，充分发挥两个方面的积极性，牢牢把握正确导向，真正做到将旅发大会越办越好。坚持规划先行、注重规划引领。加强文化旅游规划与国土空间、生态环保、综合交通、文物保护等专项规划的配套衔接，

在线问答 ?

什么是"独角兽"企业？

答：通常指的是成立时间不超过10年、估值超过10亿美元的未上市创业公司。

湖南鼓励一部分生态环境好但生态环境脆弱、生态容量小、产业基础差的县市区一心一意发展文旅、农旅产业，打造精品旅游线路。图为"湘西明珠"凤凰古城

进一步明晰湖南在国内国际文化旅游市场中的定位，找准文化旅游产业发展主攻方向。大力发展演艺、会展、体育赛事等文旅融合业态，全面深度梳理可能打造成为旅游吸引物的资源，编制好总体规划，把自然风光和人文风情更好地转化为湖南旅游品牌的持久魅力，坚决不搞盲目无序开发、粗放发展、低效内耗、同质化竞争。要创新旅游宣传营销，大力拓展国内和国际市场，建设世界旅游目的地。

让"处处有旅游，行行加旅游"的全域旅游格局加快形成。持续推进深度体验、夜间经济、避暑经济、康养旅游、研学旅游、休闲度假等精品旅游产品开发，把湖南作为一个大景区、大花园来打造，进一步擦亮湖南文旅"五张名片"，并形成影响力。鼓励一部分生态环境好但生态环境脆弱、生态容量小、产业基础差的县市区一心一意发展文旅、农旅产业，通过土地流转、农产品加工、农家

湖南把历史文化遗产保护放在第一位，将历史文化遗产规划好、保护好、利用好。图为国家级非物质文化遗产火宫殿火神庙会举办地火宫殿

乐接待、精品民宿开发、传统手工艺制作、旅游务工等，引导群众参与旅游产业发展，使每一个角落都成为旅游目的地。落实"行行搞旅游"的基本思路，规划建设一批工业科技企业旅游点，把工业科技旅游点嵌入传统人文和生态旅游线路中。大力推进"旅游+""+旅游"，促进文化旅游与工业、农业、科技、教育、体育、康养等产业深度融合，进一步延长产业链，提高产业附加值。加强旅游基础设施和公共服务体系建设，大力发展智慧旅游，升级旅游配套体验服务，建设一批高品质旅游通道、航道、步道，打造更多精品旅游线路。

让"古色"厚重的传统文化加入旅游发展大舞台。按照习近平总书记"把历史文化遗产保护放在第一位，同时要合理利用"的指示要求，深化湖湘文化的文明源流和历史地位研究。加强湖湘文化传承保护，实施文物保护利用"六大工程"，推进历史建筑、历史街区、名城名镇名村和传统村落等文化遗产保护和活化利用，建设好国家文物保护利用示范区。推进非物质文化遗产和民族地区优秀文化系统性保护，支持和引导湘剧、花鼓戏、祁剧、丝弦、高腔、号子、湘绣等地方特色文化守正创新、繁荣发展。

让"游客满意在湖南"成为文化旅游发展的一种必然。以"每天都从零开始"的意识和一抓到底的决心，加大旅游市场监管执法力度，加强景区安全管理，提高旅游服务质量水平，优化旅游惠民便民措施，真正让游客在湖南安心、舒心、放心、开心，打造有温度、有情怀、亲人化的文旅环境，切实提升游客的安全感、幸福感、获得感。优化市场环境，构建诚信品牌和诚信企业评价体系，树立诚信标杆，规范导游和民宿管理，大力整治宰客欺诈、隐性消费、过度宣传等市场乱象，加强行业自律，实现湖南旅游高质量发展。

深度阅读

1.《沈晓明在张家界调研时强调 守护绿水青山 深化全域旅游 坚定走生态美产业兴百姓富的高质量发展之路》，《湖南日报》2023年6月22日。

2.《中共湖南省委、湖南省人民政府关于加快建设世界旅游目的地的意见》，2022年9月。

3.《湖南省"十四五"旅游业发展规划》，2021年8月。

4.《湖南省"十四五"时期推进旅游业高质量发展行动方案》，2021年8月。

5.《关于进一步推动文化和旅游赋能乡村振兴的若干措施》，2023年6月。

6.《雪峰山文化和旅游发展规划（2023—2035年）》，2023年12月。

7.《推进全省文化创意旅游产业链大招商的若干措施》，2024年5月。

第九章

让老百姓过上好日子

——如何办好民生实事，增进民生福祉

❶ 共同富裕是社会主义的本质要求，是人民群众的共同期盼。中国式现代化是全体人民共同富裕的现代化。

❷ 湖南要坚持以人民为中心的发展思想，为全面建成社会主义现代化强国而奋斗，促进共同富裕、增进民生福祉，着力解决制约民生领域的痛点难点，让老百姓生活更加富裕、更加幸福。

❸ 湖南牢记习近平总书记殷殷嘱托，以首倡之地扛起首倡之责，举全省之力打赢脱贫攻坚战，在实现共同富裕的道路上迈出坚实的一步。同时持续办好重点民生实事，使人民群众的获得感、幸福感、安全感上了一个大台阶。

❹ 中共湖南省委针对就业不充分、公共卫生服务能力不够强、社会保障水平有待提升等情况，实施两大规模创业就业行动，加快建设健康湖南，织密民生保障网。

实现共同富裕是中国特色社会主义的本质要求，是中国式现代化的本质特征，不仅是经济问题，而且是关系党的执政基础的重大政治问题。习近平总书记指出，共同富裕是社会主义的本质要求，是人民群众的共同期盼。中国式现代化是全体人民共同富裕的现代化。湖南要坚持以人民为中心的发展思想，为全面建成社会主义现代化强国而奋斗，促进共同富裕、增进民生福祉，着力解决制约民生领域的痛点难点，让老百姓生活更加富裕、更加幸福。

中国式现代化是全体人民共同富裕的现代化

在实现现代化的过程中实现共同富裕。共同富裕是中国式现代化的重要特征，要在高质量发展中促进共同富裕。习近平总书记强调，我们不能等实现了现代化再来解决共同富裕问题，而是要始终把满足人民对美好生活的新期待作为发展的出发点和落脚点，在实现现代化过程中不断地、逐步地解决好这个问题。

正确认识共同富裕的总体性与长期性。共同富裕是一个总体概念，是对全社会而言的，要从全局上来看。实现全体人民共同富裕是一个长期的历史过程，不可能一蹴而就，必须保持历史耐心、进湖南牢固树立以人民为中心的发展思想，在发展中稳步提升民生保障水平，民生保障交出漂亮"成绩单"。图为游客在永州市零陵古城游玩

行不懈努力，根据现有条件把能做的事情尽量做起来，积小胜为大胜，推动全体人民共同富裕取得更为明显的实质性进展。促进共同富裕，要把握好鼓励勤劳创新致富、坚持基本经济制度、尽力而为量力而行、坚持循序渐进原则。

多措并举增进民生福祉。民生是人民幸福之基、社会和谐之本。保障和改善民生要从收入分配制度、就业、社会保障体系和健康中国建设四个方面入手。完善收入分配制度。构建初次分配、再分配、第三次分配协调配套的制度体系，提高居民收入水平在国民收入分配中的比重，提高劳动报酬在初次分配中的比重。完善就业优先政策。健全高质量充分就业促进机制，完善就业公共服务体系，着力解决结构性就业矛盾。完善高校毕业生、农民工、退役军人等重点群体就业支持体系，健全终身职业技能培训制度。统筹城乡就业政策体系，完善促进机会公平制度机制，完善劳动关系协商协调机制。健全社会保障体系。完善基本养老保险全国统筹制度，健全全国统一的社保公共服务平台。健全社保基金保值增值和安全监管体系。健全基本养老、基本医疗保险筹资和待遇合理调整机制，逐步提高城乡居民基本养老保险基础养老金。加快发展多层次多支柱养老保险体系，推进基本医疗保险省级统筹。推进健康中国建设，实施健康优先发展战略，健全公共卫生体系。促进医疗、医保、医药协同发展和治理。促进优质医疗资源扩容下沉和区域均衡布局。深化以公益性为导向的公立医院改革，引导规范民营医院发展。健全人口发展支持和服务体系，以应对老龄化、少子化为重点完善人口发展战略，健全覆盖全人类、全生命周期的人口服务体系，促进人口高质量发展。完善生育支持政策体系和激励机制，推动建设生育友好型社会。

让老百姓的生活更加富裕、更加幸福

习近平总书记十分关心湖南发展，关于湖南工作的历次重要讲话，念兹在兹的是人民群众，牵挂最多的是群众的安危冷暖。

2013年11月，习近平总书记在湘西十八洞村考察时第一次提出"精准扶贫"，做出"实事求是、因地制宜、分类指导、精准扶贫"重要指示。在长沙考察时他指出，要坚定信心，扎实工作，坚持稳中求进的工作总基调，坚持稳增长、调结构、促改革、保民生，让广大人民群众从改革发展中得到实实在在的好处。

2016年3月，习近平总书记在参加十二届全国人大四次会议湖南代表团审议时，强调湖南着力加强保障和改善民生工作，推进转方式、调结构，同步制定好、实施好民生政策。一手抓结构性改革，一手抓补齐民生短板，适当调整财政支出结构，切实保障群众基本生活，保障基本公共服务，坚决守住民生底线。强调实施更加积极的就业政策，坚持就业优先，加强失业人员技能培训，加大再就业支持力度，完善扶持政策，鼓励以创业带动就业。

2020年9月，习近平总书记考察湖南时指出，着力办好群众各项"急难愁盼"问题，让老百姓生活更加富裕、幸福。落实就业优先政策，突出做好高校毕业生、退役军人、农民工、城镇困难人员等重点群体就业工作。深化教育改革，推动城乡义务教育一体化均衡发展，义务教育阶段首先要把公办学校办好。聚焦解决"看病难、看病贵"问题，深化公立医院改革，加强县级医院综合能力建设，加强标准化村卫生室和城市社区卫生机构建设，健全公共卫生和疾病预防控制体系。

2024年3月，习近平总书记考察湖南时强调，处理群众反映的问题要实事求是，真正以求真务实、真抓实干的作风凝聚群众、取信于民，着力解决制约环境和民生领域的痛点难点。

湖南牢记习近平总书记殷殷嘱托，在发展中保障和改善民生，在实现共同富裕的道路上迈出坚实的一步。同时持续办好重点民生实事，使人民群众的获得感、幸福感、安全感上了一个大台阶。

民生福祉得到极大改善

居民人均可支配收入持续增长，实现历史性跨越。 地区生产总值由 2012 年的 2.1 万亿元跃升至 2024 年的 5.32 万亿元。居民人均可支配收入、城镇和农村居民人均可支配收入由 2012 年的 1.19 万元、2.13 万元、0.74 万元分别增加至 2024 年的 3.77 万元、5.12 万

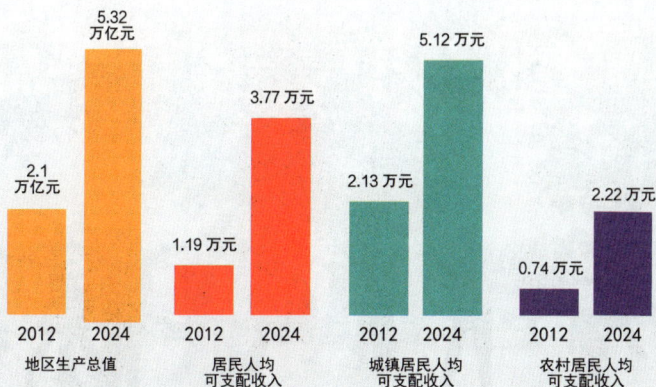

5.32 万亿元
2.1 万亿元
3.77 万元
1.19 万元
5.12 万元
2.13 万元
2.22 万元
0.74 万元

2012　2024
地区生产总值

2012　2024
居民人均
可支配收入

2012　2024
城镇居民人均
可支配收入

2012　2024
农村居民人均
可支配收入

实现"总体小康"到"全面小康"的历史性跨越

2024 年
湖南一般
公共预算支出
9533.8 亿元，
其中

民生支出占比达到 73%

教育资金 1600.8 亿元，增长 1.4%

科学技术资金 318.2 亿元，增长 1.3%

社保和就业资金 1667.8 亿元，增长 7.2%

农林水资金 1168.2 亿元，增长 9.3%

节能环保资金 204.2 亿元，增长 20.1%

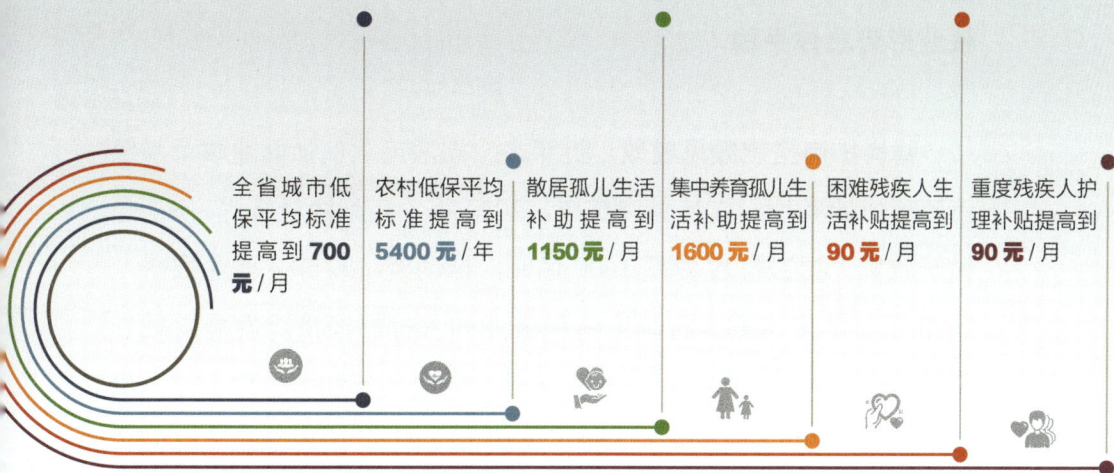

全省城市低保平均标准提高到 **700** 元 / 月

农村低保平均标准提高到 **5400** 元 / 年

散居孤儿生活补助提高到 **1150** 元 / 月

集中养育孤儿生活补助提高到 **1600** 元 / 月

困难残疾人生活补贴提高到 **90** 元 / 月

重度残疾人护理补贴提高到 **90** 元 / 月

提高困难群体救助水平，兜牢兜实民生底线

元、2.22 万元，实现从"总体小康"向"全面小康"的历史性跨越。2024 年，居民人均可支配收入比上年增长 5.0%，持续跑赢经济增速。

民生政策不断落实。用心用情解决群众在就业、教育、医疗、住房、物价、"一老一小"等方面的问题，推进民生领域取得历史性成就、发生历史性变革。民生财政支出占比连年保持在 70% 以上，近 10 年来支持办成 161 件重点民生实事，破解群众关心的"急难愁盼"问题。

社会保障体系不断完善、重点民生实事全面完成。截至 2024 年底，退休人员养老金、城乡低保、残疾人"两项补贴"、特困人员救助供养标准，以及城乡居民大病保险和医疗救助保障水平稳步提高。"十大重点民生实事" 24 个项目全面完成，建成 100 所县域普通高中"徐特立项目"，提质改造 114 所"爱晚"老年学校，新增 4.15 万个普惠性托位，31.68 万名新生儿接受疾病免费筛查与诊断服务。

就业形势总体平稳

稳岗扩岗措施颇见成效。近年来，湖南持续加强就业政策与经济政策协调联动，支持稳岗扩岗。2022 年，实施稳经济"1+8"一揽子政策，退减缓税费超 1000 亿元，推动经济复苏、就业回暖。2023 年，湖南省委、省政府将稳就业列入打好经济"发展六仗"重要目标，将就业作为"民生保障仗"首要任务和第一位工作，出台"稳增长 20 条"措施，发放失业保险稳岗返还资金超 8 亿元。2024 年，积极构建就业友好型发展模式，出台支持大学生就业创业 16 条、保障重点企业用工 10 条等系列政策。在一系列政策保障下，城镇就业状况向好、重点群体就业总体稳定。

湖南在贯彻落实中央稳就业保就业决策部署的基础上，结合实际推出一系列措施稳定和扩大就业岗位，全力促发展惠民生，就业形势总体平稳。图为长沙经开区山河工业城的工人在生产车间组装挖掘机

城镇就业状况向好。2012 年至 2024 年，我省累计新增城镇就业人数 1003.56 万人，年均新增就业人员 77.20 万人，城镇调查失业率基本稳定在 5.5% 左右。其中，2024 年城镇新增就业 79.8 万人，城镇调查失业率平均为 5.3%。

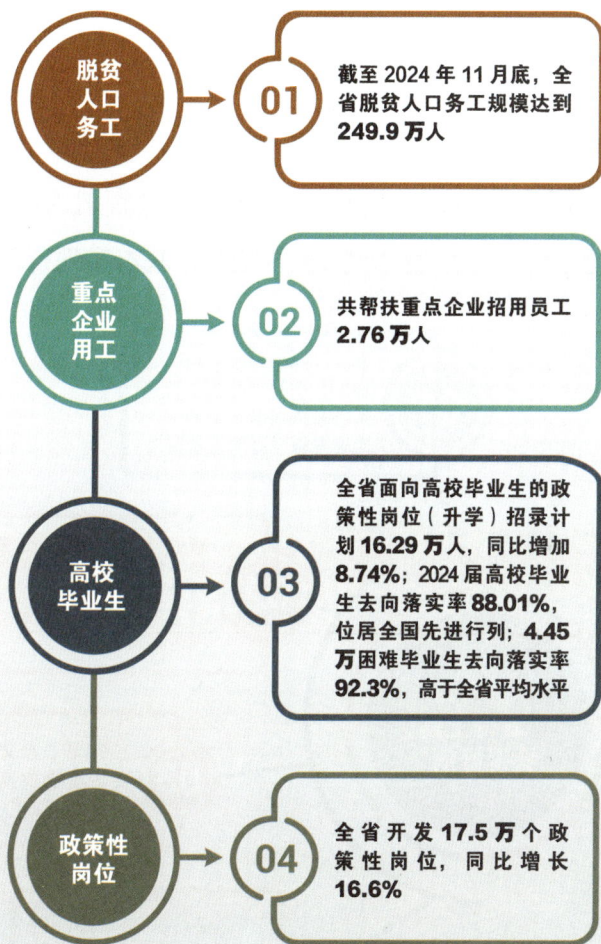

脱贫人口务工　**01**　截至 2024 年 11 月底，全省脱贫人口务工规模达到 **249.9 万人**

重点企业用工　**02**　共帮扶重点企业招用员工 **2.76 万人**

高校毕业生　**03**　全省面向高校毕业生的政策性岗位（升学）招录计划 **16.29 万人**，同比增加 **8.74%**；2024 届高校毕业生去向落实率 **88.01%**，位居全国先进行列；**4.45 万**困难毕业生去向落实率 **92.3%**，高于全省平均水平

政策性岗位　**04**　全省开发 **17.5 万个**政策性岗位，同比增长 **16.6%**

2024 年，重点群体就业总体稳定

健康湖南建设稳步推进

　　覆盖城乡的医疗卫生服务三级网络不断健全。县域二甲公立医院、乡镇卫生院全科医生、村卫生室实现全覆盖。

　　医保政策在基层医疗卫生服务领域落实到位，群众在家门口"看得上病、看得好病"。截至2024年底，医保经办体系逐步向基层延伸，全省1944个乡（镇）、29315个村（社区）开通医保直办或帮代办服务，实现五级经办网点全覆盖，基本实现群众在家门口"看得上病、看得好病"目标。截至2023年底，全省纳入医保定点、有费用结算记录的村卫生室达到2.8万余家，基本实现行政村全覆盖。

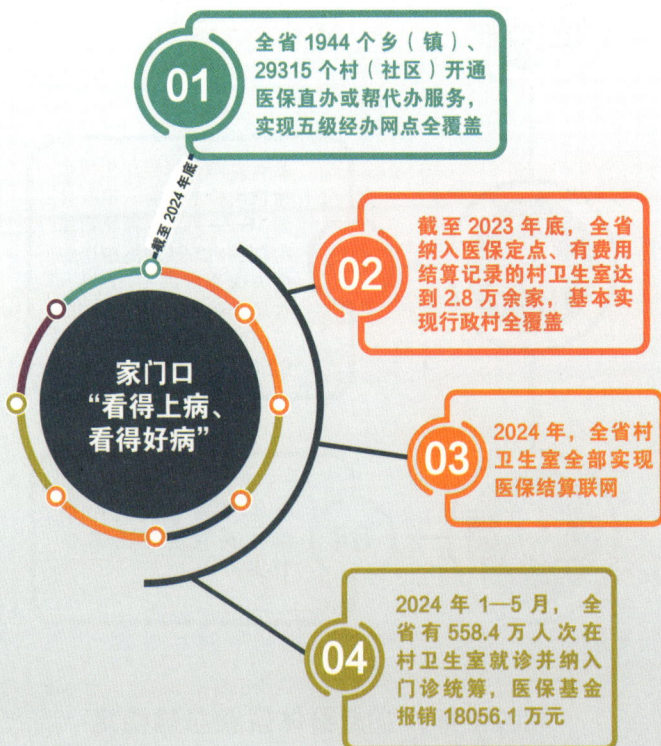

家门口
"看得上病、
看得好病"

01　全省1944个乡（镇）、29315个村（社区）开通医保直办或帮代办服务，实现五级经办网点全覆盖

——截至2024年底

02　截至2023年底，全省纳入医保定点、有费用结算记录的村卫生室达到2.8万余家，基本实现行政村全覆盖

03　2024年，全省村卫生室全部实现医保结算联网

04　2024年1—5月，全省有558.4万人次在村卫生室就诊并纳入门诊统筹，医保基金报销18056.1万元

2024 年，全省村卫生室全部实现医保结算联网。2024 年 1—5 月，全省有 558.4 万人次在村卫生室就诊并纳入门诊统筹，医保基金报销 18056.1 万元。

基本公共卫生服务能力排在全国前列。2024 年，我省基本公共卫生服务更加公平可及，考核排名全国第五、中部第一。积极推动高水平医院结对帮扶，帮助受援医院开展新技术、新项目 132 项，四级手术占比同比增长 16.25%。抓实城市医院执业医师晋升副高级职称前下基层服务工作。推动巡回医疗实现乡镇全覆盖。脱贫地区人工智能辅诊、健康一体机、心电诊断中心建设实现全覆盖。村医层级管理改革试点扩大到 84 个县市区，评定一二三级村

01 99 个县市区建设县域医共体 142 个

02 基层医疗卫生机构达到国家推荐标准 108 家

2024 年基层公共卫生服务能力持续提升

03 建成社区医院 48 个

04 首批 20 个县域医疗卫生次中心全部达到二级医院医疗水平

05 招录入编大学生乡村医生 328 名

医 14338 人，首批入编一级村医 45 名。持续开展新冠、流感、支原体肺炎等传染病监测和风险评估，疫情形势总体平稳。结核病报告发病率同比下降 19.3%。

全民健康信息平台助力医疗服务共建共享。2024 年，省卫健委依托湖南省全民健康信息平台，汇聚了全省 433 家二级以上公立医院、2285 家乡镇卫生院、37262 家村卫生室的诊疗、体检和公卫记录数据，形成了 6555 万余份居民的基本信息、诊疗信息、体检信息、检查检验报告等内容的居民电子健康档案。平台自 2024 年 2 月试运行至 2024 年 6 月，居民端电子健康档案查询累计近 870 余万人次、单日最高查询量 27 万余人次。自 2023 年以来，省卫健委持续推进"六医联动"智能化信息平台建设，以全民健康信息平

个人缴费档次新增 4000 元、5000 元、6000 元 3 个缴费档次，任一档次按年缴费的，每人每年补贴 100 元

对重度残疾人、特困人员、低保对象、返贫致贫人员等缴费困难群体，保留每人每年 100 元的最低缴费档次

湖南城乡居民
基本养老保险制度
有关政策调整
（2023 年 12 月 28 日起）

对重度残疾人、特困人员等缴费特别困难群体，县市区人民政府按每人每年 100 元缴费档次给予全部代缴

对其他缴费困难群体，县市区人民政府按每人每年 100 元缴费档次给予部分或全部补贴

缴费困难群体在政府代缴养老保险费的基础上，还可自主选择较高档次缴费，增加个人账户积累

台的数据采集体系为基础，在原电子健康档案功能的基础上，新增健康档案首页、健康档案首页运行监管、健康档案首页服务、公众服务端功能模块，开展相关接口和集成的适应性改造，提高医疗资源利用效率，不断改善人民群众就医体验，实现了以信息化建设为基础推进医疗服务共建共享。

社会保障体系不断完善

多层次、多支柱养老保险体系不断健全。建成具有湖南特色的城乡居民基本养老保险体系，实现湖南业务经办、信息管理系统、基金监管、金融服务标准"四统一"。2024年，基本养老保险参保人数5482万人。

多层次医疗保障体系不断巩固完善，更好满足群众多元化医保需求。2022年，湖南在全国率先从省级层面统一职工和居民基本医疗保险政策，结束长久以来基本医保

?
在线问答

什么是多层次、多支柱养老保险体系？

答：目前，我国已初步构建起以基本养老保险为基础、以企业（职业）年金为补充、与个人储蓄性养老保险和商业养老保险相衔接的"三支柱"养老保险体系。"三支柱"从整体上看，第一支柱是基本养老保险，包括城镇职工基本养老保险和城乡居民基本养老保险，主要立足于保基本，已有相对完备的制度体系；第二支柱是企业（职业）年金，主要发挥补充作用，已有良好发展基础；第三支柱是个人储蓄性养老保险和商业养老保险，目前是我国多层次养老保险体系的短板，个人养老金是国家关于第三支柱的制度性安排。

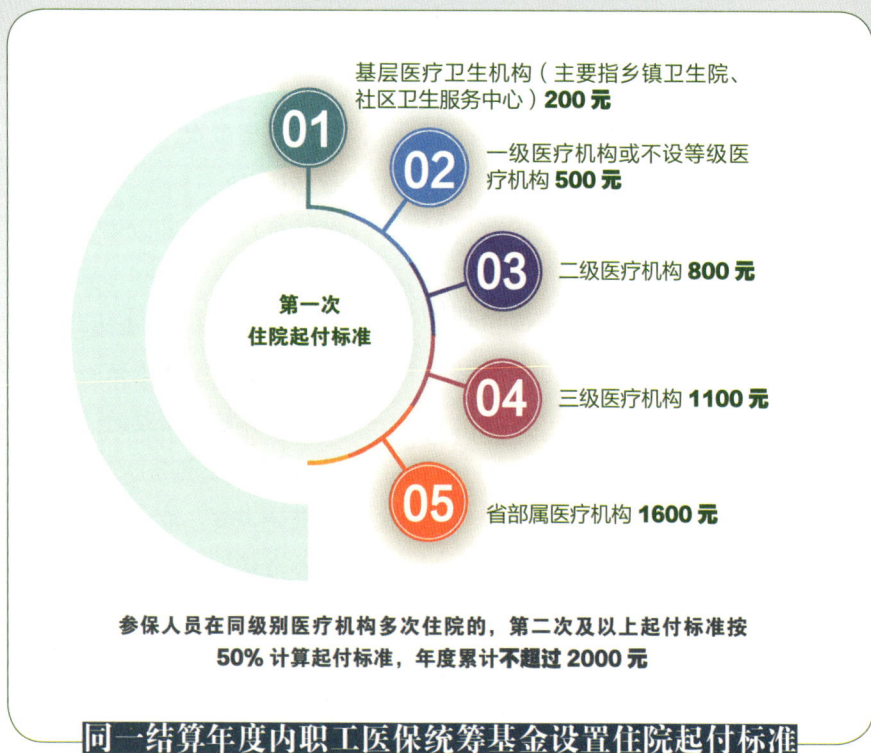

01 基层医疗卫生机构（主要指乡镇卫生院、社区卫生服务中心）**200 元**

02 一级医疗机构或不设等级医疗机构 **500 元**

03 二级医疗机构 **800 元**

04 三级医疗机构 **1100 元**

05 省部属医疗机构 **1600 元**

第一次
住院起付标准

参保人员在同级别医疗机构多次住院的，第二次及以上起付标准按 50% 计算起付标准，年度累计**不超过 2000 元**

同一结算年度内职工医保统筹基金设置住院起付标准

政策碎片化局面。14 个市州全部实现医保市级统筹，建立医保待遇清单制度，缩小地域间待遇差距，实现湖南省内基本医保药品、医疗服务、医用耗材"三大目录"规范统一。2023 年，基本医疗保险参保人数达 6355.7 万人；2024 年 1—11 月，基本医疗保险参保人数共 6207.59 万人。

工伤保险基本全覆盖、全国统筹信息系统上线。2023 年，工伤保险参保 994.5 万人，基本实现稳定就业人群工伤保险全覆盖。截至 2024 年 6 月末，工伤保险参保共 984.89 万人。全国统筹信息系统如期上线，实现"业务标准全国统一、数据部省同步、业务四级联动、服务网厅一体、风险实时管控"目标。

党的十八大以来，湖南在奔向共同富裕进程中勇往直前，在着力解决民生领域的痛点难点上不遗余力，不断满足人民对美好生活的向往。但总体来看，在保障和改善民生工作上还存在一些问题。中共湖南省委针对就业不充分、公共卫生服务能力不够强、社会保障水平有待提升等情况，实施两大规模创业就业行动，加快建设健康湖南，织密民生保障网。

实施两大规模创业就业行动

鼓励引导高校师生创新创业，帮助更多优秀人才获取创业"第一桶金"。面向百万高校师生，大力推进以科技为支撑的创新创业，从以下四项举措入手，系统解决好创新创业所必需的"阳光、土壤、空气与水分问题"，提供根本保障：重构创新政策，坚持需求牵引和问题导向，秉持"错的就改、缺的就补、弱的就强"三项原则，全面清理和系统完善鼓励高校师生创新创业的公共政策；重塑创新平台，聚焦"科技研发、成果转化和产业培育"三个关键环节，重新评估和进一步优化各类平台布局；营造创新氛围，按照"树大品牌、展新形象"的要求,整合各类创新创业大赛、科创项目路演、创新高峰论坛等创新活动载体,以良好氛围促动更多创新资源在湖南聚集;强化创新服务,尊重科技创新规律、现代金融规律和党政管理规律,更加有力有效地回应"人才引育、金融支撑、供需对接、权益维护"等重点创新需求。

以乡情为纽带、县域经济为"蓄水池",大力吸引外出务工经商人员返乡创业。面向千万外出经商务工人员,大力推进以乡情为纽带的返乡创业,带动农村人口就近就业。具体从以下六项举措入手:把县域经济作为稳定就业的"蓄水池",完善重点群体就业支持体系,落实好各项稳岗就业政策,让更多的县域劳动力在家门口就业;健全推进组织,通过政府层面设立官方指导服务站和社会层面设立民间乡情联络组等方式,专门推动返乡创业;制定激励政

湖南采取多种举措积极推进以创新为支撑的全省高校师生创业就业,进一步激发全社会创新创业创造活力。图为"第三届锦绣潇湘"湖南文化旅游创新创意大赛参赛选手在进行答辩

策，统筹整合招商引资、就业创业、老区发展和乡村振兴等系列政策，有力有效激励扶持返乡创业；搭建创业平台，坚持线上线下相结合，创建返乡创业实体示范园区和为返乡创业提供线上服务的综合平台；储备创业项目，依托本地资源禀赋和产业基础探索开展项目储备，编制发布服务指南，精准做好返乡创业项目对接；搞好要素保障，坚持用创新思维和改革办法，务实解决好返乡创业项目用地、用工、用钱等现实问题。通过以上六项举措，推进湘商回归和返乡创业专项行动，为更加有力有效增就业、稳增长、防风险、保民生提供坚实支撑。

总体而言，完善就业创业公共服务体系，持续做好重点群体就业工作，确保居民收入增速快于经济增速。

2017 年至今，永顺县灵溪镇洞坎村陈家坡在党委、政府的支持下，村民们自发出钱出力不等不靠改造自己的家乡，走上了致富增收的道路，图为陈家坡数十亩梅园的梅花竞相开放

加快建设健康湖南

统筹推进健康湖南建设各项事业。完善生育支持政策体系，降低生育、养育、教育成本；积极应对人口老龄化，大力发展养老事业和养老产业；加强疾病预防控制能力建设；加强城乡社区养老服务网络和基层医疗卫生机构标准化建设，提升基层医疗水平；加快国家医学中心、国家区域医疗中心、国家中医药综合改革示范区建设；打造高水平医院和临床医学高峰，强化县乡村医疗服务协同联动，推进紧密型医共体建设。

优质医疗资源扩容下沉和区域均衡布局。积极关切人民群众多样化、差异化、个性化的健康需求，持续深化医药卫生体制机制改

近年来，湖南省积极打造城市社区15分钟"养老服务圈"，旨在让老年人更好、更便捷地享受到养老服务。图为湖南省通道侗族自治县双江镇滨江路一社区的居民在"长者食堂"就餐

革，强化医疗、医药、医保协同发展和治理，进一步完善分级诊疗体系、乡村医疗卫生服务体系；推动省级公立医疗机构高质量发展，加大脱贫地区乡村两级医疗卫生机构基本医疗设施设备配备力度。通过上述举措，推动优质医疗资源扩容下沉和区域均衡布局，让老百姓在家门口享受优质高效的医疗服务。

降低医疗费用、培养高水平复合型医学人才。实施精准医学，以对接人民群众需求、确保疗效为基本要求，在降低医疗费用上下更大功夫；不断推进医疗新技术的研发与应用，通过技术创新减轻群众就医负担。进一步推动临床和科研深度结合，鼓励医学生积极参与社会实践活动，提高全民急救意识和能力，培养一支高水平复合型医学人才队伍。

近年来，湖南坚持以健康中国建设为纲领、以人民健康为中心，围绕专业救援能力和公众自救能力两个中心，全流程强化急救能力建设，形成科学高效有序的急救体系。图为澧县澧南镇卫生院护士演示晕倒人士急救技能

《健康湖南"十四五"建设规划》

湖南省政府办公厅印发《健康湖南"十四五"建设规划》，明确未来5—15年目标：到2025年，人人享有更优质量的健康服务和更高水平的健康保障，居民健康水平不断提升，主要健康指标持续改善；到2035年，高质量建成健康湖南，卫生健康事业综合实力和发展质量跻身全国第一方阵，人均预期寿命达到80岁，主要健康指标达到全国一流水平。

织密民生保障网

持续推动各类保险扩面提质、多措并举为养老提供保障。推进低保扩围增效，逐步把防止返贫和低收入人口帮扶两个政策体系一起来；持续推动养老保险、基本医疗保险、工伤保险、失业保险等扩面提质；推动企业年金覆盖扩面。完善基本养老保险制度，有计划调整养老金标准、最低工资标准，稳步提高在职和退休人员工资收入，逐步达到全国平均水平；提升企业养老保险全国统筹综合"两率"水平；促进个人养老金制度全面实施。

有序推进基本医疗保险、失业保险、工伤保险省级统筹。巩固失业保险、工商保险省级统筹成果，推进基本医疗保险省级统筹。通过湖南社保基金省级集中管理和统一使用，解决湖南范围内基金缺口结构性矛盾，合理均衡地区间基金负担，实现基金安全可持续，增强制度抵御风险能力。

完善救助政策，构建更高效的社会救助格局。通过完善各类救助政策制度，加快大救助信息平台建设，健全预警监测和主动发现

湖南省不断完善社会救助政策，兜住兜准兜牢民生保障底线，让困难群众有更多获得感、幸福感、安全感。图为长沙县北山镇荣合桥社区联合点爱社工机构开展"乡村欢乐年"活动，给社区需要关爱的老人过一个温暖的年

机制，进一步发挥协调机制作用，推动社会救助相关部门政策制度衔接、对象互纳、资源统筹、数据共享、工作协同，不断健全分层分类社会救助体系，构建以基本生活救助、专项社会救助、急难社会救助为主体，社会力量参与为补充，覆盖全面、分层分类、综合高效的社会救助格局。

健全完善社保基金监管体系，守护好群众的"养老钱""保命钱"。压紧压实监管责任，对社保基金实现全方位全链条监管；加大制度执行力度，健全和落实政策、经办、信息、监督"四位一体"防控体系；严明纪律作风，持续巩固社保基金领域存在问题的整改成效，着力解决社保领域群众反映强烈的"急难愁盼"问题；严厉打击欺诈骗保、套保及挪用贪占社保基金的违法行为，守护好群众的社保"钱袋子"。

深度阅读 📖

1. 沈晓明：《一手抓解放思想 一手抓贯彻落实 为实现"三高四新"美好蓝图而不懈奋斗——在湖南省第十四届人民代表大会第二次会议闭幕会上的讲话》，《湖南日报》2024 年 1 月 29 日。

2.《中共湖南省委 湖南省人民政府关于进一步提高义务教育质量的意见》，2023 年 1 月。

3. 毛伟明：《2024 年湖南省政府工作报告》，2024 年 1 月 24 日。

4.《湖南省人民政府办公厅关于进一步支持和规范惠民型商业补充医疗保险发展的指导意见》，2024 年 2 月。

第十章
让绿色成为最亮丽的发展底色

——如何扛牢『守护好一江碧水』政治责任，实现人与自然和谐共生

要点
速读

❶ 生态文明建设是中国特色社会主义事业总体布局的重要组成部分，是关系中华民族永续发展的根本大计，是关系党的使命宗旨的重大政治问题。

❷ 湖南要真正把生态系统的一山一水、一草一木保护好，做好洞庭湖生态保护修复，守护好一江碧水，共抓大保护，不搞大开发，在生态文明建设上展现新作为。

❸ 三湘四水的生态蝶变，充分彰显了习近平生态文明思想的真理伟力。

❹ 中共湖南省委提出，扛牢"守护好一江碧水""守护好三湘大地的青山绿水、蓝天净土"的政治责任，坚持全领域转型、全方位提升、全地域建设、全社会行动，协同推进生态环境保护和绿色低碳发展，加快建设人与自然和谐共生的美丽湖南。

　　生态文明建设是中国特色社会主义事业总体布局的重要组成部分，是关系中华民族永续发展的根本大计，是关系党的使命宗旨的重大政治问题。习近平总书记在党的二十大报告中指出，尊重自然、顺应自然、保护自然，是全面建设社会主义现代化国家的内在要求。必须牢固树立和践行绿水青山就是金山银山的理念，站在人与自然和谐共生的高度谋划发展。湖南要真正把生态系统的一山一水、一草一木保护好，做好洞庭湖生态保护修复，守护好一江碧水，共抓大保护，不搞大开发，在生态文明建设上展现新作为。

努力建设人与自然和谐共生的现代化

　　坚持人与自然和谐共生。促进人与自然和谐共生是中国式现代化的本质要求。"自然是生命之母，人与自然是生命共同体。"保护自然就是保护人类，建设生态文明就是造福人类。要像保护眼睛一样保护自然和生态环境。生态环境没有替代品，用之不觉，失之难存。必须站在中华民族永续发展根本大计的高度，尊重自然、顺应自然、保护自然，坚定不移走生产发展、生活富裕、生态良好的文明发展道路，建设人与自然和谐共生的现代化，建设望得见山、岳阳市坚定不移地走生态优先、绿色发展之路，一边关停复绿，一边提质改造，还长江一岸翠绿，将163公里长江岸线打造成美丽风景线。图为洞庭湖与长江交汇处，大片芦苇、蔬菜种植，成了沿江两岸绿色经济发展的基地

看得见水、记得住乡愁的美丽中国。

绿水青山就是金山银山。"我们既要绿水青山，也要金山银山。宁要绿水青山，不要金山银山，而且绿水青山就是金山银山。"这是重要的发展理念，也是推进现代化建设的重大原则。良好生态环境是最公平的公共产品，是最普惠的民生福祉。环境就是民生，青山就是美丽，蓝天也是幸福。发展经济是为了民生，保护生态环境同样也是为了民生。绿水青山既是自然财富、生态财富，又是社会财富、经济财富。要坚持生态效益和经济社会效益相统一，积极探索推广绿水青山转化为金山银山的路径，完善生态产品价值实现机

制。利用自然优势发展特色产业，因地制宜壮大"美丽经济"，让资源变资产、资金变股金、农民变股东，把绿水青山蕴含的生态产品价值转化为金山银山。

建设美丽中国先行区，打造绿色低碳发展高地。实现碳达峰碳中和是一场广泛而深刻的经济社会系统性变革，推进碳达峰碳中和，是推动高质量发展的内在要求。要积极稳妥推进碳达峰碳中和，加快打造绿色低碳供应链。加快建设新型能源体系，加强资源节约集约循环高效利用，提高能源资源安全保障能力。要统筹产业结构调整、污染治理、生态保护、应对气候变化，协同推进降碳、减污、扩绿、增长，持续深入打好蓝天、碧水、净土保卫战。加快形成绿色生活方式，在全社会牢固树立生态文明理念，通过生活方式绿色革命，倒逼生产方式绿色转型，把建设美丽中国转化为全体人民自觉行动。

统筹山水林田湖草沙系统治理。山水林田湖草沙是一个生命共同体，是不可分割的生态系统。"人的命脉在田，田的命脉在水，水的命脉在山，山的命脉在土，土的命脉在林和草，这个生命共同体是人类生存发展的物质基础。"生态治理一定要算大账、算长远账、算整体账、算综合账。要深入实施山水林田湖草沙一体化生态保护和修复。

深化生态文明体制改革。必须把制度建设作为生态文明建设的重中之重，把生态文明建设纳入制度化、法治化轨道。决不能让制度规定成为"没有牙齿的老虎"。

必须完善生态文明制度体系，加快完善落实绿水青山就是金山银山理念的体制机制。完善生态文明基础体制。完善国家生态安全

岳麓山风景名胜区以秀美山水为基础，以悠久的多元文化为内涵，融自然与人文景观于一体，是长沙极为珍贵的生态资源和亮丽的名片。图为融湖光山色于一体的爱晚亭秋色

工作协调机制。编纂生态环境法典。健全生态环境治理体系。推进生态环境治理责任体系、监管体系、市场体系、法律法规政策体系建设。建立新污染物协同治理和环境风险管控体系，推进多污染物协同减排。落实生态保护红线管理制度。全面推进水资源费改税。深化自然资源有偿使用制度改革。健全绿色低碳发展机制。健全绿色消费激励机制，促进绿色低碳循环发展经济体系建设。优化政府绿色采购制度，完善绿色税制。完善资源总量管理和全面节约制度，健全废弃物循环利用体系。建立能耗双控向碳排放双控全面转型新机制。健全碳市场交易制度、温室气体自愿减排交易制度。

共建地球生命共同体。"人类只有一个地球，保护生态环境、推动可持续发展是各国的共同责任。"要站在对人类文明负责、为

湖南始终牢记"守护好一江碧水"的殷殷嘱托，接续推进"一江一湖四水"系统联治，成效显著。图为初秋的橘子洲头，漫江碧透

子孙后代负责的高度，秉持生态文明理念，积极构建人与自然和谐共生、经济与环境协同共进、世界各国共同发展的地球家园，让子孙后代既能享有丰富的物质财富，又能仰望星空，看见青山，闻到花香。

守护好一江碧水

党的十八大以来，习近平总书记先后 4 次亲临湖南考察，对湖南生态文明建设提出了一系列重要指示与要求。2013 年 11 月，习近平总书记考察湖南时指出，生态环境是人类生存和经济社会发展的基础。生态环境一旦破坏，几十年甚至上百年恢复不

湖南坚持共抓大保护、不搞大开发，做好洞庭湖生态保护修复。图为三桥并架，轻轻抚过洞庭芦苇荡

过来。湖南生态基础好，推进生态文明建设具有得天独厚的条件，也面临生态环境保护建设的艰巨任务。要牢固树立尊重自然、顺应自然、保护自然的生态文明理念，推进绿色发展、循环发展、低碳发展，真正把生态系统的一山一水、一草一木保护好。要以长株潭两型试验区为龙头，抓好以湘江流域为重点的重金属污染治理、以大城市为重点的大气污染治理、以畜禽及渔业养殖为重点的农村面源污染治理，加快完善节能减排机制和政策体系，严格控制高耗能、高污染、高排放行业，谱写建设美丽中国湖南新篇章。

2018 年 4 月，习近平总书记在湖南岳阳考察长江经济带发展情况时，勉励湖南再接再厉，继续做好长江保护和修复工作，守护好一江碧水，因地制宜推动经济高质量发展。习近平总书记强调，"共抓大保护、不搞大开发"不是不让发展、不要大的发展，而是首先立个规矩、下个禁令，发展不能对长江流域的生态造成影响，否则一说大开发，都一哄而上抢码头、采砂石、开工厂、排污水，又陷入先污染后治理的恶性循环。搞大保护必须做到令行禁止，先把战场打扫好、清理好，按照新发展理念的要求，通过大保护催生绿色发展、实现更大发展。

2020年9月，习近平总书记考察湖南时指出，湖南地处长江中游，坐拥"一江一湖四水"，在国家生态文明建设中具有重要地位，希望湖南"牢固树立绿水青山就是金山银山的理念，在生态文明建设上展现新作为"；湖南96%以上的区域都属于长江流域，"要坚持共抓大保护、不搞大开发，做好洞庭湖生态保护修复，统筹推进长江干支流沿线治污治岸治渔"；要求湖南"落实生态环境保护责任制，坚决打好蓝天、碧水、净土保卫战"。特别是要推进长株潭地区重金属污染耕地治理，加强固体废物和磷污染治理，保证"米袋子""菜篮子""水缸子"安全。要统筹推进山水林田湖草系统治理，推动生态系统功能整体性提升。要加强农业面源污染治理，推进农村人居环境整治。

2024年3月，习近平总书记在长沙主持召开新时代推动中部地区崛起座谈会上强调，要协同推进生态环境保护和绿色低碳发展，加快建设美丽中部。持续深入打好污染防治攻坚战，加强大江大河和重要湖泊生态环境系统治理、综合治理、协同治理，加快补齐城镇生活污水搜集和处理设施短板。推进产业、能源、交通运输结构绿色低碳转型，加快培育壮大绿色低碳产业，加强资源节约集约循环利用。完善流域横向生态保护补偿机制和生态产品价值实现机制，推进产业生态化和生态产业化。

风劲好扬帆

习近平总书记的殷殷嘱托，是湖南推进生态文明建设的根本遵循与持久动力。十多年来，湖南生态环境保护发生历史性、转折性、全局性变化，不断彰显的绿色生态之美、绿色产业之美、绿色文化之美、绿色制度之美，扮靓了三湘大地，绘就了人与自然和谐共生的美丽新画卷。三湘四水的生态蝶变，充分彰显了习近平生态文明思想的真理伟力。

彰显了绿色生态之美

湖南统筹推进山水林田湖草沙系统治理，真正把生态系统的一山一水、一草一木保护好，蓝天丽日、青山碧水、万类奋兴的美丽画卷徐徐展开，"芙蓉国"尽显朝晖。

2023年，湖南绿色发展指数进入全国前十，国考断面水质优良率、空气质量优良天数分别居中部第1位、第2位，洞庭湖总磷浓度下降10%。在国家污染防治攻坚战考核中，湖南位列优秀等级，居中部第一。

天更蓝了。2024年，全省PM2.5年均浓度（35.7微克/立方米）较2017年（44.5微克/立方米）下降19.7%，优良天数比例（89.4%）增加5.4个百分点，重污染天气减少57天。

2023 年 1—12 月湖南省空气质量情况

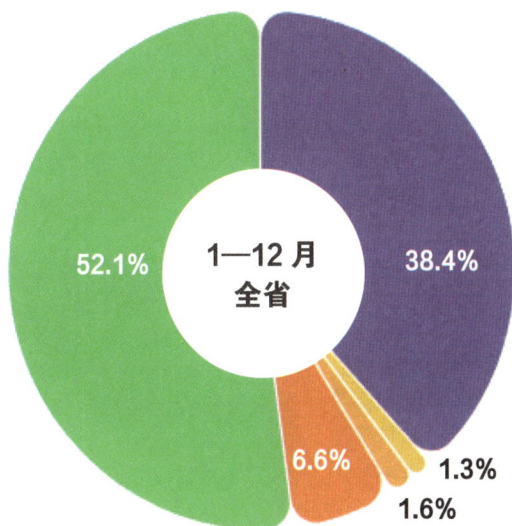

1—12 月
全省

52.1%

38.4%

6.6%

1.6%

1.3%

- 2023 年全年优良天数比例为 90.5%，与 2022 年同期相比上升了 2.9 个百分点

- 优，38.4%
- 良，52.1%
- 轻度污染，6.6%
- 中度污染，1.6%
- 重度污染，1.3%

湘江流域

水质总体为优。干、支流232个评价考核断面中，Ⅰ～Ⅲ类水质断面231个，Ⅳ类水质断面1个。

水质总体为优。干、支流66个评价考核断面水质均达到或优于Ⅱ类水质标准。

资江流域

沅江流域

水质总体为优。干、支流109个评价考核断面水质均达到或优于Ⅲ类水质标准。

水更清

长江湖南段

水质总体为优。5个评价考核断面水质均达到Ⅱ类水质标准。

澧水流域

水质总体为优。干、支流40个评价考核断面水质均达到或优于Ⅱ类水质标准。

环洞庭湖河流

水质总体为优。37个评价考核断面水质均达到或优于Ⅲ类水质标准。

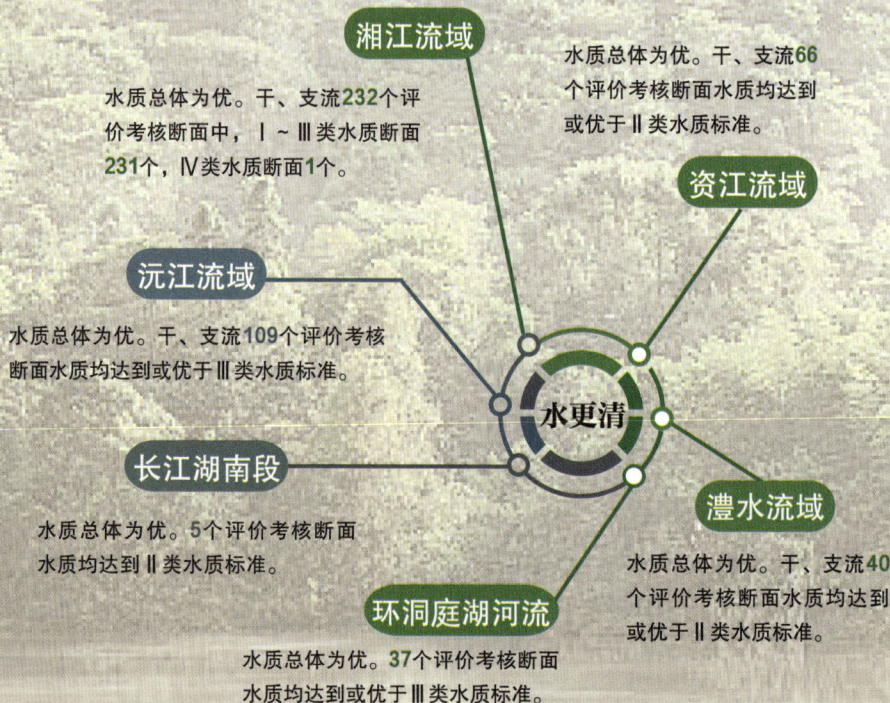

水更清了。 连续7年开展污染防治"夏季攻势"，2022年湖南147个国考断面水质优良率达98.6%，位居中部第一，长江干流湖南段和湘资沅澧四水干流评价考核断面水质均达到或优于Ⅱ类，全部消除劣Ⅴ类水质。西洞庭湖水质连续两年达到Ⅲ类，南洞庭湖水质首次达到Ⅲ类。2023年洞庭湖总磷浓度下降10%。湖南32个市级饮用水水源水质达标率为100%，184个地级城市黑臭水体已完成整治183个，永州、张家界、邵阳、怀化等4个城市水环境质量排名进入全国地级城市前30位，数量和排位均创历年新高。

截至 2023 年底，湖南省森林覆盖率达 53.15%，森林蓄积量达 6.55 亿立方米，草原综合植被盖度达 86.87%，湿地面积 2056 万亩，林业产业总产值达 5371 亿元。湖南 2023 年全年森林生态系统生态服务价值量 12632.68 亿元，固碳价值 8.67 亿元。有国家湿地公园 70 个，居全国第一。

地更绿

湖南拥有"全球200"具有国际意义生态区的2个区，即武陵—雪峰山脉和南岭—罗霄山脉亚热带常绿阔叶林生态区，被誉为全球同纬度地带最有价值的生态区。

在全国25个重点生态功能区中，湖南范围内有南岭山地森林及生物多样性生态功能区和武陵山区生物多样性与水土保持生态功能区2个。

在全国35个生物多样性优先保护区域中，湖南范围内有南岭、武陵山和洞庭湖3个。洞庭湖是世界自然保护联盟首批认定的全球23处绿色保护地之一。

2023年，全省林木绿化率、湿地保护率分别达59.98%、70.54%，均居全国前列。国家湿地公园达到70个，数量位居全国第1。

土更净了。 强化郴州三十六湾、娄底锡矿山等历史遗留问题治理，退出涉重金属企业 1200 余家，受污染耕地安全利用率达 91%，重点建设用地安全可控。2012—2021 年十年湖南完成受污染耕地安全利用面积 897.54 万亩，实现生活垃圾收运处理的行政村比例达 93.8%。五年来，湖南共建成城市生活污水处理厂 169 座、排水管网 3.97 万公里，建成垃圾无害化处理设施 156 座、垃圾焚烧发电厂 34 座，垃圾无害化处理率达 100%，农村改厕累计完成 373.1 万户。

土更净

治理历史遗留问题
强化郴州三十六湾、娄底锡矿山等历史遗留问题治理，
退出涉重金属企业 **1200** 余家
受污染耕地安全利用率达 **91**%

受污染耕地安全利用
2012—2021 年十年湖南完成受污染耕地安全利用面积 **897.54** 万亩
实现生活垃圾收运处理的行政村比例达 **93.8**%

建设污染防治设施
五年来，湖南共建成城市生活污水处理厂 **169** 座
排水管网 **3.97** 万公里
建成垃圾无害化处理设施 **156** 座
垃圾焚烧发电厂 **34** 座
垃圾无害化处理率达 **100**%
农村改厕累计完成 **373.1** 万户

一"麓"同行 _____

冷水江锑煤矿区生态修复典型案例

冷水江锡矿山地区享有"世界锑都"美誉，是我国最大的锑采选冶产业聚集地，锑矿开采已有 124 年历史。曾经的锡矿山，是全省绿色画卷上的一块"伤疤"。经过生态修复，目前冷水江锑煤矿区生态修复项目入选《中国生态修复典型案例集》。

生物更多样了。 2020 年，施行我国第一部地市级生物多样性保护地方性法规。湖南共设立自然保护区 175 处，总面积 149.32 万公顷，现有脊椎动物 1045 种、维管束植物 6186 种，分别占全国的 22.1% 和 18%。黑鹳、中华秋沙鸭、南方红豆杉等珍稀动植物种群保持稳定，特别是"十年禁渔"成效明显，三湘大地再现"白鹭翱翔、鱼翔浅底、江豚腾跃"的胜景。洞庭湖江豚数量由 2017 年的 110 头增加到 2022 年的 162 头，洞庭湖麋鹿成为我国最大的自然野化种群，2021 年至 2022 年洞庭湖越冬水鸟逾 40 万只，刷新历史纪录；2022 至 2023 年洞庭湖越冬水鸟数量为 37.83 万只，进一步显示了洞庭湖生态环境的好转和候鸟数量的恢复。

湖南因独特的气候和地理环境，孕育了丰富多样的生物，是我国生物多样性较为丰富的地区之一

全省有脊椎动物**1045**种，占全国的**22.1%**。国家重点保护野生动物**179**种，其中国家一级重点保护野生动物**41**种、国家二级重点保护野生动物**138**种。

万物皆有声
答案在自然
（数据截至2022年底）

全省有维管束植物**6186**种（含种下等级），占全国的**18%**。国家重点保护野生植物**160**种，其中国家一级重点保护野生植物**13**种、国家二级重点保护野生植物**147**种。

全省已初步查明的栽培作物品种资源**5000**多种，列入地方重点农业野生植物保护名录的珍稀农业野生植物**30**多种。现有**21**个优质珍贵地方畜禽品种，宁乡猪等**7**个品种列入《国家级畜禽遗传资源保护名录》；现存农业微生物菌株**1万**余株。

彰显了绿色产业之美

湖南坚定不移走生态优先、绿色低碳的高质量发展之路，使发展底色"更绿"，基础支撑"更实"，绿色产业发展成为"九州粮仓""鱼米之乡"美丽湖南建设的重要动力。

实现了"大减污"。 坚定不移"减污"，严控"两高"项目上马，集中力量整治"化工围江""化工围湖"，长江干支流沿岸1公里范围内化工企业基本退出。扎实打好株洲清水塘老工业基地搬迁改造、下塞湖矮围整治等环保硬仗，株洲清水塘工业区261家工业企业、湘潭竹埠港28家重化工企业和娄底锡矿山90多家锑冶炼企业全部关闭退出，郴州三十六湾彻底整治矿区非法选厂，衡阳水口山加快有色产业整体改造升级。

5.22 万吨 湖南氮氧化物

2022 年 重点工程减排量均超额完成年度目标

0.89 万吨 氨氮

1.72 万吨 挥发性有机物

9.05 万吨 化学需氧量

实现了"大循环"。通过再生资源回收利用、工业固废综合利用、废旧动力电池回收利用、再制造产业发展、园区循环化改造等工程，积极创建绿色园区、工厂、矿山。2024 年，我省绿色工厂获评数量排名全国第 10，绿色园区获评数量排名全国第 5。截至 2024 年底，已累计成功创建国家级绿色工厂 271 家、绿色园区 27 家、绿色供应链管理企业 30 家。积极发展环保产业，2023 年，我省共有环保产业从业单位 1255 家，环保产业总产值达 3259.3 亿元。力争到 2025 年末，我省环保产业从业单位数达到 3000 家，新增 15 家上市公司。

向着绿色奔跑

- 成功创建国家级绿色园区 **27 家**、绿色工厂 **271 家**
- **26 个**县（市、区）获评国家生态文明建设示范区
- 绿色发展综合水平排全国**第 6 位**
- 环保产业从业单位 **1255 家**，环保产业总产值 **3259.3 亿元**
- 力争到 2025 年末，我省环保产业从业单位数达到 **3000 家**，新增 **15 家**上市公司

实现了"大降碳"。部署"碳达峰十大行动"，构建了"1+1+N"政策体系，长沙、湘潭获批国家碳达峰试点城市，娄底获批国家公交都市建设示范城市。节能降碳指标完成情况领先全国。2023年全省单位 GDP 能耗下降 4.5%，2024年全省 237 家重点用能工业企业共消费能源折标准煤 4088.77 万吨，同比下降 10.17%。

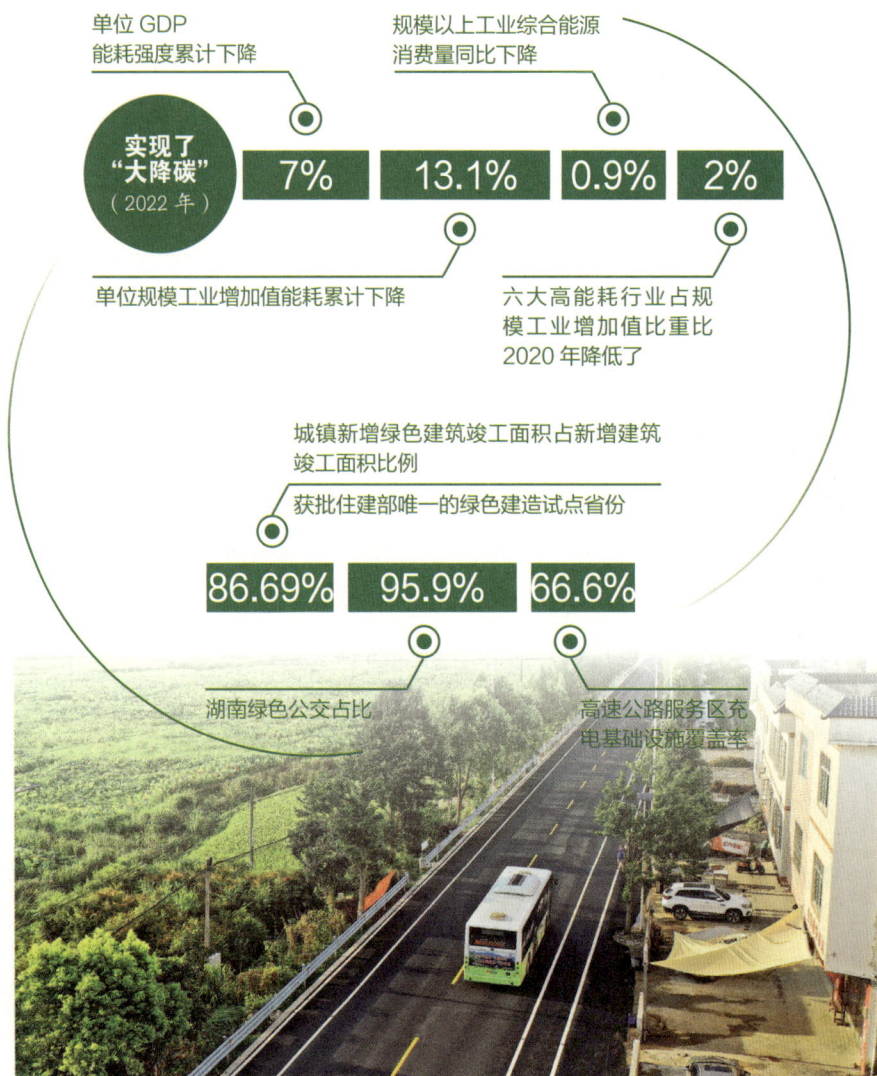

单位 GDP
能耗强度累计下降

规模以上工业综合能源
消费量同比下降

实现了
"大降碳"
（2022 年）

7%　　13.1%　　0.9%　　2%

单位规模工业增加值能耗累计下降

六大高能耗行业占规
模工业增加值比重比
2020 年降低了

城镇新增绿色建筑竣工面积占新增建筑
竣工面积比例

获批住建部唯一的绿色建造试点省份

86.69%　　95.9%　　66.6%

湖南绿色公交占比

高速公路服务区充
电基础设施覆盖率

彰显了绿色文化之美

湖南大力加强生态文明宣传教育与示范创建，积极倡导和推广绿色消费、低碳生活，让生态文明理念成为社会主流价值观，把建设美丽湖南内化为人民群众的自觉行动，绿色文化引领深入人心。

宣传教育卓有成效。湖南六五环境日宣传教育工作经验获生态环境部推介，"垃圾分类环保公益课堂"两个案例入选国家2021年绿色低碳典型案例，株洲市生态环境宣传工作获联合国环境署表彰，"绿色卫士下三湘"活动成为全国极具影响力的环保志愿服务品牌。冷水江锑煤矿区生态修复项目入选《中国生态修复典型案例集》，在联合国《生物多样性公约》第十五次缔约方大会上发布，常德市西洞庭湖国家自然保护区生态保护修复项目、益阳市大通湖生态修复项目入选《中国山水工程典型案例集》，常德市西洞庭湖国家级自然保护区生态保护修复项目获评全国山水工程首批优秀典型案例。

近年来，岳阳市坚定不移地走生态优先、绿色发展之路，将163公里长江岸线打造成美丽风景线。图为一望无际的芦苇"绿海"随风起伏的岳阳市君山华龙码头

示范创建硕果累累。目前，湖南共有 26 个国家生态文明建设示范区、9 个"两山"实践创新基地，郴州市获批国家可持续发展议程创新示范区，常德市创建为国家级海绵城市、国际湿地城市，娄底等 5 个城市获评"全国绿化模范城市（区）"，益阳等 9 个城市获评"国家森林城市"。

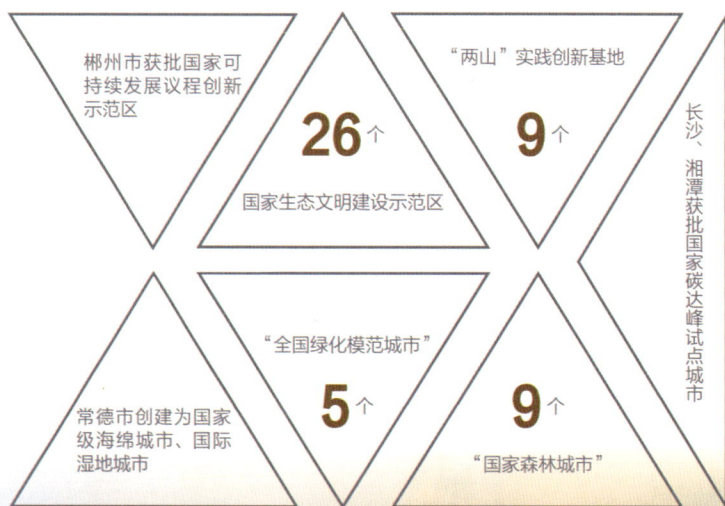

郴州市获批国家可持续发展议程创新示范区

"两山"实践创新基地

长沙、湘潭获批国家碳达峰试点城市

26个

国家生态文明建设示范区

9个

"全国绿化模范城市"

5个

常德市创建为国家级海绵城市、国际湿地城市

9个

"国家森林城市"

彰显了绿色制度之美

湖南突出制度执行和责任落实的硬约束，对环境保护的重视程度前所未有、工作力度前所未有、投入强度前所未有，绿色制度保障全面有力。

制度体系更完善。成立高规格的生态环境保护委员会，出台了生态环境保护责任规定、重大生态环境问题（事件）责任追究办法、生态环境保护督察工作实施办法等，发布 11 项地方生态环境标准，健全约谈、挂牌督办、区域限批、损害赔偿等制度，构建起党政同责、一岗双责、"三管三必须"等生态环保责任体系。在全国率先建立生态环境问题整改销号的"湖南模式"，在全国率先建立五级河湖长责任体系，首创总河长令，在全国率先推进生态环境损害赔偿制度改革，郴州锡矿"11·16"尾矿库水毁事件、益阳沅江市 3 家公司污染大气生态环境损害赔偿案入选全国生态环境损害赔偿磋商十大典型案例。

自 2020 年 9 月 1 日起，湖南对部分湘江流域重点水域实行暂定为期 10 年的常年禁渔，其间禁止天然渔业资源的生产性捕捞，以保护渔业资源和生物多样性，维护水域生态平衡。图为集中泊放在湘江边的部分渔船

管理体系更科学。实施"四严四基"三年行动计划，共落实148项具体任务，立起了湖南生态环境保护工作的"四梁八柱"。"四严四基"主要做法被省政府特刊转发、生态环境部积极推荐。出台压实园区企业污染防治主体责任"1+N"系列文件，制定执法事项清单和执法正面清单，出台《湖南省生态环境损害调查办法》等管理制度。在全国率先挂牌成立湖南省人民检察院驻湖南省环境保护厅检察联络室，率先在中部地区实现公检法驻生态环境局联络室14市州全覆盖。

一"麓"同行

湖南省政协开展改善生态环境专项民主监督工作

2023年，十三届湖南省政协在深入调研、反复协商、广集众智的基础上，探索开展改善生态环境专项民主监督工作，并按季度对各市州政协民主监督工作情况进行综合测评。自专项民主监督启动以来，湖南省三级政协组织同频共振、同题共答，以3万多名委员为主体、3300多家委员工作室为平台，省市县三级联动、线上线下一体推进，1944个乡镇（街道）专职副书记和政协专干负责协调联络；同时开展综合测评，推动各市州政协专项民主监督工作比学赶超，建立群众有奖举报制度，创新推出"生态环保直通车"，形成"生态环保行政监督＋民主监督＋舆论监督"的叠加效应。自2023年以来，湖南省政协根据各市州政协推选出84个典型案例，助力解决蓝天、碧水、净土等方面的具体环保问题4000余个。

提升高质量发展的"含绿量"

2023 年 11 月 23 日，习近平总书记在全国生态环境保护大会上强调："把建设美丽中国摆在强国建设、民族复兴的突出位置，推动城乡人居环境明显改善、美丽中国建设取得显著成效，以高品质生态环境支撑高质量发展，加快推进人与自然和谐共生的现代化。"这一重要论述，为建设人与自然和谐共生的现代化新湖南提供了方向指引和根本遵循。中共湖南省委提出，扛牢"守护好一江碧水""守护好三湘大地的青山绿水、蓝天净土"的政治责任，坚持全领域转型、全方位提升、全地域建设、全社会行动，协同推进生态环境保护和绿色低碳发展，深化生态文明体制改革，加快建设人与自然和谐共生的美丽湖南。

总体来看，湖南生态环保历史欠账较多、新增问题没有禁绝、污染源头防控不力等问题仍然存在，特别是人民日益增长的优美生态环境需要与更多优质生态产品供给不足之间的矛盾依然突出。为此，要"坚定不移走生态优先、绿色发展之路，以更高站位、更实举措、更硬作风推进生态文明建设"，认真落实省委、省政府《关于全面推进美丽湖南建设的实施意见》。

在线问答

什么是河湖长制?

答：河湖长制即河长制和湖长制的统称，是各地依据现行法律法规，坚持问题导向，落实地方党政领导河湖管理保护主体责任的一项制度创新。河湖长制以保护水资源、防治水污染、改善水环境、修复水生态为主要任务，通过构建责任明确、协调有序、监管严格、保护有力的河湖管理保护机制，为维护河湖健康生命、实现河湖功能永续利用提供制度保障。

坚决打赢打好污染防治攻坚战

让"浅蓝"变"深蓝"、"局部蓝"变"全域蓝"。 打赢蓝天保卫战，消除人民群众的"心肺之患"，让良好的生态环境成为最普惠的民生福祉，是现代化新湖南建设的应有之义。要完善"三个治污"制度机制，落实以排污许可制为核心的固定污染物协同治理体系，推进多污染物协同减排。要积极开展"守护蓝天"行动，聚焦重污染天气消除、臭氧污染防治、柴油货车污染治理三个"攻坚点"，实施长株潭及大气传输通道城市空气质量达标攻坚行动，强化重点因子、重点领域、重点行业大气污染防治，推进重点行业、重点城市大气污染深度治理，加快推进城镇污水处理绩效付费管理制度。完善重点城市大气污染联防联控机制。力争到2026年全省PM2.5浓度持续改善，空气质量位居中部地区前列，人民群众的蓝天幸福感全面增强。

让"长江之肾"重焕生机。 进一

步提升水生态水环境质量，努力建设安全健康美丽幸福河湖，湖南最重要的战场就是长江和洞庭湖。要构建"一江一湖四水"上下游贯通一体的生态环境治理体系。健全洞庭湖生态保护治理机制，完善防洪工程体系。全面落实河湖长制，推进"一江一湖四水"生态环境系统治理，扎实推进长江治污治岸治渔。以污染防治攻坚战"夏季攻势"为抓手，通过打好洞庭湖总磷污染控制与削减、农业农村污染治理、重金属污染防治、城市黑臭水体整治攻坚战等标志性战役，向农业面源污染、城乡生活污染、化工污染、船舶污染、尾矿库污染等全面"开战"。实现洞庭湖湖体总磷浓度持续下降，推进洞庭湖总磷浓度稳定在 0.07 毫克 / 升以下。到 2025 年，稳定达到国家考核目标，让洞庭湖一湖碧水汇入滚滚长江。

让老百姓吃得放心、住得安心。土壤安全事关"脚下环境"和"餐桌"安全，要切实加强土壤污染源头防控，推进重金属污染治理。

郴州市深入贯彻习近平生态文明思想，坚持不懈推进东江湖流域综合治理工作。东江湖是全国仅有的水质保持 I 类且蓄水量超过 50 亿立方米的两个水库之一，是湖南省战略水源地。图为风景如画的东江湖

以确保土壤环境质量安全为目标，推进受污染耕地安全利用，严格建设用地污染地块准入管理。打好农业农村污染治理攻坚战，实施农药化肥减量增效行动，加强畜禽水产养殖污染防治。加强固体废物和重金属污染防治，推进长沙、张家界"无废城市"建设，落实重点重金属排污许可制，推进花垣"锰三角"矿业污染综合治理，加强矿山尾矿库、矿涌水和地下水污染治理。到2030年，实现受污染耕地安全利用率在95%以上，污染地块安全利用率在95%以上。

以更大力度抓好突出生态环境问题整改。只有正视问题才能找到问题，解决问题，还必须挖出根源，实施源头整治。要紧握生态环保督察这把"尚方宝剑"，继续开展省级生态环境保护督察，深

城乡环境基础设施建设事关生态文明、绿色发展和人民福祉。近年来，湖南不断夯实城乡环境基础设施建设，人民的生活环境持续提升。图为湘江畔古色古香的湘潭窑湾历史文化街区

化"洞庭清波"专项行动，不折不扣推动中央生态环境保护督察和长江经济带生态环境警示片反馈问题整改到位，推进实施一批符合湖南实际、具有湖南特点的标志性战役。要深化环境信息依法披露制度改革，完善园区、企业环境信用评价机制和监管体系。落实生态保护红线管理制度，健全山水林田湖草沙一体化保护和系统治理机制。完善生态环境损害赔偿机制。完善生态警务机制。健全生态安全工作协调机制，推进环境风险分级分类管控和隐患排查治理双重预防机制建设，完善环境风险防控长效机制。

以"生态空间"支撑"发展空间"、优化"生活空间"。让人民享受先进的基础设施、整洁的居住环境的同时，能够感悟四季、亲近自然、记住乡愁。只有加强城乡环境基础设施建设，将生态环境修复和保护放在更加突出的位置，才能实现以"生态空间"支撑"发展空间"、优化"生活空间"。要继续大力实施环境基础设施补短板行动，着力提高污水、垃圾、固体废物、危险废物等处理处置、监测监管水平。加强乡镇生活污水治理，建立乡镇污水处理设施运营长效机制。加快完善医疗废物收转运处置体系，加大对基层和偏远农村地区医疗废物管理投入。

全面提升生态系统功能

让"一江一湖四水"形成流动生态风景线。"草木植成，国之富也"，水草丰茂、景色秀美的洞庭湖是三湘人民的福地。要实施好洞庭湖区域山水林田湖草一体化保护和修复工程、洞庭湖生态修复（生态疏浚）工程，推进邵怀、郴衡生态修复示范工程建设。开展国土绿化行动，深化重要江河源头区、重要水源地和水土流失重点防治区水土流失治理。加快恢复长江荆南四河与洞庭湖水系联通、增强四水尾闾河道与洞庭湖畅通，大力推进国家湿地保护与恢复工程等项目实施，加快湿地生态修复，维护河湖生态功能，重构洞庭湖区域以水系为纽带的"湖体—湖滨—农田—森林"生态安全格局。

让绿色矿山成为生态文明的生动注脚。将"锰三角"变为"绿三角"是湖南推进矿业绿色转型的根本目标。要坚决扛起"锰三角"污染整治的政治责任，加快锰渣、铅锌渣处置技术攻关，持续抓好"锰三角"矿业污染整治和四水流域涉重金属深度治理。坚持绿色转型，深化整改成果，提高资源再利用水平，统筹谋划和推进生态保护修复、地质灾害防范、废弃物资源化利用等工作，走变废为宝的绿色循环发展之路。实施绿色矿山建设行动，推进郴州、花垣国家级绿色矿业发展示范区建设，加快历史遗留废弃矿山生态修复，让矿山复绿、绿草生金。

让"万物各得其和以生，各得其养以成"。大力推进城乡造林

一"**麓**"同行

全省共划定耕地保有量 5372.66 万亩

2023 年 11 月，《湖南省国土空间规划（2021—2035 年）》获国务院批复同意。作为湖南首部"多规合一"的省级国土空间规划，规划明确，到 2035 年，湖南省耕地保有量不低于 5372.66 万亩，其中永久基本农田保护面积不低于 4804.12 万亩；生态保护红线面积不低于 4.18 万平方千米；城镇开发边界扩展倍数控制在基于 2020 年城镇建设用地规模的 1.3 倍以内；单位国内生产总值建设用地使用面积下降不少于 40%；用水总量不超过国家下达指标，其中 2025 年不超过 334.5 亿立方米。

绿化，实施城乡"四边"绿化工程，推进森林城市、森林乡村、秀美林场建设。加强森林草原资源灾害防治，重点抓好森林防火和防病虫害等工作，牢牢守住林业生态安全底线。强化生物多样性和旗舰物种保护，实施华南虎野化放归试验、兰科植物保护等重点工程，切实保护麋鹿、云豹、穿山甲、长序榆等珍稀濒危物种，认真守护永州蓝山"千年鸟道"，加强古树名木保护，守护好绿色"活文物""活化石"。推进武陵—雪峰山脉、南岭山脉、罗霄—幕阜山脉等重要生态廊道和国家重点生态功能区保护建设。认真落实长江"十年禁渔"部署要求，扎实做好渔民上岸转产就业工作，确保上岸渔民稳定就业增收。加快推进长株潭绿心中央公园规划建设，加强长株潭绿心保护。积极创建南山国家公园，建立自然保护地分级管理机制。

湖南深入实施生物多样性保护重大工程，成效显著。图为东洞庭湖国家级自然保护区内，一群麋鹿踏水而行

岳阳市始终牢记习近平总书记"共抓大保护、不搞大开发"重要指示和"守护好一江碧水"殷切嘱托，持续开展水污染治理、水生态修复、水资源保护。图为岳阳市岳阳楼前，天蓝水碧

让幸福河湖润泽三湘人民。让三湘大地每一条河每一片湖，从"安全、生态、美丽、智慧、富民"向"幸福"汇流，是坚决扛牢治水兴水政治责任、努力建设安全健康美丽幸福河湖的最终目标。深化省以下生态环境机构监测监察执法垂直管理制度改革，推动乡镇（街道）生态环境依法依规精准赋权。要深入落实河湖林长制，推进河长制、林长制、田长制协同治理，抓好水域岸线管控，不断提升河湖管理保护水平，努力建设人民满意的安全河湖、健康河湖、美丽河湖、幸福河湖。

让美丽湖南的生态安全屏障更加坚固。健全完善"守护好一江碧水"体制机制。实施生态环境分区管控制度，推进与国土空间规划体系衔接。加快建立生态环境监测体系。建立健全国土空间用途管制和规划许可制度。建立统一行使全民所有自然资源资产所有者职责和自然资源清单管理制度，完善自然资源资产权利体系，健全自然资源资产储备制度。建立生态环境保护、自然资源保护利用和

资产保值增值等责任考核监督制度。要严守生态保护红线、环境质量底线和资源利用上线，加强环境风险调查评估，完善应急预案、应急指挥平台、应急物资库建设，强化危险废物、尾矿库、化学品、重金属以及核与辐射等重点领域隐患排查处置，筑牢美丽湖南的生态安全根基，"为自然守住安全边界和底线，形成人与自然和谐共生的格局"。

让湖南的老百姓世世代代都能捧上"金饭碗"、吃上"生态饭"。生态环境不仅是"门面"和民生福祉，更是"饭碗"和朝阳产业。良好的生态环境，对湖南来讲，事关长远的发展竞争力。要强化抓生态环境就是抓群众增收、抓经济新增长点的意识，深入推进产业生态化与生态产业化融合发展，要构建生态产品价值核算评价体系，开展生态产品价值实现机制试点和基于生态环境导向的开发模式试点。深化集体林权制度改革。推进排污权有偿使用和交易改革。深化自然资源有偿使用制度改革。推进生态综合补偿，探索与周边省份建立横向生态保护补偿机制。在有条件的县市探索 GEP（生态系统生产总值）核算，广泛开展生态产品价值实现机制试点示范，拓展"绿水青山就是金山银山"的实现路径，推动生态效益、经济效益和社会效益同步提升。

加快推动发展方式绿色低碳转型

让"双碳"目标成为经济转型升级的助推器和催化剂。要建立健全碳达峰碳中和标准计量体系。积极稳妥推进碳达峰碳中和，有序实施"碳达峰十大行动"，实施一批降碳、减污、扩绿等生态项目，要健全绿色低碳发展机制。发展绿色低碳产业，健全绿色消费激励机制。协同推进降碳、减污、扩绿、增长，以改革的思路、技术的力量、市场化法治化的方式，推进产业、能源交通运输结构绿色低碳转型，提高经济绿色化程度。彻底扭转单纯靠拼资源资金投入刺激发展，甚至以破坏生态环境为代价，让高耗能、高污染、低水平项目卷土重来的粗放模式。绿色转型是企业生存发展的"生命线"，是"必答题""扣分项"，鼓励大型企业制定碳达峰行动方案、实施减污降碳示范工程，多管齐下推动产业产品升级减碳。强化低碳城市、低碳工业园区、气候适应型城市试点工作，探索开展近零碳排放与碳中和试点示范、空气质量达标与碳排放达峰"双达"试点示范，积极参与全国碳市场建设。

让绿色环保产业成为经济发展的强劲新动能。"取之有度、用之有节"是生态文明的真谛。要实施全面节约战略，完善资源总量管理和全面节约制度，健全废弃物循环利用体系，推进全域"无废城市"建设。探索洞庭湖芦苇资源清洁化和高值化利用新模式。

培育壮大节能环保产业、环境敏感型产业、清洁能源产业，依托自然资源禀赋，大力发展"生态＋旅游""生态＋康养"等产业。积极打造绿色工厂、绿色园区和绿色供应链管理企业。落实水资源刚性约束制度，深入实施国家节水行动。健全统筹水资源、水生态、水环境、水灾害协同治理机制，探索水利资源资产化改革。

让湖南生态文明示范创建工作再上新台阶。示范创建工作是深入践行习近平生态文明思想的必然要求和重要载体。要全力建好郴州国家可持续发展议程创新示范区，着力创建一批国家生态文明建设示范区，郴州市要继续聚焦"水资源可持续利用与绿色发展"主题，加快实施一批示范项目，高标准高质量高水平推进示范区建设。以示范创建为抓手，重点探索"五位一体"统筹推进生态文明建设的经验模式，以"两山"实践创新基地为平台，创新探索"两山"转化的有效路径，树牢典型形象，增强示范引领效应，努力推动湖南生态文明示范建设迈上新台阶。

让"国之大者"逐绿而行。"能源保障和安全事关国计民生，是须臾不可忽视的'国之大者'"。加快建设新型能源体系，深入推进新一轮找矿突破战略行动，加强煤炭等化石能源兜底保障能力建设，合理布局建设大型清洁高效煤电项目。健全煤炭清洁高效利用机制，因地制宜发展非化石能源。加快规划建设以电力为基础的新型能源体系，完善新能源消纳和调控政策措施。完善适应气候变化工作体系。建立能耗双控向碳排放双控全面转型新机制。加强能源储备体系建设，提升煤炭、油气等储备能力。大力发展新能源汽车（船），发挥好岳阳长江"黄金水道"、中欧班列作用，推动大宗物资运输"公转水""公转铁"。

深度阅读 📖

1. 沈晓明：《扛牢"守护好一江碧水"的政治责任 奋力谱写新时代生态文明建设的湖南篇章》，《湖南日报》2023年12月8日。

2.《中共湖南省委、湖南省人民政府关于全面推进美丽湖南建设的实施意见》，2024年5月。

3.《湖南省生物多样性白皮书》，2021年9月。

4.《湖南省"十四五"生态环境保护规划》，2021年10月。

5.《湖南省国土空间规划（2021—2035年）》，2023年11月。

第十一章

让安全成为发展最坚实的保障

—— 如何守好安全底线红线，实现高质量发展和高水平安全相互促进

**要点
速读**

❶ 国家安全是民族复兴的根基，社会稳定是国家强盛的前提。维护国家安全是全国各族人民根本利益所在，统筹发展和安全，增强忧患意识，做到居安思危，是我们党治国理政的一个重大原则。

❷ 湖南要努力实现更高质量、更有效率、更加公平、更可持续、更为安全的发展。坚决防范各类重大事故发生，切实保障人民群众生命财产安全和社会大局稳定。

❸ 湖南自上而下发力，强化安全发展底线思维，层层压实责任，以针对性举措，化解突出矛盾，牢牢掌握工作主动权，努力答好发展与安全的"答卷"。

❹ 中共湖南省委提出，坚持底线思维，着力破解各种矛盾和问题，防范和化解重点领域风险，提升本质安全能力水平，有效防范和应对自然灾害风险，完善社会治理体系，守住不发生系统性区域性风险的底线，以高水平安全保障高质量发展。

　　维护国家安全是全国各族人民根本利益所在，统筹发展和安全，增强忧患意识，做到居安思危，是我们党治国理政的一个重大原则。党的二十大报告指出，国家安全是民族复兴的根基，社会稳定是国家强盛的前提。必须坚定不移贯彻总体国家安全观，把维护国家安全贯穿党和国家工作各方面全过程，确保国家安全和社会稳定。党的二十届三中全会提出，国家安全是中国式现代化行稳致远的重要基础。湖南要努力实现更高质量、更有效率、更加公平、更可持续、更为安全的发展。坚决防范各类重大事故发生，切实保障人民群众生命财产安全和社会大局稳定。

统筹发展和安全是我们党治国理政的一个重大原则

　　发展和安全是两件大事。发展具有基础性、根本性，是解决安全问题的总钥匙。发展就是最大的安全。安全是发展的条件和保障，没有安全和稳定，一切都无从谈起。

　　发展和安全是一体之两翼、驱动之双轮，必须同步推进。要把国家安全同经济社会发展一起谋划、一起部署，既善于运用发展成果夯实国家安全的实力基础，又善于塑造有利于经济社会发展的安全环境，以发展促安全、以安全保发展，努力建久安之势、成长治之业。

为促进全省安全发展工作示范创建规范化、制度化、常态化，有效预防和减少灾害事故，湖南自 2020 年以来，开展安全发展工作示范县和示范乡镇评选。图为被评为 2022 年度"湖南省安全发展工作示范乡镇（街道）"的湖南湘江新区（岳麓区）洋湖街道一景

推动实现高质量发展和高水平安全的良性互动。统筹发展和安全，增强忧患意识，做到居安思危，是我们党治国理政的一个重大原则。新形势下，必须坚持统筹发展和安全，坚持发展和安全并重，推动实现高质量发展和高水平安全的良性互动。要加快构建新发展格局，形成强大的国内经济循环体系和稳固的基本盘，通过发展提升国家安全实力，牢牢守住安全发展这条底线。深入推进国家安全思路、体制、手段创新，增强在对外开放环境中动态维护国家安全的本领，营造有利于经济社会发展的安全环境，以新安全格局保障新发展格局。

切实保障人民群众生命财产安全和社会大局稳定

习近平总书记关于湖南工作的重要讲话和指示批示精神，处处体现了习近平总书记"时时放心不下"的爱国爱民情怀和对湖南安全发展的殷殷嘱托。2020年9月，习近平总书记在湖南考察时指出，要加强和创新基层社会治理，坚持和完善新时代"枫桥经验"，加强城乡社区建设，强化网格化管理和服务，完善社会矛盾纠纷多元预防调处化解综合机制，切实把矛盾化解在基层，维护好社会稳定。要努力实现更高质量、更有效率、更加公平、更可持续、更为安全的发展。要完善社会治安防控体系，加强社会治理制度建设，正确处理新形势下人民内部矛盾。要提高防灾减灾能力。2024年3月20日下午，习近平总书记在长沙主持召开新时代推动中部地区崛起座谈会时强调，健全党组织领导的自治、法治、德治相结合的基层治理体系，

在线问答

什么是"枫桥经验"？

答："枫桥经验"是指20世纪60年代初，浙江省诸暨县（现诸暨市）枫桥镇干部群众创造的"发动和依靠群众，坚持矛盾不上交，就地解决，实现捕人少，治安好"的基层社会治理经验。党的十八大以来，习近平总书记提出一系列社会治理的新理念、新思想，多次对坚持和发展"枫桥经验"作出重要指示，为"枫桥经验"赋予新的时代内涵，使其在服务群众、化解矛盾等工作中发挥出更大效能，形成了特色鲜明的新时代"枫桥经验"——坚持和贯彻党的群众路线，在党的领导下，充分发动群众、组织群众、依靠群众解决群众自己的事情，做到"小事不出村、大事不出镇、矛盾不上交"。

湖南牢记习近平总书记嘱托，加强和创新基层社会治理，坚持和完善新时代"枫桥经验"，打造了"罗江夜话"、爱来"碍"去等优秀基层治理模式。图为"罗江夜话"活动现场

坚持和发展新时代"枫桥经验"。

习近平总书记考察湖南时，强调要牢固树立安全生产红线意识，健全公共安全体制机制。2022 年 4 月，习近平总书记在对长沙"4·29"特别重大居民自建房倒塌事故作出的重要批示中指出：要不惜代价搜救被困人员，全力救治受伤人员，妥善做好安抚安置等善后工作；同时注意科学施救，防止发生次生灾害。要彻查事故原因，依法严肃追究责任，从严处理相关责任人，及时发布权威信息。近年来多次发生自建房倒塌事故，造成重大人员伤亡，务必引起高度重视。要对全国自建房安全开展专项整治，彻查隐患，及时解决。坚决防范各类重大事故发生，切实保障人民群众生命财产安全和社会大局稳定。

近年来，在做好经济社会发展工作的同时，湖南自上而下发力，强化安全发展底线思维。2023 年，将"防范化解风险阻击仗"和"安全生产翻身仗"列入全省"发展六仗"；2024 年，将"安全守底行动"列入推动全省高质量发展的"八大行动"，层层压实责任，以针对性举措，化解突出矛盾，牢牢掌握工作主动权，努力答好发展与安全的"答卷"。

重点领域风险防范化解有力

湖南上下一心，守牢防范系统性风险底线，着力抓早、抓小、抓源头，推动风险排查、预警、处置全覆盖，重点领域风险防范化解成效明显。

政府债务风险管控有力。成立省防范化解地方债务风险工作领导小组，省委书记、省长亲自挂帅；制定省政府大抓落实工作激励措施实施方案，将存量隐性债务化解、融资平台数量压降等纳入激励范围，建立健全"省负总责、市县尽全力化债"的工作机制。对政府投资项目实行资金来源评估和提级复核，严禁超财力铺摊子、上项目，2024 年上半年省级复核压减或暂缓总投资近 28 亿元。2024

年，全省隐性债务化解和平台公司退出任务超额完成，支持基层兜牢"三保"底线，省下达市县财力性转移支付达 1379 亿元，较 2023年增长 8.6%。

金融风险处置有效。出台《湖南省贯彻〈防范和处置非法集资条例〉实施细则》，持续开展非法集资风险隐患大排查专项行动，加大重大案件风险处置力度。开展私募基金风险排查，对金融机构开展央行评级工作。稳妥有序推进重大风险处置，高风险中小金融机构有序压降，盛大金禧等重大非法集资案全面转入诉讼阶段；常态化开展防非宣传教育工作，动员全省各级开展金融知识普及和防范非法集资宣传月活动。

房地产风险化解稳妥。湖南依法依规严肃查处房地产领域各类

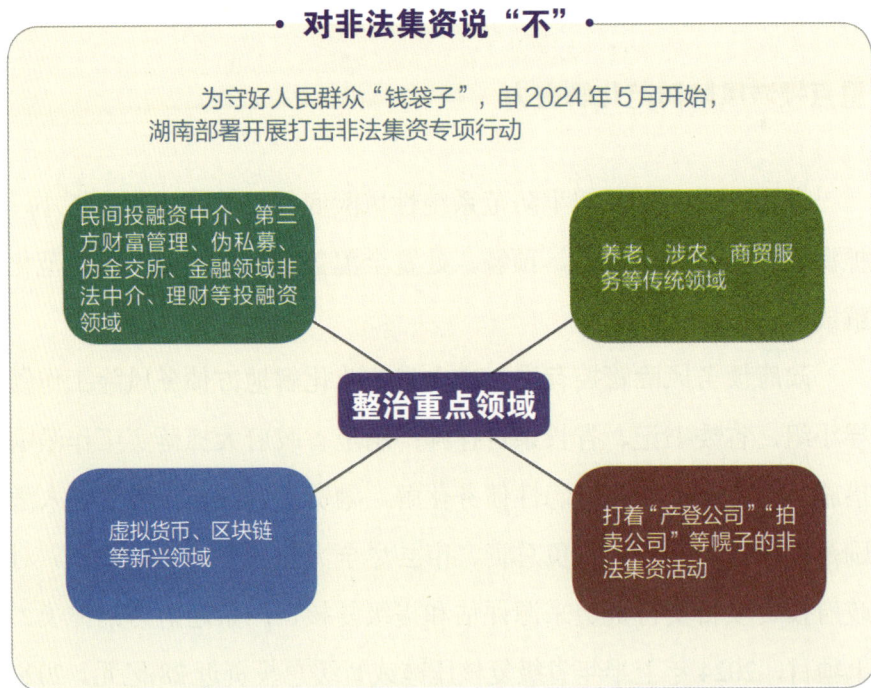

· **对非法集资说"不"** ·

为守好人民群众"钱袋子"，自 2024 年 5 月开始，湖南部署开展打击非法集资专项行动

民间投融资中介、第三方财富管理、伪私募、伪金交所、金融领域非法中介、理财等投融资领域

养老、涉农、商贸服务等传统领域

整治重点领域

虚拟货币、区块链等新兴领域

打着"产登公司""拍卖公司"等幌子的非法集资活动

违法违规行为，通过行刑纪大贯通，坚决追回抽挪资金，用于项目保交楼；通过专项借款资金、物业维修资金、住房公积金存储，撬动商业银行配套融资，解决资金瓶颈，确保项目尽快交付。截至 2024 年底，全省"保交楼""保交房"交付率分别达 100%、98%，均居全国前列。

安全生产形势总体平稳

湖南锚定"三坚决两确保"目标不动摇，全力防范化解各类安全风险，牢牢守住了安全生产底线红线。

安全生产合力日渐凝聚。全省四级人大联动、"一盘棋"推进，五级人大代表进站履职或参加检查，发现并交办共性和个性问题 2 万余个。2023 年和 2024 年，省政府分别将安全生产情况列入真抓实干和大抓落实督查激励范围，每月调度进展、半年开展专项督导；分别印发《打好安全生产翻身仗工作

什么是"三坚决两确保"？

答："三坚决两确保"是指坚决遏制重特大事故、坚决压减较大事故、坚决防范自然灾害导致重大人员伤亡，确保安全生产事故总量持续下降，确保全省安全生产形势持续稳定向好。

依法实施燃气经营许可，加强对瓶装液化石油气经营企业安全状况的监督检查

燃气管理部门

依法对瓶装液化石油气经营企业遵守消防法规和技术标准情况开展监督检查，组织开展事故应急救援

消防救援机构

依法实施气瓶充装许可，加强对液化石油气瓶产品质量的监督检查，加强家用燃气器具强制性产品认证活动监管

市场监管部门

督促使用瓶装液化石油气的餐饮经营单位加强安全管理，落实安全防范措施

商务部门

加强对从事液化石油气运输的危险货物道路运输企业和车辆的监管

交通运输部门

负责配合有关部门开展瓶装液化石油气整治，从严打击非法经营瓶装液化石油气和危害公共安全行为，对构成犯罪的，依法追究刑事责任

公安部门

对液化石油气生产过程实施安全监督管理，依法依规对安评报告弄虚作假的安全评价机构进行查处

应急管理部门

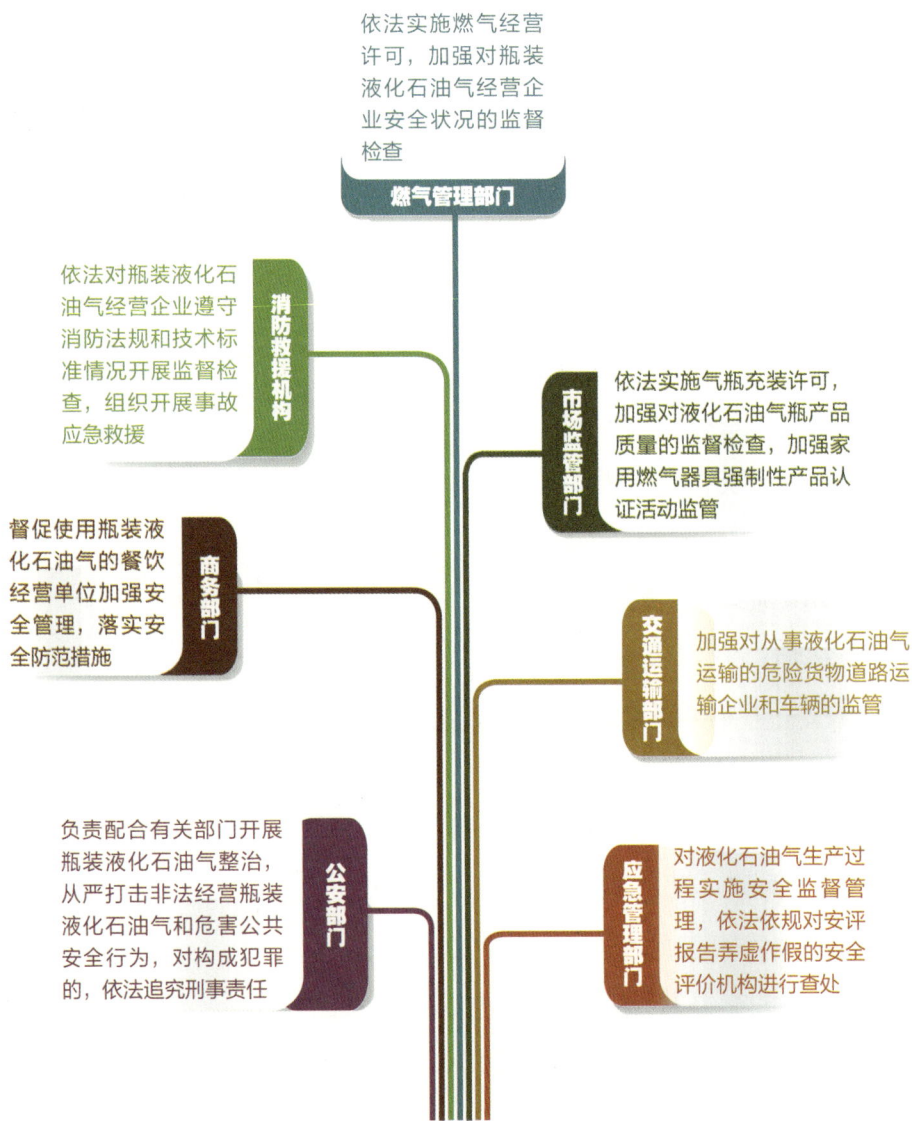

筑牢瓶装液化石油气安全"防火墙"

方案》和《安全生产治本攻坚三年行动 2024 年工作清单》，做好顶层设计，精准"排兵布阵"，提升本质安全水平。省安委会和省委巡视机构建立协作机制，开展安全生产巡查。

安全生产监管日渐严格。省安委办建立"周调度、月通报、季点评"制度，创新推出"企业自查、行业互查、专家诊查"和警示曝光问题隐患的"三查一曝光"措施，推动重大事故隐患闭环管理、整改销号。在全省开展企业自查，发动企业全员排查事故隐患，建立问题隐患台账。针对部分企业对存在的安全隐患"查不出来、改不到位"的情况，省安委办建立行业交叉互查和专家助力诊查机制。同时，每季度将重点行业领域的典型事故和突出问题隐患摄制成警示教育片，对曝光的问题隐患专项督办，督促隐患排查整治见真招、见实效。2024 年，组织对上一年度发现的重大隐患开展全面"回头看"，组织各市州交叉互查，确保隐患排查整治到位。将"打非治违"作为防范遏制重特大事故的重要抓手，综合施策，持续保持高压态势，严惩非法违法生产经营建设行为。

安全生产目标顺利实现。2024 年，湖南各类生产安全事故起数、死亡人数同比"双下降"，较大事故同比减少 1 起，连续 2 年未发生重特大生产安全事故，顺利实现了"三坚决两确保"目标，筑起了一道安全"防护网"，更好地守护了人民群众生命财产安全。

灾害防治能力不断提高

湖南坚持重预防守底线，持续加大自然灾害和森林火灾防治力度，灾害防治能力不断提高。

统筹推进，预警联动落实有力。组建低温雨雪冰冻灾害应对指挥部，对自然灾害防治开展常态化会商，推动落实中小河流洪水、中小水库度汛、山洪和地质灾害、城市内涝等薄弱环节的防洪保安措施，统筹抓好防汛与抗旱，严防旱涝并发、旱涝急转，加强气象预警与灾害预报的联动。

慎终如始，灾害防线筑牢筑强。湖南积极防范应对各类自然灾害，全省应急救援实现全区域覆盖、全天候响应、全灾种救援。有力应对 2024 年初低温雨雪冰冻天气，积极应战多轮强降雨过程和超强台风"格美"，有效处置华容县团洲垸洞庭湖一线堤防决口、资兴市群发性山洪地质灾害等重特大险情。集中力量做好灾后重建，团洲垸蓄滞洪区 2.1 万余人进行迁建，资兴市 4112 户受灾群众春节前首批搬进新居。

以"防"为主，森林防灭火成效显著。湖南积极推动森林

湖南认真落实习近平总书记关于森林防灭火工作重要指示批示精神，全面加强新形势下森林防灭火工作，织密织牢森林防灭火"安全网"。图为护林员在娄底市双峰县九峰山林场开展防火巡查

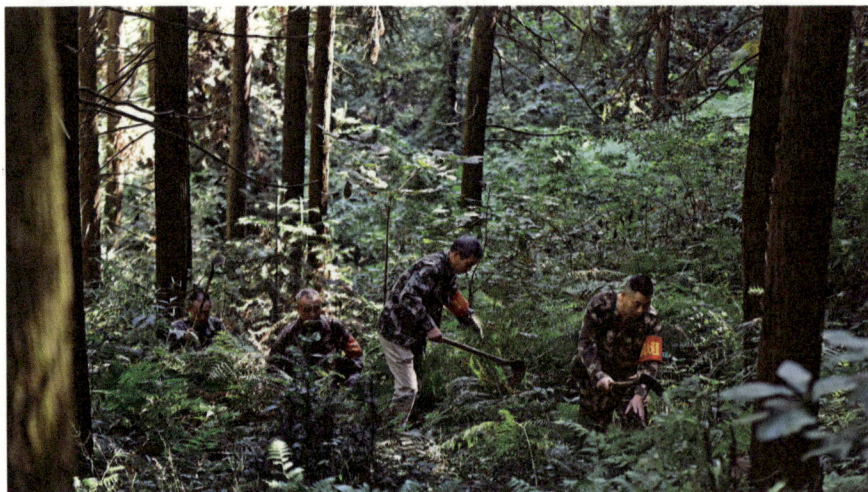

防火基础能力提升两年行动，集中加强生物防火林带、生土隔离带、防火道等林火阻隔系统和森林消防蓄水池、森林消防队伍建设，提升全省森林火灾防控能力。2024 年，全省森林火灾数量下降 56.2%。

社会治理效能稳步优化

湖南把平安湖南建设纳入经济社会发展总体规划，形成了问题联治、工作联动、平安联创的工作体系，社会治理取得新进展新成效。

社会治理现代化水平实现新提升。以第一批全国市域社会治理现代化试点为牵引，一体推进市县乡村四级社会治理创新。坚持和发展新时代"枫桥经验"，加强基层综治中心示范带动建设，排查化解矛盾纠纷。涌现出一批社会治理优秀典型案例，湖南张家界"旅游医生"项目、岳阳市"群英断是非"在基层治理中的运用案例分析入选全国社会治理创新案例（2024）。

扫黑除恶工作成效实现新突破。坚持重点整治，对社会治安重点地区和突出治安问题开展排查整治，不断增强平安质感。2024 年，全省刑事案件、治安案件同比分别下降 34.07%、4.77%；打掉涉黑组织 5 个、恶势力犯罪集团 39 个、恶势力组织 20 个，抓获犯罪嫌疑人 806 名，查控涉案资产 2.26 亿元；重拳打击电诈犯罪，统筹推进侦破打击、行业治理、人员管控、预警防范等工作，全省共破获电信网络诈骗案件 8477 起，电信网络诈骗立案数、损失数同比分别下降 28.18%、31.73%；深化"清源断流""湘鄂猎枭""拔钉追逃"等专项行动，全省毒品违法犯罪案件同比下降 21.3%，现

全省刑事案件、治安案件同比分别下降 **34.07%**、**4.77%**

共打掉涉罪组织 **5** 个、恶势力犯罪集团 **39** 个、恶势力组织 **20** 个，抓获犯罪嫌疑人 **806** 名，查控涉案资产 **2.26** 亿元

扫黑除恶工作
"成绩单"
（2024 年）

破获电诈案件 **8477** 起，电信网络诈骗立案数、损失数同比分别下降 **28.18%**、**31.73%**

全省毒品违法犯罪案件同比下降 **21.3%**，现有吸毒人数同比下降 **26.32%**

传统盗抢骗现案破案率同比上升 **15** 个百分点，发案数下降 **29.71%**

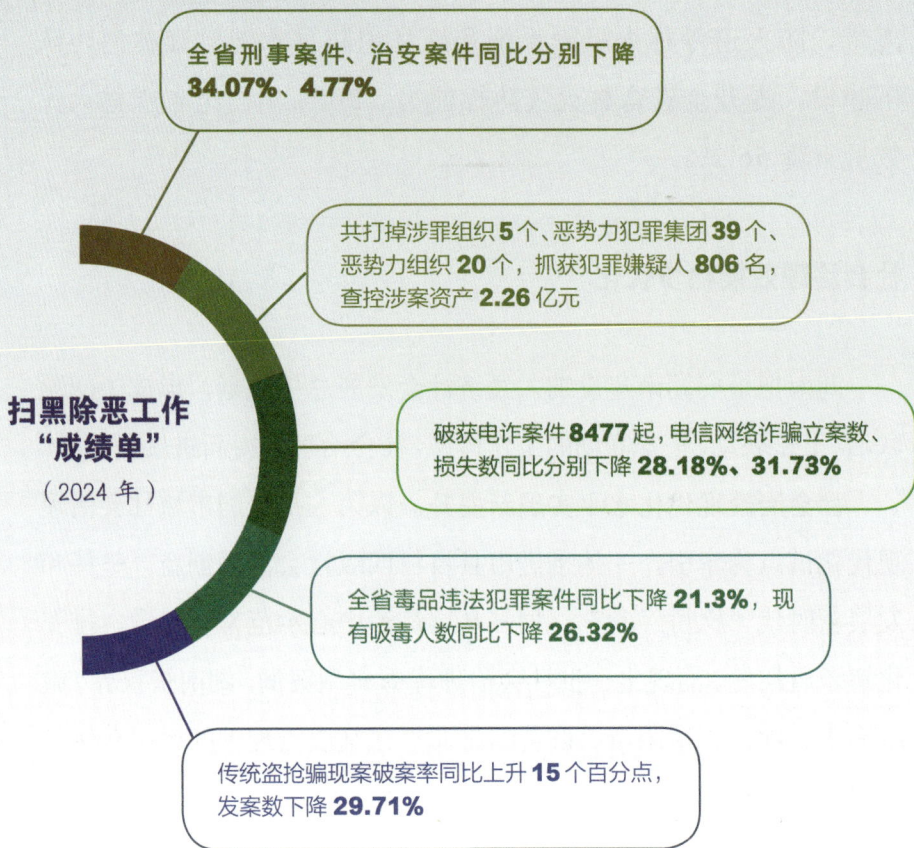

有吸毒人数同比下降 26.32%，成功将 3 名公安部公开悬赏通缉的重大涉毒逃犯押解回湘；持续开展命案攻坚，现行命案保持全破，攻克命案积案 84 起，持续开展"打盗抢 护民安"专项行动，传统盗抢骗现案破案率同比上升 15 个百分点，发案数下降 29.71%。

近年来，湖南坚定不移贯彻总体国家安全观，重点领域风险总体可控。但安全生产形势严峻复杂，发展仍面临不少困难和挑战，一些长期积累的风险和矛盾正在"水落石出"。面对风险挑战，既要下好"防"的先手棋，又要拿出"化"的制胜招。为此，中共湖南省委提出，坚持底线思维，着力化解各种矛盾，防范和化解重点领域风险，提升本质安全能力水平，有效防范和应对自然灾害风险，完善社会治理体系，既用好油门确保不失速，也用好刹车确保不脱轨，以高水平安全保障高质量发展。

防范和化解重点领域风险

一以贯之加强政府债务风险防控，严防演变为"灰犀牛"。必须扭转不顾风险乱举债、盲目跟风上项目、好大喜功铺摊子，"吃祖宗饭、断子孙路"，寅吃卯粮、透支未来的路径依赖。牢牢守住隐性债务不新增、"三保"资金不断链、政府债务不爆雷的底线。建立全口径地方债务监测监管体系。各级领导干部要坚持"新官理旧账"，不能"击鼓传花"，任由债务风险蔓延，要坚决遏制新增隐性债务，严禁虚假化债和数字化债。坚决控增量、化存量，扎实

在线问答

什么是"六个一批"？

答："六个一批"是指通过金融机构"自接自盘延展一批""替接他盘置换一批""延期回售续持一批""发新换旧平滑一批""债务重组盘活一批""债转股转化一批"。

推进"六个一批"化债举措，加快平台公司治理和市场化转型，协调金融机构对存量债务稳步进行展期、降息、重组、置换，完善财力性转移支付体系，分门别类处理好"半拉子"工程，构建防范化解地方债务风险的长效机制。各市州和县市区要破除"等靠要"思想，在提升自身"造血能力"上下功夫，努力跳出"借新还旧、越还越多"的债务恶性循环。坚持"三保"在财政支出中的优先顺序，保障资金快速拨付，保障预算顺利执行，最大限度避免资金"趴窝"，守住市县"三保"底线。树牢"过紧日子"的思想，坚持开源与节流并重，全力压缩非刚性、非急需支出，把每一分钱都花在刀刃上；加强县域财源建设，提升税收质量，降低非税收入占比，依靠发展解决根本问题。

加强金融风险防范化解，更有力护好老百姓"钱袋子"。 深化落实金融监管机制，依法将所有金融活动纳入监管。高度关注地方法人机构风险，推进中小金融机构改革化险，严厉打击非法金融活动，推进涉众金融领域重大风险主体"清零"。坚持源头治理、抓早抓小，建立风险早期纠正硬约束制度。健全金融消费者保护机制，强化民间融资、非法集资等涉众金融风险隐患监管排查，加大非法金融活动打击力度，维护群众合法权益。充分发挥相关各方在防范和处置非法集资中的协同作用，健全完善监测预警、宣传教育、行业自律、举报奖励等各项制度。持续排查整治涉众型、互

为提升人民群众的金融风险防范意识和金融素养，湖南通过群众喜闻乐见的方式，开展防范金融风险宣传活动。图为"守住钱袋子·护好幸福家"2023年湖南省首届防范非法集资知识竞赛现场

联网金融风险，加强监测预警平台建设，挂牌督办重点案件，确保案件处置零舆情、零震荡。对非法集资加强行政处置，露头就打，防止小风险演化成大问题。明确行业主管部门、监管部门职责，规定特定市场主体、行业协会商会、基层群众自治组织的职责义务，发挥新闻媒体、人民群众的监督作用，打造政府牵头负责、各方深入参与、人民群众积极响应的治理格局。针对地方政府处置非法集资手段不够、支持保障不到位等问题，赋予处置非法集资牵头部门组织调查认定职权和相应处置手段，建立稳定的经费和执法保障机制。

扎实做好"保交楼"工作，让老百姓早圆"安居梦"。完善住房市场体系和住房保障体系，加快构建房地产发展新模式。探索推动商品房销售制度改革，稳定湖南特别是县市区房地产市场。全力消存量、遏增量，支持房地产业合理融资需求，加快竣工交付"保交楼"项目。依法依规严肃查处房地产领域各类违法违规行为，通过行刑纪大贯通，坚决追回抽挪资金，用于"保交楼"项目。对有实力可以自主复工的"绿档"项目，督促其尽快全面复工、尽快如期交付；对资产大于负债、资金出现暂时困难的"黄档"项目，通过专项借款、配套融资等提供支持，采取"新老划断"的办法，先复工交付再统一清算；对于资产小于负债的"红档"项目，采取由第三方代建等方式，立即复工，尽快交付。

提升本质安全能力

让重点领域重点部位隐患排查整治成为新常态。时刻绷紧安全生产这根弦，坚持用大概率思维应对小概率事件，用自身工作的确定性应对风险挑战的不确定性，凡事向最坏考虑、争取最好结果。盯牢重点隐患排查，全面贯彻国务院安委会"十五条"硬措施，紧盯自建房、交通运输、建筑施工、城镇燃气、危险化学品等重点领域，深入开展重大事故隐患排查整治行动，开展专家诊查、行业互查、企业自查。盯牢重点行业监管，包括严管道路交通"两客一危一货"车辆，健全危化品全环节监管和烟花爆竹安全生产联动机制，狠抓燃气安全隐患排查整治，健全食品药品安全属地管理责任和企业主体责任工作机制，深化落实网络安全等级保护、关键信息基础设施安全保护和数据安全保护制度机制。盯牢重点区域管控，对商业综合体、重点场馆、景区、车站码头等人员密集场所加强监管，强化园区安全监管力量。盯牢重点环节管理，深入开展"强执法防事故"行动，抓好源头管控，

湖南常态化开展重点领域重点部位隐患排查整治，坚决遏制安全事故的发生。图为湖南省桂东县消防救援大队深入辖区烟花爆竹经营储存场所开展消防安全检查

强化监管执法。盯牢城市安全管理，强化应急能力建设，提高城市安全韧性水平。对照长沙"4·29"特别重大居民自建房倒塌事故调查报告整改措施责任清单、省政府专项督查梳理的安全隐患整治清单，突出以城市公共安全责任链为重点，整合各专项行动力量，开展安全隐患集中排查整治，统筹抓好假日旅游安全和重大活动安全等各项安全工作。

让安全生产责任链条更加压紧压实。始终保持"时时放心不下"的责任感，认真落实安全生产"一岗双责"，完善安全生产风险分级管控和隐患排查治理双重预防工作机制，健全安全生产责任倒查机制。强化监管部门的协作意识和担当精神，加强部门之间的前置协商，主动厘清职责边界，建立新行业新业态等领域责任无缝衔接的责任链条。坚持从政治上看问题、抓落实，对一些地方和部门存在的"包装式"落实、"洒水式"落实、"切割式"落实等问题进

湖南立足"全灾种、大应急"任务要求，努力打造专常兼备、反应灵敏、作风过硬、本领高强的救援队伍。图为 2023 年湖南省低温雨雪冰冻灾害应急演练现场

行全面检视和靶向治疗，坚决防止贯彻落实上的温差落差偏差，对监管不力、执法缺位、推诿扯皮的，严格依规依纪依法严肃追责问责。不断压实企业安全主体责任，牢牢抓住人、物、制度、环境四要素，推动创建本质安全型企业，把安全风险降至最低，把安全事故遏至最少。坚持科技兴安，建立全省统一的风险监测预警信息化平台，推广运用先进适用技术装备。加强安全监管执法能力和专业能力建设，推进信用监管和智慧监管。坚持正面典型引路、反面典型警示，开展常态化安全宣传教育，细化安全宣传工作目标和措施办法，深入推进安全宣传"进企业、进农村、进社区、进学校、进家庭"走深走实。

让应急救援保障能力更加有力有效。突出预案牵引，完善应急预案体系，进一步明细职责和程序，明确突发事件应急处置相关各方的职责和任务，加强应急演练，提升快速反应、高效应对能力。

建立应急物资保障协调联动机制，优化应急物资保障过程管理，提升应急物资保障信息化智能化水平，加强应急物资储备和应急装备保障能力，开展行业领域仓库基地建设，形成应急物资保障体系建设工作合力，推动应急物资储备体系更加健全、应急物资运送能力有效提升、应急物资分发配送更加有序。

有效防范和应对自然灾害风险

以统筹联动为合力，让极端气候影响降到最低。 紧盯灾害性天气过程，抓好监测、预报、预警、响应等重点环节，增强极端天气应对能力。强化农业农村、水利、气象灾害监测预警体系建设，推

湖南时刻把群众安危冷暖放在心上、抓在手上，打好安全生产和防范应对低温雨雪冰冻天气主动仗。图为洪江市公安局交管中心干警在龙标路挥锹铲雪

行省、市、县三级气象部门递进式气象预警服务和精准靶向预警发布；完善联合会商调度机制，强化预警和响应联动；统筹联动抓救援救灾，快速下拨抢险救灾物资和资金，精心做好救灾救助工作，保障受灾群众基本生活需求。

以排查整治为手段，让薄弱环节短板变长。抓好城市防涝、中小河流防洪和各类水库排查整治，完善群众转移安置预案，确保人民群众生命财产安全。要落细落实地质灾害隐患点治理等各项防灾减灾措施，针对山洪泥石流易发点、地质灾害隐患点等重点部位，靠前巡查、主动布防，全面排查和消除安全隐患，努力把苗头性问题消灭在萌芽状态。以"智慧应急"为核心，让防汛抗旱工作更高效。立足防大汛、抢大险、救大灾，未雨绸缪做好防汛备汛各项工

湖南深化信息技术与防汛业务融合，建成了一批好用管用、便捷高效的防汛应用系统，为防汛工作提供了前瞻性、科学性、精准性、安全性支撑。图为湖南省山洪灾害监测预警平台

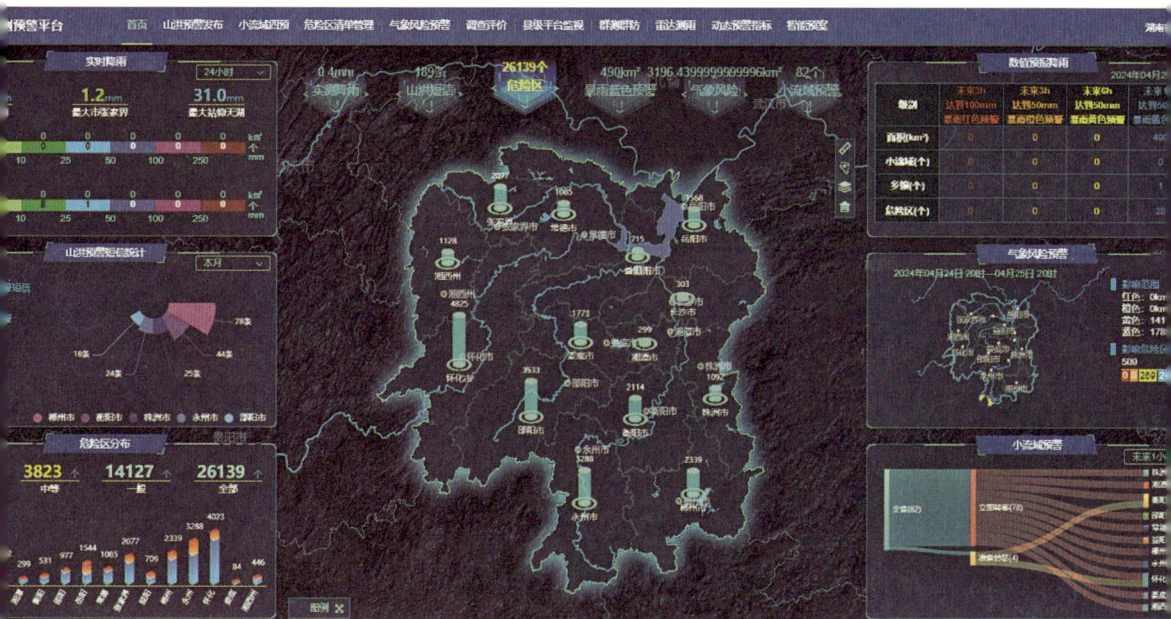

作，加大重点堤垸排险除险力度，注重利用新技术新装备提升探测能力，做到早发现、早预警、早处置。加强蓄洪垸安全建设和管理，深入调查研究，完善紧急避险转移方案，鼓励引导群众迁入安全区。针对洞庭湖重点区域，要加强远程监控、水文设备设施维护，强化监测预报预警，提供高效精准的水文服务。统筹做好防汛和抗旱工作，加强应急水源工程建设，严防旱涝急转；强化应急值守，及时掌握并第一时间报告事故灾害信息。

以监测预警为先导，让应对自然灾害风险更具前瞻性。始终保持居安思危的忧患、如履薄冰的谨慎、见叶知秋的敏锐，加强分析研判，提高动态监测、实时预警能力，增强工作的前瞻性预见性。狠抓预报，严密监视天气变化，各级防办、气象、水利、自然资源部门要及时强化联合会商，滚动发布暴雨、洪水、山洪地质灾害风险、城镇内涝风险等预报预警。狠抓预警，强化预警的时效性、针对性和靶向性。抓实抓细安全隐患治理，聚焦重点领域风险防控，全面摸清各类隐患底数，防止发生重特大事故。

完善社会治理体系

以健全共建共治共享的社会治理制度为支撑，让社会治理能力持续提升。完善党委领导、政府负责、民主协商、社会协同、公众参与、法治保障、科技支撑的社会治理体系。健全党组织领导的自治法治德治相结合的城乡基层治理体系，构建网格化管理、精细化服务、信息化支撑、开放共享的基层治理平台，强化"12345"政务服务便民热线、"湘易办"、"一网通办"、大数据总枢纽等平台功能，健全"高效办成一件事"重点事项清单管理机制和常态化推进机制、社会心理服务体系和危机干预机制，推进政府治理和社会调节、居民自治良性互动，不断提高基层治理体系和治理能力现代化水平。

以坚持和发展新时代"枫桥经验""浦江经验"为引导，让矛盾纠纷预防化解法治化水平持续提升。深刻领会"浦江经验"的丰富内涵，牢牢把握"变群众上访为领导下访""真下真访民情，实心实意办事"的精髓要义，把着眼点放在前置防线、前瞻治理、前端控制、前期处置上，对看到的隐患、发现的问题，要及时整改、立行立改，做到眼睛亮、见事早、行动快，及时把风险隐患消除在萌芽状态，防止"茶杯里的风波"演变成现实社会中的风暴。坚持和发展新时代"枫桥经验"，畅通和规范群众诉求表达、利益协调、权益保障通道，健全诉访分离与依法分类处理信访诉求工作机制，

株洲市坚持和发展新时代"枫桥经验"，整合政法干警、驻小区工作队、热心业主等资源，广泛开展风险防范、矛盾化解等工作，把矛盾纠纷化解在群众家门口。图为炎陵县一村纠纷双方当事人在村人民调解委员会的见证下握手言和

以法治思维坚持和发展新时代"枫桥经验"

近年来，湖南省委、省政府高度重视坚持和发展新时代"枫桥经验"，省委主要领导同志带头研究解决重大矛盾问题，下沉接访，及时化解了一大批矛盾纠纷；先后出台了《关于完善矛盾纠纷多元化解机制的实施意见》等一系列政策文件；省人大常委会出台了《关于加强诉源治理推动矛盾纠纷源头化解的决议》，省平安建设领导小组配套出台了实施意见；省人大常委会将多元化解矛盾纠纷纳入《湖南省第十四届人大常委会立法规划》；省司法厅密集开展《湖南省促进多元化解矛盾纠纷条例》立法调研工作。

为整合矛盾纠纷化解的平台和资源力量，湖南一方面通过充分发挥基层党组织在矛盾纠纷排查化解中的核心作用，健全市、县、乡、村四级党组织统一领导矛盾纠纷化解工作机制，将政治优势、制度优势转化为矛盾纠纷化解的工作优势、治理效能；另一方面，坚持实体运行、实战导向、实用为主、实效为先，以县、乡为重点，分级分类推进基层综治中心示范带动建设。目前，湖南市、县、乡三级综治中心实现全覆盖，矛盾纠纷调处化解中心已覆盖94.7%的乡镇（街道），统筹和整合各部门、各条线资源力量更加有效。

推进信访工作法治化，开展信访问题源头治理三年攻坚行动，解决信访突出问题。切实防止形式主义、官僚主义，不能满足于按规定线路"坐着小车转，隔着玻璃看，临走说声好好干"，要坚持眼睛向下、脚步向下，带头开展"解剖麻雀"式的调研，带头下沉接访，切实把问题找准找实。

以强化社会治安整体防控为抓手，让群众安全感满意度持续提升。深化平安创建活动，完善基层社会治安防控体系，健全防范涉黑涉恶长效机制，持续深入推进扫黑除恶专项斗争。坚持治标和治本相结合，常态化推动领导干部下沉一线，持续查破刑事旧案、化解信访积案，

为提升人民群众获得感幸福感安全感，湖南多措并举，全力营造安全稳定的社会环境。图为民警在普法宣传栏前向村民发放扫黑除恶宣传册

严厉打击非法集资、黄赌毒、电信网络诈骗、性侵未成年人、跨境赌博等违法犯罪行为。加强对宗教事务的依法管理，防范化解宗教领域重大风险隐患。深入推进立体化社会治安防控体系建设，推动社区（村组）智能安防单元建设应用。积极推进公安大数据战略落地，全面加快警务现代化进程。健全警务实战智慧体系，切实提升社会治安防控体系的应急指挥能力和水平。

以发展壮大群防群治力量为助力，让社会文明风尚持续提升。夯实基层基础，加强宣传教育，增强全民国家安全意识和素养，发展壮大群防群治力量，筑牢国家安全人民防线。健全发挥家庭家教家风建设在基层治理中作用的机制，完善群众参与治理的组织形式和制度化渠道，营造广泛参与的自治环境，建立和完善村务监督委员会、理事会、乡贤会等，借助新媒体、短视频等渠道搭建群众参与治理的线上线下平台。通过全国文明城市创建等抓手，大力破除陈规陋习，持续维护公序良俗，不断涵养新风正气，切实提升干部群众的文明素质，从根本上塑造并保持良好的社会风尚。

深度阅读 📖

1.《完整准确全面贯彻总体国家安全观 以新安全格局保障新发展格局》，《湖南日报》2023年6月29日。

2.《勠力同心守底线 枕戈待旦护安全——湖南全力打赢"安全生产翻身仗"综述》，《湖南日报》2024年1月16日。

3.《"大起底"排查整治燃气安全隐患 举一反三抓细抓实安全生产工作》，《湖南日报》2024年3月30日。

4.《湖南省贯彻〈防范和处置非法集资条例〉实施细则》，2022年10月。

5.《关于全面加强新形势下森林防灭火工作的实施方案》，2023年5月。

6.《湖南省道路交通安全责任制规定》，2023年11月。

7.《湖南省居民自建房安全管理若干规定》，2022年11月。

第十二章

坚持和加强党的全面领导

如何全面落实新时代党的建设总要求，

以高质量党建引领高质量发展和现代化建设

❶ 中国共产党是中国特色社会主义事业的领导核心。全面建设社会主义现代化国家、全面推进中华民族伟大复兴，关键在党。

❷ 湖南要坚持和加强党的全面领导，把党的领导贯穿高质量发展和现代化建设的全过程各方面，深入实施"习近平新时代中国特色社会主义思想教育培训计划"，激励干部担当作为，凝聚推动高质量发展的强大合力，为推动高质量发展提供坚实保障。

❸ 湖南始终坚持以党的政治建设为统领，补钙铸魂锻造初心使命，夯基固本筑牢坚强堡垒，自我革命推进全面从严治党，党的政治领导力、思想引领力、基层组织战斗力进一步提高，党员干部拒腐防变免疫力进一步增强，党的建设交出忠诚答卷。

❹ 中共湖南省委提出，要全面贯彻新时代党的建设总要求，认真履行"两个责任"，紧盯领导班子和"关键少数"，强化政治监督，加强领导班子和干部队伍建设，持之以恒正风肃纪反腐，营造良好政治生态，为推动高质量发展提供坚实保障。

中国共产党是中国特色社会主义事业的领导核心，中国特色社会主义最本质的特征是中国共产党领导，中国特色社会主义制度的最大优势是中国共产党领导。党的二十届三中全会指出，党的领导是进一步全面深化改革、推进中国式现代化的根本保证。全面建设社会主义现代化国家、全面推进中华民族伟大复兴，关键在党。湖南要坚持和加强党的全面领导，把党的领导贯穿高质量发展和现代化建设的全过程各方面，深入实施"习近平新时代中国特色社会主义思想教育培训计划"，激励干部担当作为，凝聚推动高质量发展的强大合力，为推动高质量发展提供坚实保障。

全面建设社会主义现代化国家、全面推进中华民族伟大复兴，关键在党

党的领导决定中国式现代化的根本性质。坚持中国共产党领导，是中国式现代化最鲜明的特征和最突出的优势，是推进中国式现代化的根本保证。"只有毫不动摇坚持党的领导，中国式现代化才能前景光明、繁荣兴盛；否则，中国式现代化就会偏离航向、丧失灵魂，甚至犯颠覆性错误。"

农业现代化是中国式现代化的关键。按照习近平总书记对湖南提出的扎实推进农业现代化的重要指示精神，中共湖南省委、省政府加快推进乡村振兴战略实施，加快农业农村现代化的步伐。图为怀化市中方县黄溪古村美丽的秋日画卷

党的领导确保中国式现代化锚定奋斗目标行稳致远。推进中国式现代化必须坚持党的领导，走好新时代党的群众路线，把社会期盼、群众智慧、专家意见、基层经验充分吸收进来。党以强大的政治领导力、思想引领力、群众组织力和社会号召力，把人民群众团结凝聚起来、组织动员起来，把亿万人民群众的创造伟力激发起来，一以贯之把建设社会主义现代化国家作为奋斗目标，"一代一代地接力推进，并不断取得举世瞩目、彪炳史册的辉煌业绩"。

党的领导激发建设中国式现代化的强劲动力。"党的十八大以来，我们党以巨大的政治勇气全面深化改革，突出问题导向，敢于突进深水区，敢于啃硬骨头，敢于涉险滩，敢于面对新矛盾新挑战，冲破思想观念束缚，突破利益固化藩篱，坚决破除各方面体制机制弊端，改革由局部探索、破冰突围到系统集成、全面深化，许多领域实现历史性变革、系统性重塑、整体性重构，为中国式现代化注入不竭动力源泉。"

党的领导凝聚建设中国式现代化的磅礴力量。党的十八大以来，中国共产党坚持把人民对美好生活的向往作为奋斗目标，坚持以人民为中心的发展思想，走好新时代党的群众路线，致力于把准人民脉搏、回应人民关切、体现人民愿望、增进人民福祉，着力解决人民急难愁盼问题，让中国式现代化建设成果更多更公平地惠及全体人民。我们党发展全过程人民民主，拓展民主渠道，丰富民主形式，扩大人民有序政治参与，充分激发全体人民的主人翁精神和创造活力，朝着全面建设社会主义现代化国家目标大踏步前进。

从党的光辉历史中汲取砥砺奋进的精神力量

　　领导干部必须懂规矩，懂党的规矩，懂政治规矩，懂法律规矩。2013年11月，习近平总书记在考察湖南时指出，领导干部改进作风，增强党性，要解决好讲诚信、懂规矩、守纪律问题。讲诚信、懂规矩、守纪律是相互联系的，不讲诚信，不懂规矩，不守纪律，最后就必然违纪违法，对自己没有好处，对党和国家事业更没有好处。必须深刻领悟"两个确立"的决定性意义，增强"四个意识"、坚定"四个自信"、做到"两个维护"，保持以党的自我革命引领社会革命的高度自觉。要加强对党员、干部特别是领导干部的教育，让大家都明白哪些事能做、哪些事不能做，哪些事该这样做、哪些事该那样做，自觉按原则、按规矩办事。"和尚打伞，无法无天"，是绝对不行的！要弘扬老一辈革命家的崇高风范，增强广大干部群众对中国特色社会主义的道路自信、理论自信、制度自信、文化自

湖南大力弘扬"半条被子"精神，成立"半条被子"党性教育基地，助力广大干部群众从党的光辉历史中汲取砥砺奋进的精神力量。图为沙洲农家书屋

信，以更加饱满的精神做好各项工作。

把党的政治建设放在首位。2020 年 9 月，习近平总书记在湖南考察时强调，各级党组织要把党的政治建设放在首位。习近平总书记指出，"半条被子"的故事充分体现了中国共产党的人民情怀和为民本质。长征途中，毛泽东同志指出，中国工人、农民、兵士以及一切劳苦民众的出路在共产党主张的苏维埃红军，我们一定会胜利。我们要坚定道路自信，兑现党的誓言和诺言，同人民群众风雨同舟、血肉相连、命运与共，继续走好新时代的长征路。习近平总书记强调，要从党的光辉历史中汲取砥砺奋进的精神力量。湖南是一方红色热土，大批共产党人在这片热土谱写了感天动地的英雄壮歌。要教育引导广大党员、干部发扬革命传统，传承红色基因，牢记初心使命，走好新时代长征路。各级党组织要把党的政治建设放在首位，教育引导广大党员、干部筑牢信仰之基、补足精神之钙、把稳思想之舵。要密切联系群众，经常深入基层、深入实际，把工作抓到群众心坎上，力戒形式主义、官僚主义。要坚持"老虎""苍蝇"一起打，一体推进不敢腐、不能腐、不想腐体制机制建设。要发扬斗争精神，增强斗争本领，敢打硬仗、善打胜仗，不断打开事业新局面。

基础不牢，地动山摇。2020 年 9 月 17 日，习近平总书记在长沙主持召开基层代表座谈会时强调，只有把基层党组织建设强、把基层政权巩固好，中国特色社会主义的根基才能稳固。2024 年 3 月 19 日，习近平总书记在湖南省常德市鼎城区谢家铺镇港中坪村考察调研时指出，党中央明确要求为基层减负，坚决整治形式主义、官僚主义问题，要精兵简政，继续把这项工作抓下去。

　　湖南牢记习近平总书记的殷殷嘱托，各级党组织始终把党的政治建设放在首位，教育引导广大党员、干部筑牢信仰之基、补足精神之钙、把稳思想之舵。湖南始终坚持以党的政治建设为统领，补钙铸魂锻造初心使命，夯基固本筑牢坚强堡垒，自我革命推进全面从严治党，党的政治领导力、思想引领力、基层组织战斗力进一步提高，党员干部拒腐防变免疫力进一步增强，党的建设交出忠诚答卷。

政治领导力进一步增强

　　湖南坚持以政治建设为统领，持续推进党的建设新的伟大工程，坚定政治信仰、提升政治能力、涵养政治生态，自觉在思想上政治上行动上同以习近平同志为核心的党中央保持高度一致，深入贯彻习近平总书记对湖南重要讲话重要指示批示精神，不断提高政治判断力、政治领悟力、政治执行力，确保党中央各项决策部署在湖南落地生根，为建设社会主义现代化新湖南提供了坚强政治保证。

　　始终把政治建设摆在首位。 自 2017 年起，湖南把政治建设考察作为推进政治建设的有力抓手，在全国范围内率先对全省 122 个县市区党政正职开展政治建设考察，持续推动政治建设考察往基层延伸、向纵深发展，形成长效机制，以政治建设考察统领换届考察和日常干部考察，切实在干部选任中突出政治标准、把好政治关。

画准干部"政治像"。近年来，湖南进一步通过日常调研、"见缝插针"等方式，将考察指标"精准分类"、过程"下好实功"、调研"融入日常"、工作"关口前移"、结果"考用结合"，着力推动政治素质考察做深做实，把干部"政治像"画得更加精准。中共湖南省委2022年度选人用人"一报告两评议"总体评价"好"率，稳居全国第一方阵；湖南全省"12380"平台受理举报总量、选人用人问题举报量同比分别下降26.1%、21.3%。

通过日常调研、"见缝插针"等方式，湖南着力推动政治素质考察做深做实，把干部"政治像"画得更加精准。图为怀化市通道侗族自治县纪检监察干部在向农户了解惠农补贴落实情况

思想引领力进一步强化

湖南坚持用党的创新理论最新成果武装头脑，不断完善常态化学习机制，推动党的创新理论武装不断走深走心走实，推进全省党员在学思践悟笃行中筑牢信仰之基、补足精神之钙、把稳思想之舵。

"关键少数"走在前、当示范、作表率，不断深化党的创新理论武装。 持续推动党内集中教育从"关键少数"向广大党员拓展，党的群众路线教育实践活动、"三严三实"专题教育、"两学一做"学习教育、"不忘初心、牢记使命"主题教育、党史学习教育、学习贯彻习近平新时代中国特色社会主义思想主题教育、党纪学习教育等环环相扣、高潮迭起。2024 年度，省委常委会会议开展"第一议题"学习 45 次，省委理论学习中心组集体学习 16 次，举办"湘江大讲堂"14 期，带动 10 个市州开办学习讲坛。紧扣党纪学习教育，开展主题学习研讨 4 次，带头召开警示教育会。2024 年 4 月，

党的创新理论武装持续深化

2024 年度

| 省委常委会会议开展"第一议题"学习 **45** 次 | 省委理论学习中心组集体学习 **16** 次 | 举办"湘江大讲堂"**14** 期 | 开展"习近平新时代中国特色社会主义思想读书会" | 开展党纪学习教育专题研讨 **4** 次 |

省委书记、省长亲自率团赴海南、安徽、上海学习考察，带头学习党的创新理论中新理念新思想新战略，学习先进地区、先进省份的成功经验。

广泛开展党的创新理论宣传宣讲，让党的创新理论更加深入人心。省领导带头深入基层开展党的二十大、二十届三中全会精神宣讲，组建宣讲团沿着习近平总书记考察湖南足迹开展"紧跟核心夺取新胜利"宣讲；培育打造"院坝小讲坛""山乡有理"等基层宣讲品牌，把"大道理"分解成"小菜单"，把"冒热气"的理论变成"接地气"的群众语言。2024年度，全省开展对象化、分众化、互动化宣讲3.2万余场。改进党报党刊理论版文风，构建"宁心""湘轩言""三湘时评""胡湘平""辛字号"全省评论传播矩阵。

湖南坚持不懈强化党的创新理论武装，把深入学习贯彻习近平新时代中国特色社会主义思想作为主题主线，贯穿干部教育培训全过程、各方面。图为"湘江大讲堂"现场

深挖红色资源"富矿"，充分发挥"十步之内，必有芳草"的红色资源优势。深入挖掘提炼与湖南相关的革命精神，擦亮十八洞村、沙洲村等新时代红色地标，着力打造红色铸魂思政课堂，实施"时代新人铸魂工程"，"我的韶山行"中小学生红色研学持续扩容提质，不断把丰富的红色资源转化为党性教育的鲜活教材，教育引导广大干部群众发扬革命传统、传承红色基因、弘扬伟大建党精神，让红色基因在三湘四水绽放出耀眼的时代光芒。

用好红色资源　凝聚奋进力量

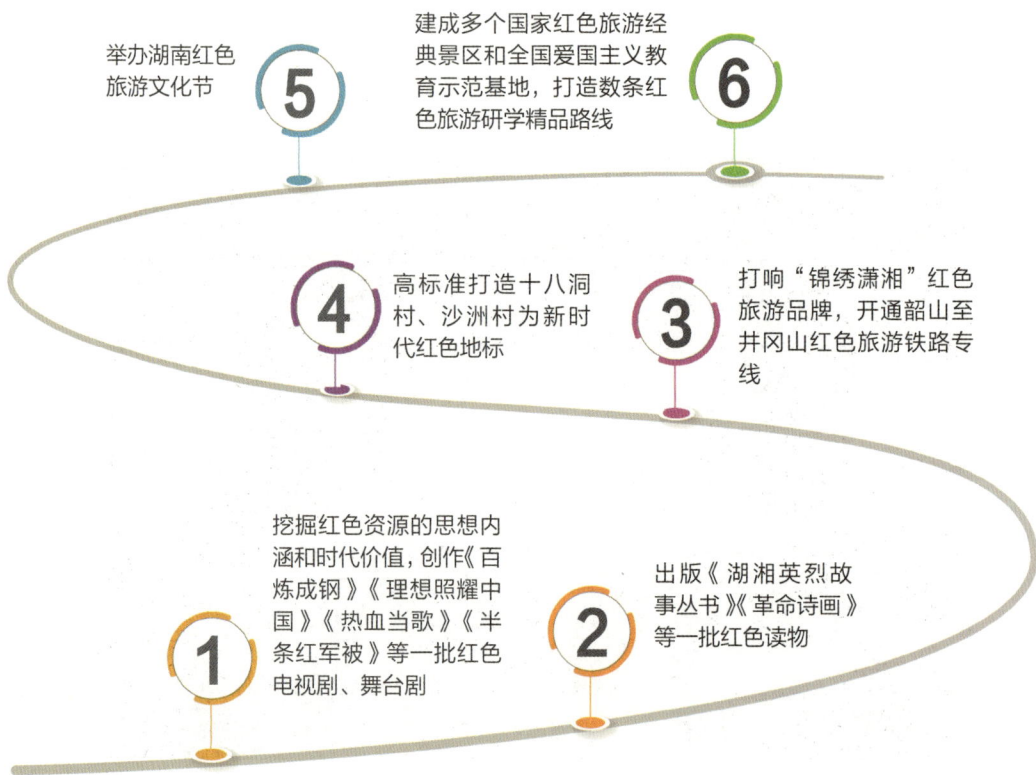

举办湖南红色旅游文化节

5

建成多个国家红色旅游经典景区和全国爱国主义教育示范基地，打造数条红色旅游研学精品路线

6

高标准打造十八洞村、沙洲村为新时代红色地标

4

打响"锦绣潇湘"红色旅游品牌，开通韶山至井冈山红色旅游铁路专线

3

挖掘红色资源的思想内涵和时代价值，创作《百炼成钢》《理想照耀中国》《热血当歌》《半条红军被》等一批红色电视剧、舞台剧

1

出版《湖湘英烈故事丛书》《革命诗画》等一批红色读物

2

基层组织战斗力进一步提升

湖南牢固树立抓基层强基础的鲜明导向，推动全面从严治党向纵深发展、向基层延伸，推进基层党组织全面进步、全面过硬，为建设现代化新湖南打牢坚实基础。

打好推进基层建设"1+5"组合拳。牢固树立大抓基层、狠抓落实的鲜明导向，着力完善上下贯通、执行有力的组织体系，相继出台全面加强基层建设"1+5"文件，在基层建设方面组合出台多

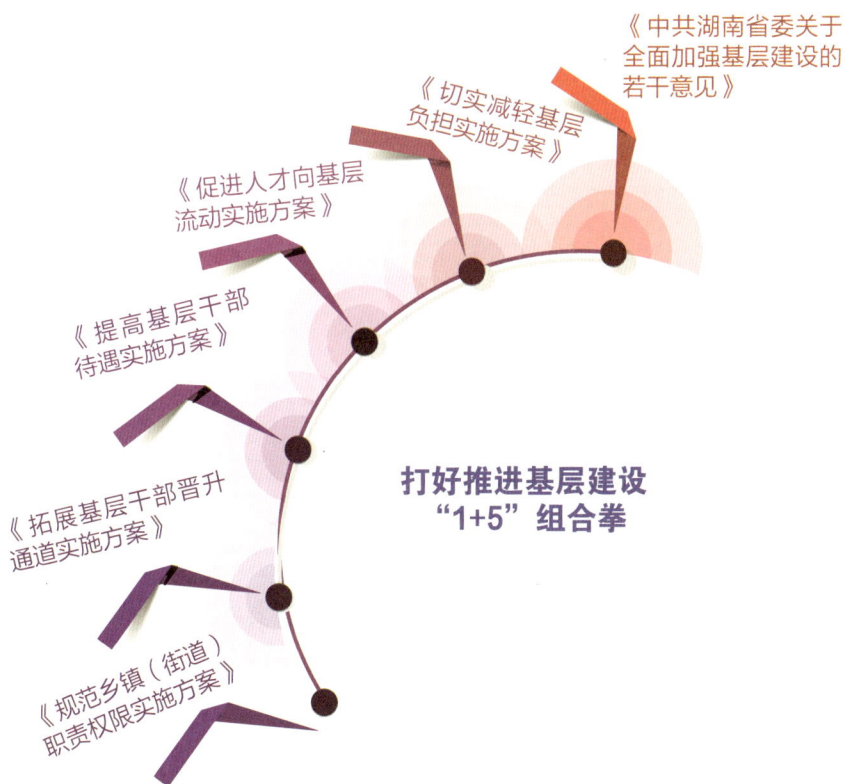

《中共湖南省委关于全面加强基层建设的若干意见》

《切实减轻基层负担实施方案》

《促进人才向基层流动实施方案》

《提高基层干部待遇实施方案》

打好推进基层建设"1+5"组合拳

《拓展基层干部晋升通道实施方案》

《规范乡镇（街道）职责权限实施方案》

项重磅措施，将重点任务分解为128项，责任压实到44家省直单位，围绕"明职权、畅通道、优待遇、留人才、减负担"出台配套政策文件120个，坚持在功能化建强组织、精准化示范带动和全域化提质增效上下功夫，持续出台为"小马"赋能、为"大车"减负的具体措施，推动工作重心向基层下沉、各类资源向基层倾斜，着力破解基层治理"小马拉大车"突出问题。

推动基层党组织全面进步、全面过硬。牢固树立"党的一切工作到支部"的鲜明导向，聚焦"五个基本"，大力推进党支部标准

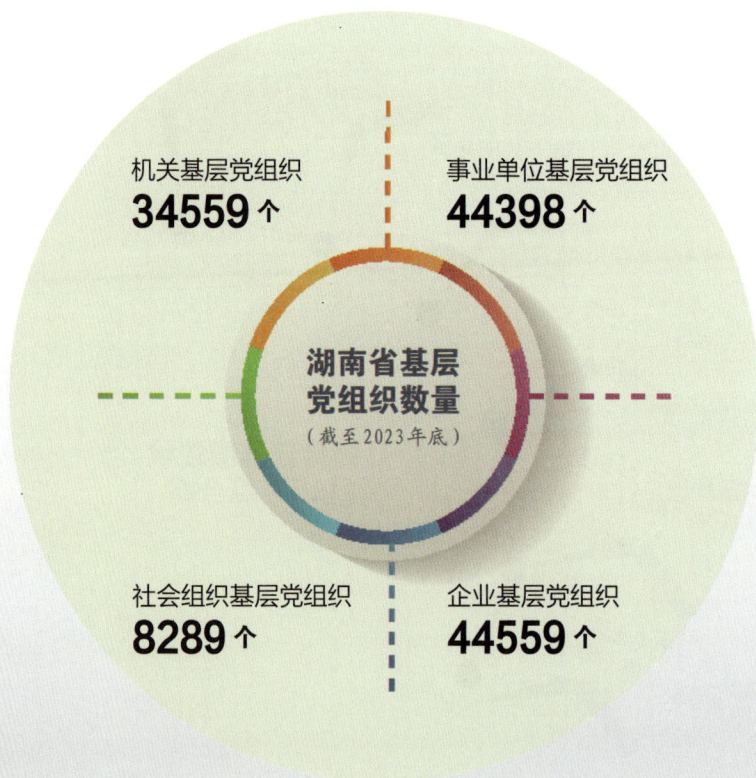

机关基层党组织
34559 个

事业单位基层党组织
44398 个

湖南省基层
党组织数量
（截至2023年底）

社会组织基层党组织
8289 个

企业基层党组织
44559 个

化规范化建设。统筹抓好企业、学校、医院、科研院所等领域党组织建设，扎实推进"一月一课一片一实践"主题党日活动，大力整顿软弱涣散村（社区）党组织。2024年，全省共选派1.28万支工作队、3.37万名工作队员开展驻村帮扶，做到脱贫村、易地扶贫搬迁集中安置村（社区）、乡村振兴任务重的村、党组织软弱涣散村等驻村第一书记和工作队全覆盖。

拒腐防变免疫力进一步提高

湖南始终保持刀刃向内的自我革命精神，持之以恒正风肃纪，一体推进不敢腐、不能腐、不想腐，锲而不舍落实中央八项规定，推动全面从严治党、党风廉政建设和反腐败斗争取得显著成效，全省政治生态持续净化，党风政风持续向好。

紧紧围绕"两个维护"，推进政治监督具体化精准化常态化。深挖彻查洞庭湖下塞湖非法矮围、违规销售镉超标大米、衡南社保资金、涟源易地扶贫搬迁案，持续深化违规举债和虚假化债专项监督，配合和督促统计造假专项整治，扎实推进棚户区改造涉假造假问题排查整治，重点纠治8类政绩观错位、背离高质量发展要求的突出问题。2024年，严查政绩观错位背后的腐败问题，紧盯园区经济发展"主战场"，全省共查处1332人，留置63人。

持续紧盯中央八项规定精神贯彻落实，筑牢遏制"四风"反弹回潮的防线。2021年，出台"十严禁"整治违规吃喝。2022年，开展市县接待服务机构公务接待突出问题专项整治。2023年，印发《纠治"四风"常态化监督检查工作机制（试行）》，

2023 年 7 月，湖南省出台《湖南省深化整治"文山会海"等形式主义官僚主义突出问题的具体措施》，提出了"十二个不得"措施

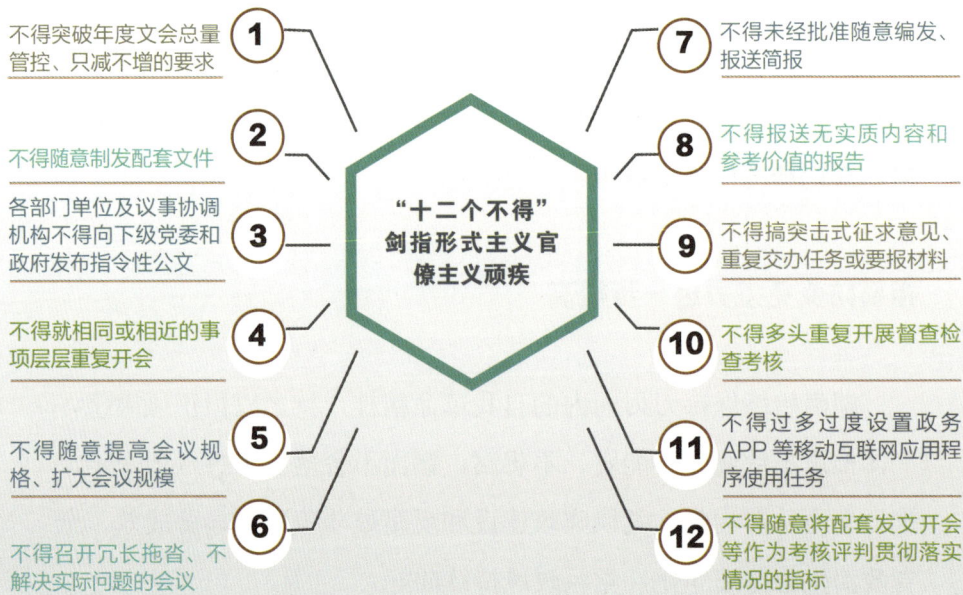

"十二个不得"剑指形式主义官僚主义顽疾

1. 不得突破年度文会总量管控、只减不增的要求

2. 不得随意制发配套文件

3. 各部门单位及议事协调机构不得向下级党委和政府发布指令性公文

4. 不得就相同或相近的事项层层重复开会

5. 不得随意提高会议规格、扩大会议规模

6. 不得召开冗长拖沓、不解决实际问题的会议

7. 不得未经批准随意编发、报送简报

8. 不得报送无实质内容和参考价值的报告

9. 不得搞突击式征求意见、重复交办任务或要报材料

10. 不得多头重复开展督查检查考核

11. 不得过多过度设置政务 APP 等移动互联网应用程序使用任务

12. 不得随意将配套发文开会等作为考核评判贯彻落实情况的指标

启动"两带头五整治"纠风防腐专项行动，严肃整治违规公款吃喝等突出问题，出台深化整治形式主义官僚主义突出问题"十二个不得"等措施，以"信息化平台＋负面清单"整治"文山会海"工作经验在全国推介。2024 年，为重拳纠治形式主义官僚主义，省级层面制定为基层减负赋能"1+N"方案，聚焦基层治理"小马拉大车"、乡村振兴中存在的简单"一刀切"做法等 9 个方面重点问题开展专项治理。全年查处形式主义官僚主义问题 7299 起，处分 12557 人。

坚持一体推进"三不"，以彻底的自我革命精神割除腐败毒瘤。紧盯"关键少数"，做实做细"一把手"监督，出台加强"一把手"

为贯彻落实《中共中央关于加强对"一把手"和领导班子监督的意见》，切实强化"一把手"监督，2021年7月，湖南省纪委监委出台《全省纪检监察机关加强"一把手"监督"十必严"》

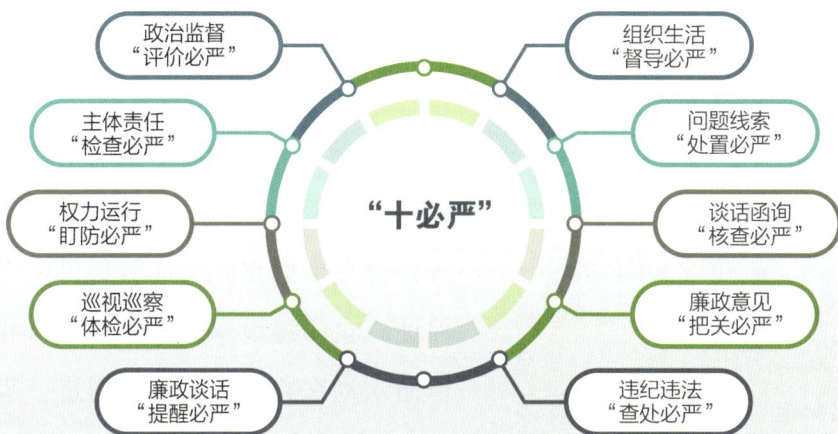

监督"十必严"，严肃查处雷绍业、谢树林等人，揪出李镇江以股代贿、黄志文期权交易等新型腐败和隐性腐败问题，全省留置"一把手"218人。紧盯重点问题、重点领域、重点对象，坚决惩治公共资源交易、园区、国企、能源、医药、教育等领域腐败。深挖彻查行业性、系统性腐败，立案查处涉园区领域腐败和不正之风问题1221人，"靠企吃企"专项整治留置17人，医药领域腐败整治立案1478人，处分782人，涉公共资源交易领域立案1211件，留置县处级以上干部77人。2024年，全省各级纪检监察机关立案69685件、处分64734人、留置1573人，其中省纪委监委立案查处省管干部87人。在高压反腐震慑和政策感召下，全省主动投案1218人，主动交代问题8297人。

在线
问答

什么是"两个责任"?

答:"两个责任"是党风廉政建设上的一种"责任追究制度"。其中,各级党委(党组)负"主体责任",纪委(纪检组)负"监督责任"。"两个责任"的厘清,对于健全反腐败领导体制和工作机制,推动落实党风廉政建设责任制,具有十分重要的意义。

党的十八大以来,湖南坚持加强党的全面领导和党的建设,为经济社会发展取得扎实成效提供坚强保证。党的建设永远在路上,自我革命永远在路上,湖南还需进一步扛牢抓实管党治党的政治责任,不断把新时代党的建设伟大工程推向前进。为此,中共湖南省委提出,要全面贯彻新时代党的建设总要求,认真履行"两个责任",紧盯领导班子和"关键少数",强化政治监督,加强领导班子和干部队伍建设,持之以恒正风肃纪反腐,营造良好政治生态,为推动高质量发展提供坚实保障。

提高政治站位，把党的领导贯穿高质量发展的全过程各方面

坚持对标对表，牢牢把握高质量发展的正确方向。切实担负起领导高质量发展的政治责任，发挥把方向、管大局、保落实的作用，充分凝聚各方面的积极力量，齐心协力谋发展、抓发展。进一步明确高质量发展是全面建设社会主义现代化国家的首要任务。深学笃行，全面系统领会高质量发展的科学内涵、核心要义和基本要求，以习近平经济思想为指引，时时对标对表，自觉校正偏差，始终沿着正确方向推动高质量发展。要深刻查找工作中是否存在口号响、步子小、措施少等问题，持续纠治贯彻落实中的"落差""温差""偏差"，下大力气改变一些不好的惯性思维和习惯做法，在抓落实上下更大功夫。

湖南坚持对标对表，把党的领导贯穿高质量发展全过程。图为永顺县灵溪镇洞坎村党员在"院坝会"上认真学习新修订的《中国共产党纪律处分条例》

营造浓厚氛围，凝聚高质量发展的磅礴力量。坚持大团结大联合，寻求最大公约数、画出最大同心圆，最广泛最充分地调动全省上上下下、条条块块、方方面面的积极性，心往一处想、劲往一处使，凝聚起高质量发展的社会共识，汇聚形成攻坚克难的磅礴力量。加强宣传引导，及时总结推广全省高质量发展的典型案例、典型经验，激励广大党员干部比学赶超、争先创优，以新的奋斗姿态接好属于我们这一代人的接力棒、跑好这场接力赛，形成全社会共同促进高质量发展的浓厚氛围。尊重群众首创精神，完善与企业、群众的信息沟通和反馈机制，充分调动各行各业和全省人民推动高质量发展的积极性、主动性、创造性。

加强组织保障，确保高质量发展各项任务落地见效。要紧盯"三个高地"标志性工程、现代化产业体系、区域协调发展、全面推进乡村振兴、生态文明建设等重要工作，分解任务、明确责任、加强

在推进中国式现代化进程中，湖南尊重人民的首创精神，将人民的创造活力转化为经济社会发展的动力。图为工人在铁建重工长沙第一产业园内组装直径 14.96 米的超大直径泥水平衡盾构机

督查，推进相关目标任务落实到行动方案和具体项目上，确保干一件是一件、干一件成一件。聚焦基层反映的突出问题对症下药，大力整治"文山会海""指尖上的形式主义"，让基层干部放开手脚、卸下包袱、轻装上阵，腾出更多精力放在干实事、创实业上。把持续为基层减负作为政治监督的重点任务抓紧抓实，推动更多资源和力量下沉基层，持续为基层松绑、减负、放权、赋能，引导和支持广大基层党员干部敢闯敢干、真抓实干。树立大抓基层的鲜明导向，推动基层党组织全面进步全面过硬，持续整顿软弱涣散基层党组织，深入推进抓党建促乡村振兴、以党建引领基层治理，推深做实片组邻"三长制"，增强党组织政治功能和组织功能，努力把基层党组织建设成为推动高质量发展的坚强堡垒。

一"麓"同行

"田间课堂"助力乡村振兴

近年来，为有效整合农业科技人才资源，加强全省农村实用人才队伍教育培训工作，湖南省委组织部创新拓展"田间课堂"活动，助力做好"土特产"文章，邀请专家将实用技术送到基层一线，推动巩固脱贫攻坚与乡村振兴有效衔接，强龙头、补链条、兴业态、树品牌，推动农作物产品增产、质量增效，激发农业农村农民现代化发展活力。

"田间课堂"实施选择具有一定产业发展规模的乡村振兴示范点，课堂教学利用村级综合服务中心、农家院落、文化广场，现场教学安排在种养殖基地、生产车间、田间地头。理论课堂讲授技术要领，基地现场操作演练，培训过程中，参与学员争相向专家提问，在现场看、现场问、现场学中提升学员实战实用的技术本领。同时，拍摄制作视频课件，在"红星网"远程教学专栏推送，让更多的种养殖户在线上学习先进的农业科技知识，形成好的传播效应和宣传效应。

坚持科学理论武装，巩固拓展主题教育成果

强化党的创新理论武装，推动高质量发展入脑入心。要坚持用新时代党的创新理论指引行动方向，确保全省各项事业始终沿着习近平总书记指引的方向前进。要强化对标对表的政治自觉，坚持用新时代党的创新理论校正偏差，不折不扣贯彻落实党中央决策部署，坚决防止有令不行、有禁不止，坚决防止虚落实、假落实、不落实，同时也要防止搞层层加码、开会传达不过夜那一套。要坚持从新时代党的创新理论中学方法、找答案，熟练掌握蕴含其中的立场观点方法、道理学理哲理，学会运用科学的领导方法、思想方法、工作方法，成为会抓落实、善抓落实的行家里手。

认真总结运用主题教育成果，建立健全主题教育长效机制。深入实施"习近平新时代中国特色社会主义思想教育培训计划"，把

湖南坚持不懈用习近平新时代中国特色社会主义思想凝心铸魂，确保全省各项事业始终沿着习近平总书记指引的方向前进。图为长沙市芙蓉区东湖街道龙马社区组织党员群众集中收看党的二十大开幕会盛况

学习贯彻习近平新时代中国特色社会主义思想作为必修课、常修课、终身课坚持下去，持续在学懂弄通做实上下功夫，在深化内化转化上做文章，推动形成以学铸魂、以学增智、以学正风、以学促干的长效机制。建立"一树两严"教育常态化机制。建立健全调查研究的长效机制，用好调研问题信息系统，建立湖南的"问题库"，实现所有问题的长期保存、长期跟踪、长期留痕，在问题"入库"和"出库"的过程中更好地促进发展。建立健全推动高质量发展的长效机制，紧紧围绕增进民生福祉、提高生活品质、促进共同富裕，带着感情和责任抓好民生社会事业发展。建立健全密切联系群众、防止形式主义和官僚主义的长效机制，落实"四下基层"制度，巩固主题教育中检视整改的好做法好经验，把整治整改与建章立制有机结合，"当下改"与"长久立"有机结合，用心用情为群众办实事、做好事、解难事。

在学习贯彻习近平新时代中国特色社会主义思想主题教育中，湖南引导全省上下开展好"走基层、找问题、想办法、促发展"活动。图为江永县政协组织政协委员到上江圩镇女书生态博物馆开展国家非物质文化遗产"女书"的保护与传承走访调研

什么是"走找想促"活动？

答："走找想促"活动是学习贯彻习近平新时代中国特色社会主义思想主题教育开展以来，湖南省开展的"走基层、找问题、想办法、促发展"活动。深入开展"走找想促"活动，是在全省大兴调查研究的重要抓手，根本目的是发现问题、解决问题、推动发展。走基层是"一线巡诊"，找问题是"把脉问诊"，想办法是"治病用药"，促发展是"强身健体"。简短的12个字构成了一个以问题为导向，通过调查研究，从发现问题到分析问题，再到解决问题，最终检验成效的闭环。省级领导干部率先垂范，紧扣主题教育总要求，在"走找想促"活动中开展了一系列基层调研、下沉接访等活动。

坚持以问题为导向，持续深化推进"走找想促"。强化问题意识，常态化开展"走找想促"，奔着问题去、追着问题走，真正把落实的着力点放到解决问题上来。通过常态化开展"走找想促"活动，把学习运用"四下基层"作为重要抓手，认真落实基层联系点制度，深入一线向经营主体、服务对象和人民群众了解情况，切实把问题摸清、把症结找准。通过常态化开展"走找想促"活动，坚持由此及彼、由点到面，从主观层面找问题根源，从制度层面寻施策良方，通过"解剖一个问题"推动"解决一类问题"，防止在同一个问题上绊倒两次。通过常态化开展"走找想促"活动，构建完善上下联动、左右协同的问题解决机制，深入整治"表现在基层、根子在上面"的问题，形成同向发力、一体推进的整体合力，着力解决更多长期想解决而没有解决的问题，在不断发现问题、解决问题中提升主题教育的针对性时效性。

建立健全机制，激发干事创业和担当作为的精气神

健全工作推进机制和考核评价体系。完善抓落实的工作机制和办法，把责任压实、要求提实、考核抓实。在政绩观上坚决贯彻习近平总书记提出的"三坚持三反对"原则要求，即坚持高质量发展，反对贪大求洋、盲目蛮干；坚持出实招求实效，反对华而不实、数据造假；坚持打基础利长远，反对竭泽而渔、劳民伤财。要认真对照检视，下大力气扭转发展上的各类偏差，树牢正确的政绩观。健全以实干实绩为导向的考核体系，健全责任分解、跟踪督办、信息反馈、情况通报、考核奖惩、责任追究等制度机制，充分调动广大干部抓落实的积极性、主动性和创造性。树立和践行正确政绩观，持续深化整治形式主义为基层减负，不断改进领导作风和工作作风。做到"抓任何工作，给群众办任何事情，都要实事求是"。

建立科学的容错纠错机制。坚持严管与厚爱相结合、激励与约束并重，严肃整治影响干部担当作为的各种消极因素，让那些不想

一"麓"同行_____

湖南澄清正名　为干部"撑腰鼓劲"

为贯彻落实"三个区分开来"，激励和保障广大党员干部干事创业的积极性，2021 年 7 月，湖南省纪委常委会会议审议通过了《湖南省纪委监委机关失实检举控告澄清工作实施办法（试行）》（以下简称《实施办法（试行）》），印发全省各级纪检监察机关。随即，湖南各地积极开展澄清工作。长沙、岳阳、娄底、郴州、衡阳、益阳、湘西等市州相继出台实施意见和操作办法，有的地方将开展澄清正名工作纳入年底信访工作考核，定期通报失实举报典型案例；有的地方还配套出台了查处诬告陷害和激励干部担当作为的措施。

在线问答

什么是"三个区分开来"？

答："三个区分开来"出自习近平总书记在省部级主要领导干部学习贯彻党的十八届五中全会精神专题研讨班上的讲话，具体指要把干部在推进改革中因缺乏经验、先行先试出现的失误和错误，同明知故犯的违纪违法行为区分开来；把上级尚无明确限制的探索性试验中的失误和错误，同上级明令禁止后依然我行我素的违纪违法行为区分开来；把为推动发展的无意过失，同为谋取私利的违纪违法行为区分开来。

干事、不会干事、干不成事的干部没市场、受惩戒，坚决防止"劣币驱逐良币"；健全完善激励和保护担当作为的机制，坚持"三个区分开来"，推动容错纠错，旗帜鲜明地为担当者担当、为负责者负责、为干事者撑腰，营造有利于干事创业的良好环境。坚定支持在一线担当作为的干部，让他们没有后顾之忧。加强诬告行为治理，及时为受到诬告陷害的干部澄清事实，切实为敢担当、善作为的干部撑腰鼓劲，对他们负责到底。

增强干部担当作为的本领。保护好、运用好红色资源，加强革命传统和爱国主义教育，引导广大干部群众发扬优良传统、赓续红色血脉，践行社会主义核心价值观。将领导干部能力建设摆上重要议事日程，完善领导班子调整配备要素分析法，健全培养选拔优秀年轻干部常态化机制，统筹用好各年龄段和各方面干部。通过专题培训、到发达地区挂职锻炼、加大干部横向纵

培养复合型年轻干部 助力长沙高质量发展

为贯彻落实党的二十大精神以及习近平总书记关于湖南工作的重要讲话和指示批示精神，深入践行八个"走在前、作示范"，加快实现"三高四新"美好蓝图。2022年以来，长沙市委组织部联合市委党校和中国人民大学应用经济学院，创新实施复合型年轻干部教育培训三年行动计划，集中精力培训培养一批复合型年轻干部。2023年，长沙市委着眼全市干部队伍建设的大局，在复合型干部培训班中，增加了县处级干部和经济战线、卫健系统、教育系统等班次序列。培训班的举办，为年轻干部加强新知识、新技术、新业态、新模式学习提供了机会，也是年轻干部提升直面问题、解决问题、破解难题能力的重要平台。

向交流力度等多种形式，让干部开阔视野、增长才干。鼓励干部拿出更多时间学习、研究、掌握推动经济高质量发展的专业知识和能力本领，成为出类拔萃、业绩一流、作风过硬、清正廉洁的专业型实干型干部。提高干部在招商引资、产业建设、科技创新、改革开放等方面的专业素养和实战能力，努力在推动高质量发展上闯出新路子。着力开拓干部眼界。弘扬湖湘文化的开放心态，多派干部到发达地区去学习。

深入推进党的自我革命，营造风清气正的政治生态

建立推动高质量发展的刚性工作机制。将高质量发展重点任务落实情况纳入各级党委和政府重点督查督办以及纪检监察监督、巡视巡查监督、审计监督的范围。健全责任分解、跟踪督办、情况通报、责

? 在线问答

什么是"七个有之"?

答:"七个有之"是习近平总书记指出的党内政治生活所存在的突出问题,是指一些人无视党的政治纪律和政治规矩,为了自己的所谓仕途,为了自己的所谓影响力,搞任人唯亲、排斥异己的有之,搞团团伙伙、拉帮结派的有之,搞匿名诬告、制造谣言的有之,搞收买人心、拉动选票的有之,搞封官许愿、弹冠相庆的有之,搞自行其是、阳奉阴违的有之,搞尾大不掉、妄议中央的也有之。

任追究等制度机制,发挥政治监督、巡视巡察等利剑作用,不断提高推动高质量发展的执行力。注重发挥人大立法及依法监督作用、政协民主监督和协商作用,形成共促高质量发展的广泛共识和工作合力。要持续发力、纵深推进反腐败斗争,深化治理重点领域腐败,把严惩政商勾连的腐败作为重中之重,集中整治权力集中、资金密集、资源富集领域腐败问题,坚决惩治"蝇贪蚁腐",坚持受贿行贿一起查,以深化改革压缩权力寻租空间,健全完善权力配置和运行制约机制、腐败预警惩治联动机制,结合查办案件注重发现深层次问题,及时堵塞制度漏洞。

强化高质量发展的纪律作风保障。 严明政治纪律和政治规矩,聚焦学习贯彻落实党的二十大精神、习近平总书记关于湖南工作的重要讲话和指示批示精神,着力推进政治监督具体化、精准化、常态化,坚决防治"七个有之",做到党中央决策部署到哪里、监督检查就跟进到哪里、贯彻落实就推进到哪里。持续加固贯彻执行中央八项规定精神的堤坝，坚决纠治违规吃喝违规收送红包礼金、文山会海、督查检查调研扎推走样和"指尖上的形式主义"等突出问题，牢固树立过"紧日子"的思想，坚持勤俭办一切事情，以党委政府过"紧日子"换来老百姓的"好日子"。组织开展好党纪学习教育，引导党员干部学纪、知纪、明纪、守纪，督促领导干部树立正确权力观，公正用权、依法用权、为民用权、廉洁用权。以钉钉子精神抓好改革落实，求真务实，敢作善为。

营造风清气正的发展环境。坚决扛牢管党治党政治责任，更好发挥全面从严治党对高质量发展的引领保障作用。要持之以恒净化政治生态，深化以案促改促建促治，全面加强政治生态分析研判，举一反三抓症结、治根源，深入整治选人用人上的不正之风，严肃党内政治生活，深化政治建设考察，下大力扭转政治文化庸俗化倾向。坚决把正风肃纪反腐与深化改革、推动发展贯通起来，坚决惩治破坏高质量发展的贪腐"蛀虫"和纠治作风顽疾。加强对干部的全方位管理和经常性监督，完善干部管理监督信息成果共享机制和领导班子、领导干部管理数字平台，常态化推动领导干部能上能下。紧盯重点领域、关键岗位加大腐败案件查处力度，深入开展领导干部利用职权或影响力为亲友牟利、领导干部子女相互请托办事、"三湘护农"、优化营商环境等专项整治，集中纠治教育医疗、食品安全、乡村振兴、养老社保等领域群众反映强烈的突出问题，严厉打击贪污侵占、截留私分、优亲厚友等现象，一体推进不敢腐、不能腐、不想腐，让群众深切感受全面从严治党带来的新变化。

深度阅读

1.《牢固树立大抓基层鲜明导向 推动第二批主题教育扎实有效开展》，《湖南日报》2023 年 12 月 25 日。

2.《坚定不移推进党的自我革命 坚决打赢反腐败斗争攻坚战持久战》，《湖南日报》2024 年 2 月 1 日。

3.《关于建立容错纠错机制激励干部担当作为的办法（试行）》，2019 年 6 月。

4.《中共湖南省委关于推进清廉湖南建设的意见》，2021 年 7 月。

5.《湖南省领导干部应知应会党内法规和法律法规规章清单》，2023 年 12 月。

后 记

党的十八大以来，习近平总书记高度重视湖南经济社会发展，多次深入湖南考察，为湖南发展指明了方向。为展现三湘大地全面贯彻习近平新时代中国特色社会主义思想所取得的显著成效，反映中共湖南省委、省政府贯彻落实习近平总书记关于湖南工作重要指示批示精神的思想自觉和行动自觉，在中共湖南省委宣传部的指导下，我们组织编写了《中国式现代化湖南篇章怎么干》一书。

全书共分十三个部分，湖南省社会科学院（湖南省人民政府发展研究中心）钟君同志提出写作提纲并统筹书稿写作；中共湖南省委宣传部卿立新、任晓山、黄海等同志提出了宝贵意见，杨浩东同志审定写作大纲并审改全部书稿。具体写作分工如下：

序　言：钟君、黄海、周湘智、文必正、邓铤、马骏、何明明；

第一章：刘雯、李晖；

第二章：闫仲勇、黄晶、左宏、郑劲；

第三章：贺超群、侯灵艺、左宏、郑劲；

第四章：刘晓、高立龙、罗黎平；

第五章：邝奕轩；

第六章：袁建四、李银霞、刘海涛、周亚兰；

第七章：李学文、龙花兰、黄玮、罗会逸；

第八章：王凡、廖卓娴、陶庆先；

第九章：胡守勇、罗红艳；

第十章：刘敏、高立龙、罗黎平；

第十一章：刘琪、王颖、张鹏飞；

第十二章：陈艳丽、王安中。

吴向红、吴韫丽、唐艳、马淑君、何萌、刘烨、张伟、杨发凯参与全书图表设计与制作；钟君、侯喜保、谢兵良、潘小刚、黄海、杨畅、罗黎平、马美英、文必正、何明明、杨再隋参加了修改和统稿工作。

本书在编写过程中，得到了省直有关单位的大力支持，在此一并表示感谢。

由于时间紧、任务重，书中难免存在疏漏与不足，敬请各位读者批评指正。

编　者

2025 年 1 月

图书在版编目（CIP）数据

中国式现代化湖南篇章怎么干 / 中共湖南省委宣传部，湖南省社会科学院（湖南省人民政府发展研究中心）组织编写. --长沙：湖南人民出版社，2025.1

ISBN 978-7-5561-3543-1

Ⅰ．①中… Ⅱ．①中… ②湖… Ⅲ．①现代化建设—研究—湖南 Ⅳ．①D676.4

中国国家版本馆CIP数据核字（2024）第102720号

ZHONGGUOSHI XIANDAIHUA HUNAN PIANZHANG ZENMEGAN

中国式现代化湖南篇章怎么干

组织编写 中共湖南省委宣传部 湖南省社会科学院（湖南省人民政府发展研究中心）
出 版 人 张勤繁
统　　筹 吴向红
责任编辑 吴向红 吴韫丽 唐 艳 马淑君 何 萌 张 伟 刘 烨
装帧设计 杨发凯
责任校对 唐水兰

出版发行 湖南人民出版社［http://www.hnppp.com］
地　　址 长沙市营盘东路3号
电　　话 0731-82683346
邮　　编 410005

印　　刷 长沙超峰印刷有限公司
版　　次 2025年1月第1版
印　　次 2025年1月第1次印刷
开　　本 710 mm×1000 mm　1/16
印　　张 24
字　　数 285千字
书　　号 ISBN 978-7-5561-3543-1
定　　价 98.00元

营销电话：0731-82221529（如发现印装质量问题请与出版社调换）